江苏师范大学外国语学院《外国语言文学研究文丛》资助

伊比利亚美洲研究

Colección de Estudios Iberoamericanos

（2016—2017）

江苏师范大学伊比利亚美洲研究中心

主编 朱 伦 【西】徐利奥·里奥斯 蓝 博

中国社会科学出版社

图书在版编目（CIP）数据

伊比利亚美洲研究.2016－2017／朱伦，（西）徐利奥·里奥斯，蓝博主编.—北京：中国社会科学出版社，2019.8
ISBN 978－7－5203－4802－7

Ⅰ.①伊… Ⅱ.①朱…②徐…③蓝… Ⅲ.①伊比利亚半岛—文集②拉丁美洲—文集 Ⅳ.①D754－53②D773－53

中国版本图书馆 CIP 数据核字（2019）第 162993 号

出 版 人	赵剑英
责任编辑	安　芳
责任校对	张爱华
责任印制	李寡寡

出　　版	中国社会科学出版社
社　　址	北京鼓楼西大街甲 158 号
邮　　编	100720
网　　址	http://www.csspw.cn
发 行 部	010－84083685
门 市 部	010－84029450
经　　销	新华书店及其他书店
印　　刷	北京明恒达印务有限公司
装　　订	廊坊市广阳区广增装订厂
版　　次	2019 年 8 月第 1 版
印　　次	2019 年 8 月第 1 次印刷
开　　本	710×1000　1/16
印　　张	14
字　　数	235 千字
定　　价	65.00 元

凡购买中国社会科学出版社图书，如有质量问题请与本社营销中心联系调换
电话：010－84083683
版权所有　侵权必究

前　　言

"伊比利亚美洲"是一个横跨大西洋的文化认同共同体，包括欧洲西南部伊比利亚半岛和拉丁美洲西语和葡语地区，总人口6亿多，包括22个国家，它们分别是：伊比利亚半岛的3个国家——西班牙、葡萄牙和安道尔，拉美18个西班牙语国家——墨西哥、危地马拉、哥斯达黎加、萨尔瓦多、洪都拉斯、尼加拉瓜、巴拿马、古巴、多米尼加、哥伦比亚、委内瑞拉、秘鲁、厄瓜多尔、玻利维亚、智利、巴拉圭、阿根廷和乌拉圭，以及讲葡萄牙语的巴西。这一文化共同体的形成，源于1492年地理大发现之后西班牙和葡萄牙的殖民活动。19世纪20年代拉美独立运动后，西班牙和葡萄牙退出拉美，但其语言文化连同世代移民则留了下来，成为拉美十几个主要的民族—国家建构的基本因素和主导力量。

拉美国家独立后长期受美国影响和制约，而与原宗主国西班牙和葡萄牙渐行渐远。1976年，西班牙国内重启社会政治民主化进程，在国际关系中也积极作为。胡安·卡洛斯一世国王一改佛朗哥独裁政府依赖美国的外交政策，把与拉丁美洲的关系列为西班牙三大外交主轴之一（另外两个是欧盟和美国）。为恢复和加强与拉美各国的关系，卡洛斯一世国王依托西班牙的历史影响和语言文化资源，在1976年倡议召开"伊比利亚美洲国家首脑会议"，得到了西语和葡语国家普遍和积极响应。1991年，首届"伊比利亚美洲国家首脑会议"在马德里召开，上述22个伊比利亚美洲国家有21个国家参加，安道尔在2005年参加。从1991年到2014年，"伊比利亚美洲国家首脑会议"每年轮流在成员国召开，在2014年第24届会议上决定以后每两年召开一次。"伊比利亚美洲国家首脑会议"发展至今，现已成为国际社会多边协商、对话和合作的重要机制和平台之一，特别是对拉美地区一体化发挥了重要的促进作用。

中国同西班牙、葡萄牙和拉美的关系，可以说源远流长。早在地理大

前 言

发现时代，虽然清政府对外闭关锁国，但来往于西班牙、墨西哥和马尼拉之间的"马尼拉大帆船"，其主要进口货物则是产自中国的瓷器、茶叶和丝绸，而在墨西哥铸造的银元"鹰洋"（因背面图案是一只鹰而得名），则是当时中国最流通的外币。

1959年古巴革命胜利，特别是1961年菲德尔·卡斯特罗宣布古巴革命是社会主义性质的革命，中国开始同古巴有了较多接触，并重视对拉美的研究，成立了一些研究机构。但限于当时的国际环境，研究资料的获得渠道十分狭窄，研究队伍也不大，研究领域也有限，以至于对大多数拉美国家不甚了了。就研究队伍和领域来说，除了中国社会科学院拉丁美洲研究所外，高校设立拉美研究机构的也就是北京大学、人民大学、复旦大学和湖北大学；前者主要研究拉美政治和中拉关系，后者侧重研究拉美历史，且研究人员多为兼职教师，而我国高校当时的八九个西班牙语系，则主要研究西班牙语教学和西班牙—拉美文学。这种状况直到进入20世纪80年代，改变也不大。

虽然中国学界直到20世纪80年代后期对伊比利亚美洲的研究尚不足，但中国同伊比利亚美洲国家的外交关系，则在1976年以后开始密切起来，绝大多数伊比利亚美洲国家先后与中华人民共和国建立了外交关系，中拉、中西和中葡关系一直在稳步、积极和健康发展。1991年，首届"伊比利亚美洲国家首脑会议"召开之时，时任国家主席杨尚昆便发去了贺电。进入21世纪以后，随着全球化进程和中国国力的增强，中国和伊比利亚美洲国家的关系越来越密切，越来越重要。不论是中国还是伊比利亚美洲国家，都把对方视为重要的战略伙伴，进而推动了相互认知的愿望和兴趣。在伊比利亚美洲国家，兴起了中文热和汉学热（在伊比利亚美洲，"汉学"与"中国研究"几乎是同义词）；而在中国，对拉美的研究也趋于全面和深入，西班牙语教学在世纪之交更是出现了井喷式发展，开办西班牙语专业的大学从以前的8所增加到40多所，而到2015年则增加到近百所，年招生达5000多人。

中拉关系发展到今天，建立全面战略伙伴关系成了主题词。究其原因，是中国发展和拉美一体化进程相互需要使然。拉美的一体化进程始自20世纪50年代中期，但历经坎坷，始终在局部地区层面徘徊，直到2011年12月才建立起"拉美和加勒比国家共同体"（以下简称"拉共体"，包括拉美和加勒比全部33个国家)。拉共体的建立,使拉美成为一个统一的巨大市场和国际政治多极化的重要一员,引起世界关注。于是,欧盟与拉共体建立了"拉共体—欧盟峰会"(至2015年召开了两届,有来自拉美和欧盟60多个国家的元首、政府首脑及高级代表与会);俄罗斯、印度、日本、土耳其、韩国等,也纷纷与拉共体拉近关系。很自然地,崛起的中国当然不会置身事外。

2011年12月2日,拉共体宣布成立时,时任国家主席胡锦涛当天就致电热烈祝贺,并表示"中方愿同拉共体及地区各国加强对话、交流与合作,为建立和发展中拉平等互利、共同发展的全面合作伙伴关系而携手努力"。2014年1月29日,拉共体第二届峰会通过《关于支持建立中国—拉共体论坛的特别声明》。2014年7月17日,习近平主席访问巴西期间出席在巴西利亚举行的中国—拉美和加勒比国家领导人会晤,宣布建立"中国—拉共体论坛"并尽早在北京举行论坛首届部长级会议。2015年1月8—9日,中国—拉共体论坛首届部长级会议在北京成功召开,会议的主题是"新平台、新起点、新机遇——共同努力推进中拉全面合作伙伴关系",来自拉美30个国家的40多位部长及代表出席了会议,习近平主席在开幕式发表重要讲话。在这次会议上,双方通过了《中拉论坛首届部长级会议北京宣言》《中国与拉美和加勒比国家合作规划(2015—2019)》《中拉论坛机制设置和运行规则》3个成果文件。《中国与拉美和加勒比国家合作规划2015—2019》提出了中拉整体合作的13个重点领域和具体措施,这13个领域是:1.政治和安全;2.国际事务;3.贸易、投资、金融;4.基础设施和交通运输;5.能源资源;6.农业;7.工业、科技、航空航天;8.教育和人力资源培训;9.文化和体育;10.新闻、媒体、出版;11.旅游;12.环保、灾害风险管理和减灾、消灭贫困、卫生;13.民间友好。

而具体措施则包括:中方将在上述合作规划期间邀请1000名拉共体成员国政党领导人访华。适时举办中拉首都市长论坛和中拉地方政府合作论坛;中方将继续办好中拉青年政治家论坛;力争10年内双方贸易额达到5000亿美元,双方投资存量达到至少2500亿美元,其中拉共体的投资存量特别关注高科技和高附加值商品生产领域;中方在2015年至2019年期间向拉共体成员国提供6000个政府奖学金名额、6000个赴华培训名额及400个在职硕士名额;中方从2015年起正式实施为期10年的"未来之

前　言

桥"中拉青年领导人千人培训计划，并继续办好拉美青年干部研修班项目；促进汉语、英语、西班牙语、葡萄牙语等语言人才培养。中方鼓励和支持拉共体成员国在中小学开设汉语课程，将汉语教学纳入国民教育体系。拉共体鼓励中国学校开设西班牙语和英语课程并开展教学，拉共体成员国鼓励中方在中国学校推广拉共体官方语言课程，等等。

在中拉全面深入发展的关系中，我国对西语人才的需求与日俱增，而西语人才并非精于西语翻译，也非西语加西班牙—拉美文学。因此，我国高校新开办的西班牙语专业，普遍把教学目标定为培养综合性、实用性的跨文化交流人才，并突出经贸商务知识、拉美国情和中拉关系的学习。这样的培养目标，要求课程设置有别于传统的西班牙语言文学专业。然而，这些新开办的西班牙语专业，其课程设置基本沿袭我国西班牙语言文学专业的传统课程体系，该课程体系的教学内容相对固定，特别是国情内容多为概况，这导致大多数西语专业对现实问题、前沿问题和热点问题的教学比较薄弱，需要任课教师加以补充。为适应这一点，江苏师范大学在建立西班牙语系的同时，成立了"伊比利亚美洲研究中心"，并聘请国内外知名专家担任特约研究员或到校给学生面对面举行讲座，或通过文章介绍相关领域的新知识、新成果、新观察和新话题。

我们在教学实践中感到，学生们固然明白首先要"知其然"，但他们对"知其所以然"更感兴趣。例如，学生们问：既然拉美一些国家的历史、语言、文化和族源相同，为什么分裂为十几个国家，而不是像美国那样建立一个国家？这个问题既不简单，也非幼稚；要回答清楚，或者让学生基本满意，必须从现代"民族—国家"形成要素和民族主义思想谈起，而这在西班牙和拉美国情教材（包括中文版和西语版）中则是没有的。学生们渴求教材以外的知识，希望老师多讲新东西，多讲现实问题、前沿问题、热点问题甚至是理论问题。这就要求老师们对拉美国情的方方面面有所了解、有所研究。当然，每位老师的研究领域都是有限的，由此，江苏师范大学伊比利亚美洲研究中心在 2014 年确定组织编辑《伊比利亚美洲研究》文集，广泛吸收国内外专家的研究成果，一方面为满足教学的需要；一方面为促进对拉美国情的综合研究。

2017 年，"一带一路"倡议延伸到拉美，为中拉关系的发展注入了新的活力。拉美研究涉及方方面面，其中国情研究是基础。而国情研究的重点是现实问题，现实问题研究又重在实地调查。但限于条件限制，我国学者赴拉美实地调查的可能性和广泛性大受限制。为此，我们需要吸收拉美当地学者参与进来，吸收他们的研究成果。鉴于此，江苏师范大学伊比利亚美洲研究中心根据年度研究计划，聘请国外学者撰写论文，共同开展对拉美的研究。2016 年，我们已将中外学者的论文编辑成《伊比利亚美洲研究》第一辑，此处展现在读者面前的是第二辑。

（朱伦，江苏师范大学伊比利亚美洲研究中心）

目 录

"一带一路"倡议与国际关系

拉丁美洲与"一带一路"
  倡议 ………………………［智］爱德华多·G. 莱吉萨蒙·阿斯图迪略(3)
中国—拉共体论坛第二届部长级会议与中拉关系
  未来趋势 ………………………………［厄］爱德华多·特斯利·阿庞科(15)
中国与拉美及加勒比地区双边关系的发展与
  未来趋势 ……………………………………………［西］徐利奥·里奥斯(27)
国际力量变化中的中美关系………………………［阿］乔治·E. 马莱纳(45)

拉美国情研究

"中国模式":拉丁美洲的发展范例? …………［阿］利斯卡·卡尔维思(57)
巴西开发和利用可再生能源的成就与启示 ………………… 江　河(66)
墨西哥城与上海的土地改革及
  政府治理 …………………………［墨］米格尔·伊达尔戈·马丁内斯(76)
构建中拉命运共同体的文化支柱
  ——以乌拉圭为例探析拉美文化特性 ………… 李　菡　韩　晗(84)
墨西哥印第安人双语教育的理念转变与现实问题………… 李思渊(100)
现世的三重解放
  ——古铁雷斯《解放神学》对马克思宗教批判的
    回应 ………………………………………… 奚　望　张　航(114)

目　录

双边关系回顾与展望

葡萄牙人眼中的中葡关系 ……………［葡］乔治·塔瓦雷斯·席尔瓦(131)
西班牙和中国交往中的城市公共外交 ………［西］伊格纳西奥·尼诺(148)
不断走近的中国巴西关系 ………………………………………蓝　博(163)
巴西新政府与中巴关系 ……［巴］埃尔内斯切·罗德里格斯·阿西恩(174)
战略接近:2007—2016年中厄关系的
　　发展 ………………………………［厄］密尔顿·雷耶斯·埃雷拉(183)

INDICE ……………………………………………………………………(203)

"一带一路"倡议与国际关系

拉丁美洲与"一带一路"倡议

[智] 爱德华多·G. 莱吉萨蒙·阿斯图迪略
孙铭晨 译　朱伦 校

内容提要　从2013年起,中国试图推动名为"21世纪新丝绸之路"或曰"一带一路"倡议的贸易和一体化倡议。"一带一路"倡议体现的是中国重塑国际秩序的视野。通过与中国的战略合作和各项基础设施工程建设,如规划建立连接太平洋和大西洋的"两洋走廊",拉美及加勒比地区也可加入"一带一路"倡议之中。

一　引言

从2013年起,中国推动名为"一带一路"倡议的规划,想借此实现多种目标,其中之一是建立一个交通网络来拓展中国的贸易。这个网络的建立将使广大地区不仅在贸易方面,而且在政治上和战略上都被置于中国强大实力和影响之下。

中国试图建立的这个交通网络,必然要覆盖到拉美及加勒比地区,因为该地区是中国发展经济所需原材料的主要来源地之一;另外,拉美及加勒比地区也能从"一带一路"倡议中获得好处,不仅可以促进自己的经济增长,还可以使自己的经济实现多元化而非仅靠输出原材料。

本文试对中国的对外政策,以及对中国关注自己在亚太和拉美及加勒比地区的存在略作分析,进而展现中国的"一带一路"倡议可能延伸到的更大地区。

二　"一带一路"倡议

2013年10月,习近平主席出访东南亚和中亚各国。在这次访问中,习近平提出了现代"经济带"概念和"21世纪丝绸之路"及"海上丝绸之路"的概念,二者合起来形成了"一带一路"倡议。①

"一带一路"倡议的规划陆路部分,一方面是将中国和中亚、俄罗斯及波罗的海地区连接起来;另一方面则是把中国、波斯湾、地中海、东南亚、南亚和印度洋之间的联系建立起来。"一带一路"倡议的海洋部分,则计划通过中国海域和印度洋将中国沿海地区与欧洲联系起来形成一条通道,从中国沿海港口过南海到南太平洋。②

按照这个设想,"一带一路"倡议势必在陆路、海路和铁路交通基础设施建设方面带来一次伟大革命,它将把中国同中亚、中东、南亚、非洲、欧洲甚至包括美洲都联系起来。

"一带一路"倡议意味着许多整合观念,如方便贸易的设施建设、交通和可再生能源的基础设施建设、光缆和通讯的互联互通(丝绸之路信息化)、促进扩大投资和贸易的合作、促进海关合作、推动新兴工业和产业链合作、技术发展,等等。这样一来,势必加快人员、商品、烃和高技术的往来运输。

中国国家发改委、外交部、商务部联合发布的文件《推动共建丝绸之路经济带和21世纪海上丝绸之路的愿景与行动》指出,"一带一路"倡议的陆路部分将建设一条欧亚桥,并利用经贸产业园作为合作平台共同打造经济走廊,例如,中蒙俄、中国—中亚—西亚、中国—中南半岛等国际经济合作走廊。③"一带一路"倡议的海路部分,将建立一条安全高效、连接沿线主要港口的运输线。

除"一带一路"倡议最初确定的陆路交通线,现在又增添了一条海上交通线,即走印度洋连接中国和非洲的海路。还增加了一条连接太平洋和大西洋的跨洋海路,这条海路经南美洲时要建一条铁路将两大洋联系起来,这条铁路叫"两洋铁路"。这条通道被称为"两洋走廊",它将把巴

---

① GUIÉRREZ REINEL, Gonzalo, *La Ruta de la Seda del Siglo XXI, debe extenderse hasta Latinoamérica*, http://spanish.peopledaily.com.cn/n3/2016/0105/c31619-8999373.html, 22 diciembre 2016.

② Ibid.

③ Ibid.

西、秘鲁可能还有玻利维亚连接起来。①

由此看来，在拉丁美洲，由智利、秘鲁、墨西哥和哥伦比亚组成的"太平洋联盟"组织，目前是与"一带一路"规划互联互通的最理想的组织。2013 年 6 月，中国就以观察员身份参加了太平洋联盟。②

"一带一路"的整体规划，完全有能力改变现有的世界经济秩序，使贸易、工业和创新都发生变化，甚至可以影响不同民族的思想和文化。"一带一路"倡议也能把中国提升到新超级大国的地位，因为它把中国这个"中央帝国"放在了世界经济结构的中心位置。

三　中国与亚太和拉美及加勒比的关系

最近十年，中国正式发布了两份阐释中国与拉美及加勒比关系指南的政治文件。第一份文件是 2008 年发布的；第二份是在 2016 年习近平访问智利、秘鲁和厄瓜多尔之后发布的。在这两份文件中，中国确定了与拉美及加勒比地区的政治、经济和贸易战略。③

第二份文件强调深化中国与拉美及加勒比地区的关系，规定双方关系的基础是真诚和政治互信、经济共赢、文化合作和在国际事务中相互配合。④ 第二份文件还强调，双方关系不排斥任何第三方或其他大国，很明显这里是指美国。⑤ 但是，在美国明确退出《跨太平洋伙伴关系协定》时，中国即刻重视起与太平洋国家的联盟，将自己确定为亚太地区自由贸易的主要推手。由此，这第二份文件强调促进特殊产品和资源的贸易，应是拉美及加勒比国家的要求。拉美及加勒比国家的出口几乎只有原材料。这份文件还提到，中国有兴趣与拉美及加勒比地区签订新的自

---

① GUIÉRREZ REINEL, Gonzalo, *La Ruta de la Seda del Siglo XXI, debe extenderse hasta Latinoamérica*, http：//spanish. peopledaily. com. cn/n3/2016/0105/c31619－8999373. html, 22 diciembre 2016.

② Ibid.

③ CLARÍN, *EE. UU. se aisla y China toma la posta en América Latina*, Clarín, http：//www. clarin. com/mundo/EEUU－aisla－China－America－Latina_ 0_ 1693030711. html, 3 enero 2017.

④ Ibid.

⑤ Ibid.

由贸易协定。

与此同时，中国还支持涉及亚太地区的两个贸易倡议。其中之一是"区域全面经济伙伴关系"倡议，该倡议旨在建立一个涵盖"东南亚国家联盟"十个经济体和澳大利亚、韩国、印度、日本、新西兰和中国的自由贸易区。[1] 另一个倡议是建立"亚太自由贸易区"的计划，它包括"亚太经合组织"21个经济体，再加上美国和中国。[2]

在亚太地区，中国试图推动对工业和金融业的投资。工业投资是为了扩大该地区的生产和工业制成品。金融投资则是为基础设施建设提供专门贷款。除了工业和金融投资外，中国还与该地区一些国家开展政治、文化乃至司法领域的合作。

中国对拉美及加勒比地区的政治文件宣示，"中国政府本着平等、互惠和共同发展的原则，努力建立和发展同拉美及加勒比国家的全面合作伙伴关系"[3]。

中国与巴西（1993年）、委内瑞拉（2001年）、墨西哥（2003年）和阿根廷（2004年）正式建立了战略伙伴关系。与智利和秘鲁分别在2004和2005年建立了全面合作伙伴关系。2016年，中国把与智利的关系提升至全面战略伙伴关系。此外，还有几个拉美国家将自己和中国的关系升级为战略伙伴。[4]

中国将拉美及加勒比国家视为政治、经济、贸易、社会和外交领域的全面战略伙伴，这说明中国对拉美及加勒比地区的兴趣越来越浓。此外，中国还将拉美及加勒比地区视为政治相对稳定和经济可持续增长的地区，尽管这种增长主要不是工业化而是贸易特别是消费品贸易的结果。但是，拉美及加勒比地区也有一些全球性的新兴经济体。

---

[1] CLARÍN, *EE. UU. se aisla y China toma la posta en América Latina*, Clarín, http://www.clarin.com/mundo/EEUU-aisla-China-America-Latina_0_1693030711.html, 3 enero 2017.

[2] Ibid.

[3] EMBAJADA DEL ECUADOR EN CUBA, *La alianza estratégica de China y los países latinoamericanos y caribeños*, http://cuba.embajada.gob.ec/es/la-alianza-estrategica-de-china-y-los-paises-latinoamericanos-y-caribenos/, 27 diciembre 2016.

[4] Ibid.

在中国看来，拉美及加勒比地区地域辽阔，自然资源丰富，社会—经济发展基础良好，具有巨大的发展和经贸增长潜力。

另外，"一个中国原则"得到拉美及加勒比地区承认，是中国建立和发展同拉美国家和加勒比地区国家关系的基本和根本原则。①

最近25年，在拉美及加勒比地区，中国已成为有巨大影响力的经济新角色。中拉贸易额在1990年只有100亿美元，2012年则增长到2700亿美元（主要来自中国和南美的贸易）。② 中国与拉美及加勒比地区间的贸易迅速增长，中国在该地区的影响力，现引起了人们的质问和怀疑：中国对外政策的政治和经济意图到底是什么，特别是中国发展同拉美及加勒比地区关系的真实意图是什么？

有些分析家对中国在拉美及加勒比地区的贸易增长水平、中方贷款和投资水平感到不安；与西方国家比较，中国贷款和投资更加灵活且附加条件少，有人便认为这是中国挑战美国在该地区的霸权乃至取而代之的武器。③

但也有分析家认为，中国对原材料的需求为拉美及加勒比地区的经济增长做出了贡献，减少了贫困。还有分析家估计，随着中国更多涉入拉美及加勒比地区，中国最终会采取西方式的发展和投资模式。④

中国在拉美及加勒比地区日益增多的存在，促使一些拉美国家支持中国挑战美国，挑战其世界经济和政治领导地位。目前，中国在拉美及加勒比地区的存在还没有影响到美国在该地区的安全利益，但对美国影响力确实形成了竞争，美国霸权地位受到削弱是近期可见的事情。⑤

---

① EMBAJADA DEL ECUADOR EN CUBA, *La alianza estratégica de China y los países latinoamericanos y caribeños*, http：//cuba. embajada. gob. ec/es/la - alianza - estrategica - de - china - y - los - paises - latinoamericanos - y - caribenos/, 27 diciembre 2016.

② PICCONE, Ted, *The Geopolitics of China's Rise in Latin America*, Brookings, https：//www. brookings. edu/research/the - geopolitics - of - chinas - rise - in - latin - america/? utm_campaign = Foreign + Policy&utm_source = hs_email&utm_medium = email&utm_content = 38560050, 27 noviembre 2016.

③ Ibid.

④ Ibid.

⑤ Ibid.

波士顿大学的一份研究报告强调指出，2015年中国对拉美及加勒比地区国家的贷款有所增长，已达290亿美元，几乎是西方所有多边开发银行贷款总和的两倍，这些银行包括世界银行、美洲开发银行和拉丁美洲开发银行。[1] 与中国贷款增长相比，最近几年，西方各家开发银行提供的资金则日趋减少。[2]

拉美及加勒比地区与中国的贸易关系，有别于同美国的贸易关系。差别在于中国主要购买石油、矿产和大豆等原材料，而美国则主要进口可让拉美国家获利更多的工业产品。[3]

中拉关系不应只在数量上寻求相互利益的增长，还应实现质量增长。这要求双方在文化上相互接近。拉美及加勒比地区应该加强教育和研究领域的投资，否则，任何经济增长都是暂时的。

四　中拉关系发展路线图

中拉合作现在是朝着中国所说的"命运共同体"方向发展，这包括两个方面：一是通过"拉美及加勒比共同体论坛"，建立多边关系；二是中国同拉美各个国家单独合作，建立双边关系。[4]

根据习近平在2016年第三次访问拉美后发布的文件，中国与拉美及加勒比地区的合作将遵守以下原则：[5]

——承认和尊重一个中国原则。

——尊重所有国家的主权。

---

[1] EL MERCURIO, *Xi Jinping en Chile: la visita que pretende consolidar las inversiones de China*, El Mercurio, http://www.emol.com/noticias/Economia/2016/11/22/832276/Visita-de-Xi-Jinping-afianza-la-posicion-de-China-en-la-politica-economica-regional.html, 26 noviembre 2016.

[2] Ibid.

[3] OPPENHEIMER, Andrés, *Trump ante la Ofensiva de China*, La Nación, http://www.lanacion.com.ar/1972424-trump-ante-la-ofensiva-de-china, 3 enero 2017.

[4] HIGUERAS, Georgina, *La Ruta de la Seda del Siglo XXI*, Observatorio de Política China, http://www.politica-china.org/nova.php?id=6574&clase=17&lg=gal, 27 diciembre 2016.

[5] Ibid.

——尊重自由自主选择发展道路。

——加强公平和正义，聚焦社会发展和减少贫困。

——经济和技术援助不能带有政治和其他性质的条件。

——环境方面的合作。

——加强文化、教育、科研和媒体方面的合作。

——加强司法和警务合作。

上述文件提出，双方在经济和贸易上，要由作为合作推动力的简单互补转向目前的相互交流。这意味着双方开始聚焦高附加值和高技术含量的产品，包括在金融、工业、能源、基础设施、农业、空间、海洋、技术和工业创新等领域进行合作。

五 中拉战略伙伴关系

从政治上说，中国与拉美及加勒比地区可以成为相互信赖的伙伴，因为双方不存在领土和海洋争端，并且具有相同的发展目标。中国本着"和平共处五项原则"，维护发展同拉美及加勒比国家的政治关系，超越政治意识形态，平等对待该地区所有国家。

从经济和贸易上看，中国不断深化同拉美及加勒比国家的合作。与此同时，在工业制造、基础设施建设、能源、矿产、农业和高新技术等方面，中国的投资也不断增加。[①]

中国现已成为拉美及加勒比地区经济增长和产品出口的主要源泉，尤其是在那些中国所需要的与自然资源有关的领域里。对中国来说，拉美及加勒比地区是自然资源和能源的重要来源地，同时又是接受中国出口产品的大市场。这说明，经贸合作对中国和拉美—加勒比双方来说，都具有重要的战略意义。

由此我们看到，近 20 年来，中国与拉美及加勒比地区的贸易额呈现

---

① EMBAJADA DEL ECUADOR EN CUBA, *La alianza estratégica de China y los países latinoamericanos y caribeños*, http：//cuba. embajada. gob. ec/es/la - alianza - estrategica - de - china - y - los - paises - latinoamericanos - y - caribenos/，27 diciembre 2016.

急剧增长的趋势。2001年，双方的贸易额大约是149亿美元，2010年增至1830.67亿美元，而2011年已增至2415亿美元；从此，中国成了拉美及加勒比地区的第二大贸易伙伴。①

另外，中国还与拉美一些国家签署了自由贸易协定，如2005年与智利、2009年与秘鲁、2010年与哥斯达黎加。与哥伦比亚的自由贸易协定，现也处在商签阶段。②

至于双方之间的投资，可以说在逐年增长。中国对拉美及加勒比地区的投资，应该将直接投资与间接投资区分开来。根据中国商务部的统计，在2003—2009年，中国对拉美及加勒比地区的直接投资是240亿美元，而仅在2010年这一年，中国的直接投资就达到了105.38亿美元。根据拉丁美洲及加勒比经济委员会的统计，中国2010年对拉美的直接投资是152.51亿美元。拉丁美洲及加勒比经济委员会的统计表明，中国已成为拉美及加勒比地区的第三大直接投资国，占外国在该地区投资总额的9%。③

至于中国对拉美及加勒比地区的间接投资，主要来自中国各家银行的贷款，尤其是中国国家开发银行和中国进出口银行的贷款。④

中国与拉美及加勒比地区的经济合作，还包括金融、农业、工业、基础设施建设、自然资源、能源、旅游和经济技术援助等方面的合作。

在社会发展方面，中国与拉美及加勒比地区在减贫、教育、社保、医疗、环保和救灾等领域也有合作。

文化和体育方面的交流合作也有增加，科学、技术和教育方面也是如此。中国与拉美及加勒比地区一些国家，现有意签署学历学位互认协议，并有意增加奖学金名额。而中国的大学，与拉美及加勒比地区大学建立学

---

① EMBAJADA DEL ECUADOR EN CUBA, *La alianza estratégica de China y los países latinoamericanos y caribeños*, http://cuba.embajada.gob.ec/es/la-alianza-estrategica-de-china-y-los-paises-latinoamericanos-y-caribenos/, 27 diciembre 2016.

② Ibid.

③ Ibid.

④ Ibid.

生和教师交流项目者,也越来越多。①

最近几年,在全球经济治理和地区经济一体化方面,中拉双方的合作也日益加强。

在国际组织和地区组织中,以及在诸如联合国、世贸组织、20国集团、金砖五国、亚太经合组织论坛和东亚—拉美合作论坛等多边机构中,中国同许多拉美国家都加强了合作,这些国家有巴西、墨西哥、阿根廷、智利、秘鲁和委内瑞拉。在联合国改革、多哈回合谈判、国际金融体系改革和气候变化等问题上,为了推动建立一个更加公平、合理和平等的国际秩序②,双方也保持了紧密合作。

中国与拉美一些区域组织和全美洲性的组织也保持密切联系,如里约集团、安第斯共同体、南方共同市场和拉美及加勒比经济委员会。1998年1月,中国人民银行正式加入加勒比开发银行。2004年,中国成为美洲国家组织常驻观察员;同年,成为拉丁美洲议会的观察员。2008年,中国加入美洲开发银行。此外,中国和加勒比国家还多次举办中国—加勒比经贸合作论坛。③

中拉交往现也存在许多挑战,其中值得一提的是许多拉美国家经常对中国产品提出反倾销措施。

六 "一带一路"倡议与全球化

可以说,现在的全球化模式正受到一些保护主义声音的攻击。在这种情况下,"一带一路"倡议可以说是医治当前全球化模式弊端的一剂良药。④

现在的全球化模式存在许多大难题,其中包括制度层面的缺陷或不

---

① EMBAJADA DEL ECUADOR EN CUBA, *La alianza estratégica de China y los países latinoamericanos y caribeños*, http://cuba.embajada.gob.ec/es/la-alianza-estrategica-de-china-y-los-paises-latinoamericanos-y-caribenos/, 27 diciembre 2016.

② Ibid.

③ Ibid.

④ OBSERVATORIO DE LA POLÍTICA CHINA, *Expertos aseguran que iniciativa de la Franja y la Ruta, ayuda a promover un nuevo modo de globalización*, Observatorio de la Política China, http://www.politica-china.org/nova.php?id=6624&clase=8&lg=gal, 27 diciembre 2017.

足，而这些缺陷或不足又导致运作不灵甚至无法运作。相反，"一带一路"倡议运作灵活，更能适应不同需求。需强调指出的是，"一带一路"模式虽是一种全面规划，涉及贸易、金融、经济、政治甚至文化等领域的交流，但它无须建立那些意味着加入者要让渡国家主权的超国家机构。让渡主权，现在是超国家机构模式中最具争议的问题，常使超国家机构无法灵活应对现实变化。

七 中拉双边关系的案例：智利和阿根廷

尽管中拉双方的贸易和投资现在有所下滑①，但中国仍是巴西、阿根廷、智利、秘鲁、厄瓜多尔、玻利维亚、巴拉圭和乌拉圭等国家的第一大或第二大贸易伙伴。

此外，中国同智利、秘鲁和哥斯达黎加签有自由贸易协定，未来也可能和其他拉美国家签订新的自由贸易协定，还可能将亚洲自贸区谈判拓展到拉美国家。②

2016年习近平访问智利期间，中国和智利已将两国关系提升为全面战略伙伴关系。在南美国家中，智利是第一个承认中国并与中国建立外交关系的国家，也是第一个同中国签署双边协议同意中国加入世贸组织的国家，还是第一个承认中国市场经济地位的国家，第一个与中国签订自由贸易协定的国家（如今，中国已处在现代化进程中）。③

2016年，智利接受了设在拉美的首家人民币结算银行，由此在中国、智利和拉美其他地区之间建立了一个金融合作平台。这家银行叫中国建设

---

① OBSERVATORIO DE LA POLÍTICA CHINA，*Expertos aseguran que iniciativa de la Franja y la Ruta，ayuda a promover un nuevo modo de globalización*，Observatorio de la Política China，http：//www. politica – china. org/nova. php？id = 6624&clase = 8&lg = gal，27 diciembre 2017.
② Ibid.
③ OBSERVATORIO DE LA POLÍTICA CHINA，*China y Chile acuerdan elevar lazos hasta nivel de asociación estratégica integral*，Observatorio de la Política China，http：//www. politica – china. org/nova. php？id = 6560&clase = 8&lg = gal，23 diciembre 2016.

银行股份有限公司，设在智利圣地亚哥，启动资金约 1.8 亿美元。① 与此同时，智利政府已表示，智利会尽快加入由中国倡议设立的亚洲基础设施投资银行。② 但是，鉴于双边贸易额，中国对智利的投资额并不大。③

在另一个领域，即天文学领域，随着三年前中科院南美天文学中心落户智利北部的国家天文观测站办公室，中智两国天文学家现也开始了交流合作。④ 2016 年，习近平访问智利之际，中智签订了一项协议，该协议确定以中科院南美天文中心为平台，中科院和智利北方天主教大学将在智利共同建立第一个天文观测站。这是中国在亚洲之外建立的第一批天文观测站之一。⑤ 目前，中国除了在南极有一个天文观测站外，只在几个中亚国家有天文合作伙伴。⑥

至于阿根廷，中国与其建立了战略伙伴关系。在克里斯蒂娜·费尔南德斯·基什内尔执政期间，阿根廷和中国签订了许多公共工程协议，现在的毛里西奥·马克里政府同意继续执行这些协议。⑦ 但在另一方面，阿根廷也对中国提出了新的反倾销申诉。在世贸组织中，阿根廷是起诉中国最多的国家，共有 53 项。⑧

阿根廷政府还表示，阿根廷将避开承认中国是市场经济，至少会像克

---

① OBSERVATORIO DE LA POLÍTICA CHINA, *China y Chile acuerdan elevar lazos hasta nivel de asociación estratégica integral*, Observatorio de la Política China, http://www.politica-china.org/nova.php?id=6560&clase=8&lg=gal, 23 diciembre 2016.

② Ibid.

③ EL MERCURIO, *Xi Jinping en Chile: la visita que pretende consolidar las inversiones de China*, El Mercurio, http://www.emol.com/noticias/Economia/2016/11/22/832276/Visita-de-Xi-Jinping-afianza-la-posicion-de-China-en-la-politica-economica-regional.html, 26 noviembre 2016.

④ ESPINOZA, Cristina, *China construirá su Primer Observatorio Astronómico en Chile*, La Tercera, http://www.latercera.com/noticia/china-construira-primer-observatorio-astronomico-chile/, 27 noviembre 2017.

⑤ Ibid.

⑥ Ibid.

⑦ NIEBIESKIKWIAT, Natasha, *Davos: Reunión con los Chinos por los Conflictos Comerciales*, Clarín, http://www.clarin.com/politica/davos-reunion-chinos-conflictos-comerciales_0_SyMoWFrIe.html#cxrecs_s, 12 enero 2017.

⑧ Ibid.

里斯蒂娜政府在 2004 年所做的那样，以口头方式表达出来。①

八　结语

　　从以上分析我们可以看到，"一带一路"倡议试图建立一个海路、陆路和铁路运输网来促进商贸和交通，它以中亚为中心，扩展到欧洲、南亚、东南亚、中东和东非，并且通过海洋走廊和计划中的穿越巴西的"两洋铁路"，最后延伸到南美洲。

　　"一带一路"倡议，就是要重新建立一个全新的交通网络，以求获得中国这个"中央帝国"所需的原材料，这一点与当年的大英帝国类似。但和大英帝国不同，中国不想统治"一带一路"。中国的唯一要求是承认一个中国原则，这是中国所有国际关系的基础。

　　"一带一路"倡议与欧亚地区其他一些整合和贸易计划存在竞争，其中主要是韩国提出的所谓"欧亚倡议"计划。

　　中国提出"一带一路"倡议，还有抵消俄罗斯、美国和日本在欧亚地区影响力的意思。已经设立的"亚投行"和"丝路基金"，其根本宗旨也是为"一带一路"倡议提供资金支持。

　　鉴于中拉关系不断增进，在由中国命名的"战略伙伴关系"框架下，拉美可以成为"一带一路"倡议的最后一环，从而使拉美与遥远的欧亚大陆联系起来。

　　[爱德华多·G. 莱吉萨蒙·阿斯图迪略，德国海德堡大学和智利大学法学硕士；智利圣地亚哥海德堡拉美研究中心（附属德国海德尔大学）国际公法和国际关系研究员。江苏师范大学伊比利亚美洲研究中心特约研究员]

---

① CLARÍN, *Quejas de China por las medidas anti dumping de la Argentina*, Clarín, http://www.ieco.clarin.com/ieco/economia/Quejas-China-medidas-antidumping-Argentina_0_BkcYDHgEx.html#cxrecs_s, 27 diciembre 2016.

中国—拉共体论坛第二届部长级会议与中拉关系未来趋势

[厄] 爱德华多·特斯利·阿庞科

于凌姣 译 蓝博 校

内容提要 2015年,中国—拉共体论坛首届部长级会议在北京召开,这标志着中国与拉美及加勒比地区的关系发展进入新阶段。同年,拉美各国政府的意识形态开始发生转变。在这一转变过程中,拉美和中国之间开展了一系列的双边对话,涉及贸易、投资、教育、文化等。本文旨在定义在中国—拉共体论坛第二届部长级会议后,中国与拉美及加勒比地区达成的经济合作事件,分析这些合作产出的成果。中国—拉共体论坛已经为双边非经济领域合作明确了相互促进、共同发展方向,中拉关系也通过此次会议得到了加强。最后,笔者认为政治关系的加强会推动经济的发展。但鉴于该论坛是一个非经济的政治对话平台,它对推动双边经济发展还显得力量不足。

引 言

拉美之于中国的经济发展愈发重要,双边在政治、社会、文化等方面的联系不断增强。据中国国家统计局统计,2015年,中拉贸易额占中国全球贸易总量的6%。2007—2015年中拉贸易年增长率为16.85%,是中国对外贸易增长最快的区域。

表1　　　　　　　中国与各地区贸易总额　　　　　　单位:%

	2007	2008	2009	2010	2011	2012	2013	2014	2015	平均
非洲	32.81	45.55	-15.06	39.51	30.92	19.38	5.89	5.43	-19.34	16.12
北美	16.25	10.77	-10.92	28.90	16.91	8.47	7.31	6.10	0.42	9.35
拉美	46.22	39.70	-15.02	50.69	31.45	8.24	0.04	0.72	-10.40	16.85
亚洲	21.07	15.06	-14.23	33.68	21.46	7.46	8.75	2.22	-7.88	9.73
欧洲	29.46	19.64	-16.58	34.30	22.28	-2.52	6.86	6.17	-10.15	9.94
大洋洲与太平洋	32.63	33.53	2.23	46.52	31.09	5.17	12.29	1.78	-14.54	16.74

来源：中国国家统计局（2015）。

在投资方面，对拉投资约占中国直接对外投资总量的11%，仅次于亚洲，但投资增速明显乏力。2015年，中国对拉美地区的投资同比2008年增长了157.23%，高于非洲的89.16%，大幅低于北美的852.15%。

表2　　　　　　中国对世界各地区的直接投资　　　　　　单位:%

	2008	2009	2010	2011	2012	2013	2014	2015	平均
非洲	248.76	-73.79	46.78	50.24	-20.69	33.93	-5.01	-7.00	34.15
北美	-67.65	317.87	72.24	-5.35	96.75	0.39	87.87	16.41	64.82
拉美	-24.99	99.28	43.81	13.26	-48.31	132.73	-26.54	19.56	26.10
亚洲	162.44	-7.21	11.09	1.35	42.40	16.70	12.41	27.51	33.34
欧洲	-43.15	282.82	101.63	22.05	-14.74	-15.44	82.19	-34.32	47.63
大洋洲及太平洋	153.46	27.06	-23.83	75.66	-27.22	51.56	18.49	-10.74	33.05

来源：中国国家统计局（2015）。

双边政治层面交流不断加强，对经济关系的发展产生了积极的影响。中国与世界各国建立的"战略伙伴关系"，就是一种经济型政治关系。[1] 通

---

[1] Feng Z. & Huang J., *China's Strategic Partnership Diplomacy: Engaging with a Changing World*, Madrid: FRIDE. Working Paper 8, 2014; Strüver G., *China's Strategic Partnership Diplomacy: Determinants and Outcomes of International Alignment*, Hamburgo: GIGA. GIGA Working Papers No. 283, 2016.

过中国与拉共体开展的一系列的双边会晤不难看出，中国有意加强中拉政治联系。

葛拉特和贾恩①认为中国—拉共体论坛的作用在于，让拉美及加勒比地区与中国的政治和经济对话制度化，同时将双边交往上升为区域层次。杜塞尔认为，该论坛除了将双边贸易和投资对话机制常规化外，还实现了"无美国"化。②总而言之，中国—拉共体论坛通过制度化对话机制，推动了中国与拉美和加勒比国家合作规划（2015—2019）的实施。这份合作规划重点涉及贸易和技术领域合作，将会提升拉美及加勒比地区的工业化水平。埃勇和埃莫里奇指出，该论坛虽然尚未扭转拉美及加勒比地区在双边合作中的劣势地位，但仍是"南南合作"的一个成功范例。③

论坛的成功不仅意味着中拉关系的稳固，还表明拉美之于中国非常重要。值得注意的是，中拉关系是一个泛概念，它在中美洲、加勒比海和南美洲的形态各异，所谓的中拉"共同利益"，其内部存在着巨大的"差异"。笔者认为，中国—拉共体论坛试图将拉美及加勒比地区单一化，将双边利益视作统一化和整体化，极有可能会适得其反。

本文分为三个部分：第一部分侧重分析拉美及加勒比地区经济的特殊性。因为，中国—拉共体论坛之后中拉双边贸易进一步失衡，双边经济关系并未走向多样化；第二部分主要分析拉美的区域政治特点。拉美政治"左退右进"对中国的实质影响；第三部分对中国—拉共体论坛第二届部长级会议提出一些个人的想法和建议。

---

① Goulart Doria G. M. y Jaen Celada J. J., "CELAC and China in Perspective: Regional Integration and Engagement Redefinition", en S Cui y M Pérez García (eds.), *China and Latin America in Transition. Policy Dynamics, Economic Commitments, and Social Impacts*, Nueva York: Palgrave Macmillan, 2016, pp. 113 – 128.

② Dussel Peters E., "Latin America and the Caribbean and China. Socioeconomic Debates on Trade and Investment and the case of CELAC", en S Cui y M Pérez García (eds.), *China and Latin America in Transition. Policy Dynamics, Economic Commitments, and Social Impacts*, Nueva York: Palgrave Macmillan. 2016, pp. 157 – 173.

③ Ayllón Pino B. y Emmerich N., "Las relaciones entre CELAC y China: Concertación regional y Cooperación Sur-Sur", *Revista Perspectivas do Desenvolvimento: um enfoque multidimensional*, Vol. 03, No. 04, Julio, 2015, pp. 1 – 25; Hou R., "China and CELAC: A New Model of South-South Cooperation", *China Today*, No. 2, 2015.

一　中国和拉美及加勒比地区的经济发展趋势

拉美内部存在着两种对中国的经济模式：一种被称为"南美洲国家模式"，其主要特点是以自然资源和原料出口为导向。另一种是"中美洲国家及墨西哥模式"，主要特点是竞争美国市场。[①] 概言之，中拉贸易关系分为两种形态：一种以自然资源进出口为主的互补形态；另一种则是以进入第三市场为主的竞争形态。然而，随着时间的推移，两种形态已经发生了质变。前者对后者产生了巨大的影响，现在的部分中美洲国家对中关系已转型为贸易互补型，而以巴西为代表的部分南美洲国家则进一步深化了之前的互补关系。

由表3可见，中国向主要的贸易伙伴出口的产品中，原材料和自然资源类产品比例逐步上升。这种"横向型上升"即低附加值产品出口量上升，反映出拉美工业化呈现"衰退"。从两方面可以看出中拉贸易正朝着互补形态加速发展。一方面，中国自身的工业化发展对初级产品的需求量增大，这导致拉美出口到中国的初级产品总量加速攀升。2005—2015年，拉美地区对中国出口总量年均上升12.4%。巴西的种子、果实、植物、蚕豆和黄豆等农产品增速最大，约为25.4%，以及秘鲁的铜矿和精矿等矿产，增速约为22.2%。另一方面，拉美地区向中国出口初级产品的国家在不断增加，墨西哥最为典型。2005年，中国没有出现在墨西哥出口统计表中（量小不列入统计），到了2015年，墨西哥对中国出口初级产品的总量占到其出口总量的35.4%，对中国出口低附加值产品占其出口总量的23.1%。

[①] Dussel Peters E., "La relación económica entre América Latina y China: carrera con obstáculos", en JE, Navarrete, (coord.) *La huella global de China. Interacciones internacionales de una potencia mundial*, 2011, pp. 131 – 174. México D. F., Universidad Nacional Autónoma de México, pp. 156 – 163; León-Manríquez JL, "China's Relations with Mexico and Chile: Boom for Whom?" en AH Hearn y JL León-Manríquez (eds.), *China Engages Latin America. Tracing the Trajectory*. Boulder: Lynne Rienner Publishers, 2011, pp. 161 – 164.

表3 "战略伙伴关系"国对中国出口的主要产品对比

	2005	2015
阿根廷	种子、果实、植物、蚕豆、黄豆（54%） 动物油脂、动植物蜡、豆油、原油（22%）	种子、果实、植物、蚕豆、黄豆（68.5%） 动物油脂、动植物蜡、豆油、原油（7%） 肉和食用杂碎（3%） 矿物燃料和原油（3%） 鱼肉和甲壳动物（2.3%）
巴西	种子、果实、植物、蚕豆、黄豆（25%） 矿物、灰分、铁矿（18%） 矿物质团块（7.9%） 矿物燃料和原油（7.9%） 烟草（3.6%）	种子、果实、植物、蚕豆、黄豆（50.4%） 矿物质团块（14%） 矿物燃料和原油（11%） 木浆和纤维材料（4%） 矿物，灰分，铁矿（2%）
智利	阴极铜（40.3%） 铜矿石和精矿（33%） 矿石（5.2%） 木浆和纤维材料（4.9%）	阴极铜（41.8%） 铜矿石和精矿（30.3%） 未精炼铜（5.4%） 木浆和纤维材料（4.2%） 矿石（2.7%）
哥伦比亚	镍铁（61%）	原油和沥青矿物（77.7%） 镍铁（10%） 铜废碎料（5.3%）
厄瓜多尔	铜废碎料（35.3%） 可食用果实：香蕉（12.2%） 木材（11%） 塑料按钮或植物象牙按钮（9%） 铝废碎料（6.6%） 可可（6.2%）	原油和沥青矿物（21.7%） 鱼肉和甲壳动物（19%） 可食用果实：香蕉（17%） 金属废料和贵金属（8.4%） 木材（8.4%） 食品工业废料（6%） 冷冻的鱼肉和甲壳动物（3.6%） 铜废碎料（2.6%） 可可（2.5%）

续表

	2005	2015
墨西哥		铜矿和精矿（16.8%）
		用于运输的汽车（16.5%）
		自动变速箱（4.6%）
		原油（4.4%）
		石油的纯矿物油（3.3%）
		铜废碎料（3%）
		阴极铜（2.8%）
		铅矿石及其精矿（2.6%）
		银矿以及精矿（2.5%）
		传输工具：控制单元和适配器（2%）
秘鲁	食品工业废料（31.3%）	铜矿石及其精矿（48.6%）
	铜矿石及其精矿（26.4%）	食品工业废料（12.2%）
	金属矿石（12.7%）	阴极和阴极部分（11%）
	阴极和阴极部分（7.2%）	锌矿石及其精矿（6.5%）
	铅矿石及其精矿（7.1%）	铅矿石及其精矿（5.3%）
		金属矿石（4.6%）
		银矿石及其精矿（3.5%）
委内瑞拉*	有色金属产品（67.4%）	金属矿石（55%）
	铜废碎料（7.3%）	煅烧的氧化铝（18.4%）
	原油和沥青矿石（4.4%）	金属矿石（9.9%）
	钢铁中间产品（3.9%）	镍铁（9%）
		皮革（2.2%）

数据来源：委内瑞拉 ALADI（2016），时间截至2014年。

许多拉美学者都一致认为：拉美现行的经济模式存在"逆工业化"趋势。① 换言之，当今拉美处于近似"华盛顿共识"的影响之下，经济发展被全球价值链体系制约。② 上文提到墨西哥与中国的关系属于竞争形态，但实际上，巴西才是对亚洲出口量最大的拉美国家，占比高达43.6%。③ 此外，中国在美洲大陆最大的贸易伙伴仍是美国。④ 拉美地区向工业化程度较高区域出口初级产品，本地区工业化萎缩的趋势业已形成。

投资和贸易是一对伴侣。正如前文所述，对于巴西和秘鲁来说，2005—2015年间，其出口增速最高的产品也是其出口总量最大的产品，巴西的出口量约占整个拉美地区出口总量的40%。2015年，中国90%的投资都流向自然资源领域，95%的资金都流向巴西和秘鲁两国。⑤ 尽管诸多双边协议都强调贸易多样性、互补性，强调投资高附加值产品的生产技术和基础设施，但在实际操作中往往事与愿违，例如，中国是巴西最大的债权国之一，巴西将60%的中国贷款都投向了农业。⑥

拉美及加勒比经委会2016年的一份报告指出，中拉贸易整体存在增

---

① Guajardo J. Molano M. y Sica D., *La industria latinoamericana ¿y el rol de China cuál es?* Washington DC: Atlantic Council, Adrienne Arsht Latin America Center, 2016; Jenkins R., "Latin America and China-A New Dependency?" *Third World Quarterly*, Vol. 33, No. 07, 2012, pp. 1337 – 1358; Durán Lima J. y Pellandra A., "El efecto de la emergencia de China sobre la producción y el comercio en América Latina y elCaribe", en Dussel Peters E. (coord.), *América Latina y el Caribe-China: Economía, Comercio e Inversiones*, México D. F.: Red Académica de América Latina y el Caribe sobre China, UDUAL, 2013.

② Paus E., "The Rise of China: Implications for Latin American Development", *Development Policy Review*, año 27, Vol. 4, 2009.

③ CEPAL, *Relaciones económicas entre América Latina y el Caribe y China. Oportunidades y desafíos*, Santiago de Chile: Naciones Unidas, 2016.

④ León Manríquez J. L. y Tzili Apango E., "Las relaciones China-América Latina y su importancia regional, en D Salinas Figueredo (coord.), *América Latina: nuevas relaciones hemisféricas e integración*, 2016, pp. 257 – 285. Ciudad de México: CIALC-UNAM, Universidad Iberoamericana.

⑤ CEPAL, *Relaciones económicas entre América Latina y el Caribe y China. Oportunidades y desafíos*, Santiago de Chile: Naciones Unidas, 2016; Rosales Rodrigo A, "Brasil y Perú acaparan la IED china en América Latina", *El Economista*, 15 de febrero, 2015, Disponible en: http://eleconomista.com.mx/economia – global/2015/02/15/brasil – peru – acaparan – ied – china – america – latina [03 de enero de 2017].

⑥ Gallagher K. P. y Myers M., *China-Latin America Finance Database*, Washington: Inter-American Dialogue, 2014.

速放缓、逆差放大、出口结构趋于单一化等现象，前景令人担忧。报告同时强调，农业和农副业前景光明，是拉美扭转对中国贸易乏力的突破口。拉美对中贸易中，农业贸易额从2010年的20%增长到2015年的32%，同比增长了12%。该报告还指出，近几年，由于中国和拉美地区主要国家的国内生产总值增速放缓、中国对初级出品需求量减少以及国际大宗商品价格持续走低，中拉贸易发展缓慢，年增长率仅5%。这些都反映出拉美地区处于中拉贸易天平的弱端。[1] 但是，无论如何，初级产品贸易对双边来说仍不可或缺。

有两位中国学者认为，对中国贸易的关系是拉美对外贸易关系多样化发展最重要的一部分，而拉美之于中国也意义重大，尤其对于中拉基础设施合作、人民币国际化以及中国企业"走出去"战略等。[2] 有中国学者认为，所谓中国经济的"新常态"，即中国政府将进一步加强基础设施建设和科技创新的投资，拉美是中国未来投资不可或缺的目标伙伴。但是，拉美国家须先调整经济结构，尽快改善贸易弱势方的地位。双边关系还存在另一种发展趋势，即中国主动增加非初级产品贸易，以及非基础设施领域投资，但前提也是拉美国家先规划好自身的经济发展政策。

中国在拉美的主要贸易伙伴是巴西和秘鲁，贸易量最大产品是初级产品，诚然反映出中国经济发展的需求点，但也反映出中拉贸易发展的失衡。总的来说，除巴西之外的拉美国家，均患有不同程度的中国"依赖症"。除非这些国家有效调整内外经济政策，否则根本无法有效利用中国投资。中国经济进入"新常态"后，中国政府的施政导向是刺激其国内消费，这对"竞争形态"的墨西哥和中美洲国家而言是一个良机，它们可伺机抢占中国市场，但对于南美洲国家而言，则可打入中国农产品和农副产品市场，以此赢得更多的中国投资。

---

[1] OCDE, CEPAL y CAF, *Perspectivas económicas de América Latina 2016. Hacia una nueva asociación con China*, Paris: OECD Publishing, 2015; Vianna A. C., "The Impact of Exports to China on Latin American Growth, *Journal of Asian Economics*, no. 47, 2016, pp. 58 – 66.

[2] Sun H. y Zhang Z., "New Opportunities and Challenges in Sino-Latin American Relations", en S. Cui y M. Pérez García (eds.), *China and Latin America in Transition. Policy Dynamics, Economic Commitments, and Social Impacts*, New York: Palgrave Macmillan, 2016, pp. 99 – 112.

二 中国和拉美及加勒比地区的政治关系发展趋势

拉美左翼政府执政近十年后，近年来拉美政治出现"左退右进"的迹象。正如布雷所言，拉美左翼上台源于民众对社会不公的愤怒和对华盛顿共识的抵触。① 左翼执政时，受益于全球大宗商品价格暴涨，政权长期稳固。

纵观历史，中拉的政治关系远没有经济关系重要，但是，现如今这种局面正悄然发生着改变。中国—拉共体论坛共下设11个分论坛，其中6个议题是关于政治和法律的。而且，中国—拉共体论坛本身就是一个政治性论坛，这意味着中拉关系正在发生"本质性"的转变。

多位拉美研究员指出，"左退右进"的根本原因在于左翼政府发展经济不力。② 不力原因之于，中国对大宗商品需求减少以及全球大宗商品价格暴跌。现如今，中国经济步入"新常态"和拉美面对新的"经济挑战"，这为双边合作开启一扇新的大门。

2016年，阿根廷总统马克里在杭州的G20峰会上提出，希望中国投资阿根廷的技术和能源领域。③ 巴西总统特梅尔公开邀请中国企业投资巴西的基础设施建设。④ 2001年至今，中国领导人已经访问拉美十余次，其目的大多与经济合作有关。巴西被访问的次数最多，由此证明，巴西是中国在南美洲大陆最重要的伙伴。杜塞尔和莱昂·曼里克斯和杨指出，近年

---

① Blei D., "Is The Latin American Left Dead?" *New Republic*, 18 de abril, 2016. Disponible en: https://newrepublic.com/article/132779/latin-american-left-dead [05 de enero de 2017].

② FLACSO, "Voto económico da giro a la derecha en América Latina", *FLACSO México*, 23 de mayo, 2016. Disponible en: http://www.flacso.edu.mx/noticias/Voto-economico-da-giro-la-derecha-en-America-Latina [04 de enero de 2017].

③ Dinatale M., "El viaje de Macri a China: mucho más que una cumbre del G20", *La Nación*, 07 de septiembre 2016. Disponible en: http://www.lanacion.com.ar/1935253-el-viaje-de-macri-a-china-mucho-mas-que-una-cumbre-del-g20 [05 de enero de 2017].

④ Sastre A., "El Brasil de Temer se echa en brazos de China", *La Razón*, 02 de septiembre, 2016. Disponible en: http://www.larazon.es/internacional/el-brasil-de-temer-se-echa-en-brazos-de-china-IF13437852 [05 de enero de 2017].

来，中拉政治和经济互动非常活跃，以中国贸促会、中国进出口银行、中石化等为代表的中国经济机构和国有企业频繁来访拉美。① 实际上，从国际关系的角度来说，政治和经济是双边关系不可拆分的两个要素。即使拉美及加勒比国家的政局偶有波动，中拉经济合作的步伐不会停止。

首先，我们探讨一下"战略伙伴关系"在中拉关系中的地位。中国和3个拉美国家建立了"战略伙伴关系"：阿根廷、巴西和智利；与3个国家建立了"全面战略伙伴关系"：厄瓜多尔、墨西哥和秘鲁；和委内瑞拉建立了"共同发展的战略伙伴关系"。② 战略伙伴关系的目的在于强化中国和拉美主要国家之间的政治信任度。③ 中国希望借此深化和推进区域一体化合作机制。举办多个政治主题峰会足以说明中拉关系正朝着政治互信的方向稳步发展。但"战略伙伴关系"与"全面战略伙伴关系"是有区别的，表明中国与拉美不同国家的合作重要性不一。

其次，当前的台湾局势也是影响中拉关系的关键因素。与台湾"建交"的几个拉美国家均位于中美洲及加勒比海地区。台湾一直试图摆脱中国政府的影响，但冈比亚、圣多美和普林西比与中国复交给了其当头一棒。台湾问题是中国的政治底线，这也是拉美之于中国的地缘政治价值。中国—拉共体论坛除了加强中国与中美洲及加勒比国家的经济联系外，还将影响它们的外交政策方向，论坛是一个打击"台独"外交的有效工具。

最后，中美拉三角关系也是影响中拉关系的因素。关于中国进入拉美是否是"华盛顿共识"的翻版，拉美政界和学界争论不休。伯纳尔·梅萨、崔、达斯和莱昂等学者认为，这类说法实是居心叵测。中国与拉美及加勒比地区的关系是以"经济平衡"为基础的积极、正面的双边关系，中拉关系唯一的侵略性在于削弱了美国的影响。布兰查德、加拉夫、莱昂·

---

① Dussel Peters E. y León-Manríquez J. L. , "La relación política y económica entre China y América Latina y el Caribe: ¿hacia una agenda en el corto, mediano y largo plazo?" en R Lagos Escobar y E Iglesias García (eds.) , *América Latina, China y Estados Unidos. Perspectivas latinoamericanas de las relaciones internacionales en el siglo Ciudad de México*: CFE, RIAL. XXI, 2015, pp. 151 – 212.

② Feng Z. & Huang J. , *China's Strategic Partnership Diplomacy: Engaging with a Changing World*, Madrid: FRIDE. Working Paper 8, 2014.

③ Fan H. , "La lógica de la diplomacia estratégica de China con hacia las potencias latinoamericanas", *CASS*, 16 de junio, 2016.

曼里克斯和阿尔瓦雷斯、皮考内等学者则认为，中国和美国的对拉美战略显然不尽相同，因为中美关系的重要性犹在中拉关系之上，同时美国在拉美仍有着绝对的优势地位，因此，中美在拉美的竞争近似于"零和博弈"。

笔者赞同最后一点分析。暂且不说中国—拉共体论坛尚未成熟，尚无法协调及整合拉美地区差异性，就那些对中国进入拉美和加勒比地区的目的心存疑虑的人来说，都犯了一个常识性错误，即把拉美地区看得过重，忽略了美国的重要性远在拉美之上这一事实。特朗普当选后美拉关系可能会衰退，但绝不会是受中拉关系加强的影响，而更可能会是美国自己主动放弃拉美大陆。

三　结论

2018年，智利将举办中国—拉共体论坛第二届部长级会议，中国与拉美及加勒比海地区政治和经济关系的发展将有如下趋势：经济方面，尽管经济增速放缓，但仍以初级产品贸易为主，在基础设施和科技领域投资将会上升。中国—拉共体论坛将拓宽经贸合作交流的领域。不过遗憾的是，2016年颁布的拉共体行动计划中，未见针对推动科技、环境和基础设施建设发展的具体方案。论坛将进一步深化当前中拉关系结构，但是，中国的贸易和投资仍将集中在巴西和秘鲁的初级产品领域。在政治方面，中国仍将坚持以经济关系为主的战略，避免触怒美国。不过，从中国—拉共体论坛的性质我们可以推断，中国政府将通过深化经济合作，合理利用"战略伙伴关系"来逐步寻求政治合作。论坛将成为中国与未建交的拉美及加勒比国家政治互动的平台，会持续打击"台独"外交。中国在拉美影响力的扩大，新一届美国政府将可能对中实施具有"单边主义"色彩的政治和经济打击，相信中国政府已经做好准备。

那么，拉美各国政府需要做什么呢？首先，拉美国家要明确对中国的态度，这一点非常重要。换句话说，中国之于拉美意味着什么？拉美想从中国那里得到什么？其次，拉共体发展对中国的关系需要有明确政治立场和具体规划。虽然拉共体内部制订了一些共同行动计划，但是缺乏共识性和执行力。最后，拉美国家应加强发展工业化，增加产品的附加值积极参与全球价值链竞争，并利用中国经济"新常态"这一良机打入中国市场。

"一带一路"倡议与国际关系

  中国已经对拉美及加勒比海地区乃至世界宣布自己是市场经济，这是拉美国家进入中国的好时机。虽然中国—拉共体论坛并非经济性的，但是会议精神和共识也将会被研究用于推动双边经济的发展。由于中拉关系具有双边性、平行性和动态性等特点，因此现在就评价中国—拉共体论坛的价值几何还为时过早。拉美国家可以利用拉共体来推动拉美区域一体化，团结一致与中国乃至世界探讨合作。

[爱德华多·特斯利·阿庞科，厄瓜多尔外交部对外政策杂志《南方阵线》主编。曾在新经济计划（美国，纽约）、联合国（厄瓜多尔，基多）等组织担任人权问题的顾问和研究人员。这些组织致力于研究："南南合作"、金砖五国、发展投资和双边贸易协定以及移民问题。江苏师范大学伊比利亚美洲研究中心特约研究员]

中国与拉美及加勒比地区双边关系的发展与未来趋势

[西] 徐利奥·里奥斯

蓝博 译　朱伦 校

内容提要　从 20 世纪末到 21 世纪初，中国与拉美及加勒比地区在国际秩序、经贸、金融等领域的合作取得了成功。但是，成功的背后也暴露出双边市场不对称和产品单一化等问题，这说明当前中拉经贸关系除了少数领域互补外，仍处于极度不对等的状况。拉美出口呈现出的再第一产业化和逆工业化现象，成为当前拉美学术界研究的焦点。受 2008 年世界经济危机以及中国经济新常态的影响，拉美应主动改变当前的双边贸易格局，应将双边区域合作的重心导向教育、科技和基础设施建设领域。对中国关系的深化是拉美及加勒比区域一体化契机，换句话说，拉美地区各国通过共同协商制定对中国发展战略，提高区域对中国关系的同时也可提升拉美区域一体化的程度。这种双边与多边关系的交叉更有利于形成一个中间节点，以此来影响世界地缘政治格局。

21 世纪伊始，尤其是在加入世贸组织（2001 年）后，中国便以非同寻常的力量进入拉美及加勒比地区。现如今，中国不仅在拉美大陆占有一席之地，而且已然开始生根发芽。总的来说，中国能成为拉美大陆的新主导国，主要得益于其世界生产大国的地位，以及其以惊人速度增长的国内生产总值；后者与中国政府大力推动基础设施建设、城镇化和提高人均国民收入等政策密切相关。毫无疑问，中国正朝着成为现代化工业国家的目标大步前进。近几年，中国已经转变为一个资本输出大国和一个原材料、能源、食品进口大国。拉美及加勒比地区的许多国家几乎一夜间变成了中国商品的接收国，以及中国所需大宗商品的生产国。

近年来，因中国经济减速和国际大宗商品价格下跌，拉美经济遭受严重打击。对此，笔者认为，在不久的将来，中国新常态发展模式下所进行的产业结构转型将直接影响拉美及加勒比地区国家之间的关系，双边合作将会改变拉美地区原本的经济格局，拉美各国政府将在吸引中国投资时产生竞争。

中国的国内生产总值年增长率从两位数骤降至不足7%，着实让世界措手不及，这也是所谓的中国经济"新常态"。最新数据显示，2015年中国国内生产总值同比增速为6.9%，为中国近25年新低。中国政府对此表示，中国经济的既定目标是保持长期稳定增长，直到2020年，年均增长应保持在6.5%左右，到2049年（即中华人民共和国成立100周年），中国政府将力争把中国建设成为一个富强、民主、文明、和谐的社会主义国家。到了这一发展过程后半段，中国政府将让中国重回世界政治、经济体系的中心，彻底改变中国几个世纪以来落后、贫穷、主权旁落的状况。

一　历史回顾

中国和拉美的交往史是在郑和下西洋后数个世纪开始的，主要是自19世纪才有大规模移民。由于当时的中国政体濒临崩溃，而拉美出于经济原因吸收了大批中国"苦力"。秘鲁、古巴、哥斯达黎加和委内瑞拉等国的中国移民，在中拉交往史中扮演着非常重要的角色，即便到了现代仍然如此。拥有大批中国移民的拉美国家在吸引中国投资和对中贸易方面占有天然的优势，许多中国移民或其后代逐渐成为居住国企业界的精英。细数一下，拉美有较多中国移民社区的国家分别是古巴、牙买加、墨西哥（索诺拉州和锡那罗亚州）、智利（安托法加斯塔和伊基克）、秘鲁（利马）、巴拿马和巴西（圣保罗）。

在第二次世界大战和内战刚结束伊始，中国政府（中国共产党领导的政府）在发展对拉外交关系上，仅在文化、意识形态和主权债务方面有所建树。客观来说，同一时期对拉外交发展问题上，中国台湾地区抢得先机，以至于到现在拉美地区仍有10个国家保持对中国台湾地区"外交关系"。1960年，古巴成为拉美第一个与中华人民共和国建交的国家，时任古巴领导人是菲德尔·卡斯特罗。这标志着中国对拉美地区的战略进展实现了一个"小突破",中古两国在文化交流以及国际共产主义领域展开合作。

几年之后,中苏矛盾爆发,古巴国内激进派选择支持苏联,中古关系迅速转冷。在 1966 年到 1976 年的"文化大革命"期间,毛泽东倡导的游击战略在拉美遭受重创,更使中拉关系坠入冰点。双边关系直到 1972 年中美建交后才得以好转,此前拉美仅有两个国家与中国建交(古巴和智利)。中美关系正常化后,中国与美国的"后花园"拉美各国的外交有了质的飞跃,中国台湾地区对拉"外交"开始走向失败,中国也重返联合国。中国政府实行"不干涉内政"的外交政策,远离国际游击队运动,这也让秘鲁、巴西等国家先后与其建交。值得一提的是,即便是皮诺切特独裁时期,中国仍与智利政府保持着外交关系。

从 1949 年到 1976 年,中国和拉美及加勒比地区的双边经济关系发展缓慢:1950 年的中拉贸易额约为 1900 万美元,到 1975 年才达到 4.17 亿美元。而在改革开放后,中拉经济关系变化非常迅速。

1978 年,中国进行改革开放,全面激活了中国的对外经济关系。虽然比起对世界其他地区,中国对拉美的贸易增速相对滞后,但提升显著(从 1980 年 13.31 亿美元跃升至 1990 年的 82.6 亿美元)。双边经济大繁荣始于 21 世纪,该时期在双边政府政治和经济政策的引导下,中拉开始了多领域、全方位的交流与合作。

2008 年,中国政府发表的《中国对拉丁美洲和加勒比政策文件》中明确指出,拉美及加勒比地区是中国的重点发展对象。这份文件十分重要,这是中国政府对拉美地区的首份文件,与此同类的文件共有三份:第一份是在 2003 年发表的对欧盟的政策文件,第二份是在 2006 年发表的对非洲的政策文件。中国政府在这份政策文件中对拉美自然资源领域尤其是能源领域表露出浓厚的兴趣。此外,文件还提出了四大目标:努力提高政治协作、经济合作、文化互鉴和高层互访,还提及"一个中国"原则,换句话说,敦促拉美各国减少与中国台湾地区政治接触。

二 中国与拉美及加勒比地区的经济合作

进入 21 世纪以来,拉美多国由左翼政府执政,并屡屡与美国政府发生冲突。但是，中国碍于美国在拉美的核心领导国地位，同时为避免美国误解其进入拉美存在地缘政治野心，从而导致大国政治冲突，中国政府采取以单纯建立经济联系为主的对拉战略。部分拉美国家曾试图与中国建立政治意识形态关系，但中国从未积极回应，只专注于双方经济关系发展。实际上，中国政府以一种谨慎小心的姿态发展与拉美各国的关系，不仅刻意与意识形态兄弟国家（如委内瑞拉和古巴）保持距离，还在与玻利维亚的军事装备合作问题上小心翼翼，并主动放缓与委内瑞拉的能源合作，以及对古巴卡斯特罗改革的支持；另外，则主动示好一些中立国家，如智利和秘鲁。

中国对拉美的兴趣主要集中在能源业、矿业、农业、制造业和基础设施建设上。在2006年和智利、2011年和秘鲁、哥斯达黎加签署自由贸易协定以及其他政府协议后，中国得以零关税向这些国家出口商品，同时通过上述国家向邻国出口商品，这对居于制造业上游的中国企业来说无疑更为有利。

2008年，卡拉格·波泽坎斯基（Gallagher Porzecanski）指出，中国贸易每增长1%，拉美则增长1.2%。这是从贸易资金流向来分析的，也就是说，能源、原材料或农副产品的输出国获得了顺差，而工业品输出国则是逆差。中国工业品抢先占有拉美市场，并对美国形成强有力的挑战。

近几年，中国已成为巴西、智利、秘鲁最大的贸易伙伴，成为阿根廷、古巴、乌拉圭、哥伦比亚的第二大贸易伙伴。在中美洲地区，中国尽管与许多国家的贸易显著增长，但实际上仍以哥斯达黎加为主。总的来说，中国紧随美国之后成了拉美地区第二大贸易伙伴，且在不久的将来将超越美国成为第一。2012年，时任中国总理温家宝在访问智利期间，在拉美经委会发表演讲中提出了一个目标：力争到2017年使中拉双边贸易额达到4000亿美元，这是一个极具雄心的目标，不过如今看来似乎难以实现。

一直以来，中国都对拉美的自然资源表现出极大兴趣。拉美丰富的自然资源对于中国的现代化发展非常重要。据估计，拉美的石油储量约占世界总储量的13.5%，但产量仅占世界石油总产量的6%，因此拉美的石油业有着非常广阔的发展空间。2010年，巴西对中国出口的83.7%是自然资源，这从侧面反映出中国对拉美的其他产品兴趣不大。不过，这一状况将会随着中国经济发展模式的转变而有所改善,未来一段时间内,中国企业的生产成本将会不断上升,且政府补贴减少。对于拉美而言,应丰富输出产品的类型,除了原材料外,笔者认为食品将会成为拉美对中国出口的新元素。现如今的中拉贸易交往中,国有企业非常活跃,鲜有民营企业的身影,这主要是因为双边贸易过度集中于自然资源领域。

总的来说,拉美国家在对中贸易问题上表现出两种情况:第一种是以智利、委内瑞拉和秘鲁等国为代表,是典型的自然资源输出国;第二种情况是以阿根廷、巴西等国为代表,自然资源与加工制造业并行。前者在与中国的贸易中获得了巨大的贸易顺差;而后者则在制造成本上受到中国制造的压制。例如,墨西哥和中美洲地区国家因自然资源匮乏且受到中国制造成本抑制,导致出口产业发展举步维艰。巴西和阿根廷对国内制造业较为重视,两国政府也着手改善不良现状,尤其是巴西,该国在多个领域拥有领先技术。但实事求是说,想在各个领域都投入高昂的研发费用绝非易事。根据联合国教科文组织2005年的调查:拉美地区科技创新投入约为2.6%;而美国为37%;欧洲为28.8%。

中拉双边贸易进程(1950—2015)　　　　单位:百万美元

1950	1955	1960	1965	1970	1975
19	73	313	3431	1458	4757
1980	1985	1990	1995	1998	1999
1.331	2.572	2.294	6.114	8.312	8.260
2000	2001	2002	2003	2004	2005
12.600	14.938	17.826	26.806	40.027	50.457
2006	2007	2008	2009	2010	2011
70.218	102.600	143.400	120.000	183.067	241.500
2012	2013	2014	2015		
261.200	250.000	228.141	236.545		

数据来源:中国国家统计局。

中国90%的对拉投资都集中在自然资源开发领域(尤其在巴西、委内瑞拉和厄瓜多尔，石油冶炼方面获得了大量的中国投资）和贸易上（第一次高峰出现在 2014 年，约为 140 亿美元）。根据拉美经委会 2010 年的数据，中国投资存量约占外商总投资存量的 13%，约 650 亿美元。中国对石油和天然气业的投资主要集中在阿根廷、巴西、哥伦比亚、厄瓜多尔和委内瑞拉；对矿产业的投资，主要是在秘鲁和巴西；而制造业主要在巴西和墨西哥。① 2010 年中国资金大量涌入拉美，中国一跃成为拉美第三大外商投资存量国，仅次于美国和荷兰，投资存量占外商投资总存量的 9%。

中国商务部的数据显示，截至 2014 年，中国企业对拉美的直接投资总量同比上升了 1061.1 亿美元，主要涉及能源、矿产、农业、金融、基础设施建设、制造业和服务业等多个领域。2015 年中国对拉美非金融直接投资流量为 214.6 亿美元，与 2014 年的 128.5 亿美元相比增长 67%。拉美也一跃成为中国对外投资的重要对象。中国政府承诺未来十年内将对拉美直接投资达到 2500 亿美元。拉丁美洲和加勒比地区无疑是中国对外投资中仅次于亚洲地区的第二大目标区域。

此外，2015 年 9 月，中国央行发布公告称成立中拉产能合作投资基金，首期投资规模为 100 亿美元，主要投资于拉美地区能源资源、基础设施建设、农业、制造业、科技创新、信息技术、产能合作等领域。中国对拉美提出的一揽子合作协议，理论上如有充足的资金付诸实际，不仅意味着中拉将成为最大的贸易伙伴，而且将直接推动拉美实现经济一体化。但这项投资基金的最后落实，还有待观察。

中国在拉美投资遇到了不少问题，问题之一就是政商关系。拉美各国政府会要求中国企业雇佣当地劳工，解决当地的就业问题。其二是环保问题。拉美国家有着相对完整的环保和劳工法律机制，这要求中国企业必须遵纪守法并融入当地社会。不少中国企业在投资过程中受到上述问题的困扰，不过好在整体趋势向好。

中国对拉美及加勒比地区的投资目的主要有：开辟新市场以满足其国内日益增长的粮食需求，扩大现代化发展必需的自然资源来源渠道，为国内社会发展解决后顾之忧。值得一提的是，中国在拉美的投资活动并未受

---

① RAY, Rebecca y Gallagher, Kevin P., *2013 China-Latin America Economic Bulletin*, Global Economic Governance Initiative, Boston University, 2014.

"南南合作"政治意识形态的影响，对于那些意识形态敌对国，中国政府也未表露出任何政治不满，甚至不拒绝与台湾地区有"邦交"的国家合作，如尼加拉瓜，中国政府拟协助该国修建一条运河。笔者认为，中国的行动标志着新兴经济体自主能力的恢复。尽管现阶段仍困难重重，但中国主动掀起一波发展浪潮，通过多元合作维持发展活力，以减少对世界超级经济体的依赖。由此，拉丁美洲对中国而言有着重要的战略意义。

接下来我们谈谈中国的主权贷款问题。2005—2011年，中国共借给拉美地区超过750亿美元。美国智库"泛美对话"的数据显示，截至2013年底，中国政府对拉美及加勒比地区主要国家放贷超过870亿美元。2010年，中国对拉美提供了约370亿美元的贷款，略多于国际各大金融组织对拉美贷款的总和。到2011年降到175亿美元，2012年则进一步降至68亿美元。中国的贷款大部分流向自然资源领域，一部分流向基础设施建设工程，拉美国家时常用自然资源折抵的方式来偿还贷款。中国自2008年起成为美洲开发银行的会员国，该组织的总部设在华盛顿，一直致力于管理和规范外国对拉美多边投资，也是拉美外商投资主要来源平台。该组织对中国贷款在拉美的合法合理运用起到了很好的监督规范作用。

中拉双边合作模式中有一点非常值得肯定，就是本着消除美元波动所带来的负面影响，合作双方直接签署货币互换协议，允许两国企业在双边贸易中使用双边货币结算。2013年，中国和巴西签署了高达300亿美元的双边货币互换协议，该协议不仅进一步巩固了中巴两个大国之间的关系，并且推动了两国货币全球化结算的步伐。此外，委内瑞拉和玻利维亚也对货币互换机制表现出极大兴趣，这与两国倡导的区域货币一体化战略相呼应。

中国与拉美以及加勒比地区经济关系的发展，主要得益于双边经济的互补性。话虽如此，双边关系实际上既复杂又矛盾，因为中拉经济贸易存在不对称性，且拉美处于劣势。拉美各界在争论中拉关系时，一方秉持着双边协商、共同发展共同维护各自利益的观点；而另一方则会不断强调中国的威胁。这一点不令人奇怪，因为拉美历史证明，凡世界性超级大国（如美国和欧洲一些国家）一旦进入拉美，总是试图对其进行核心—边缘统治。

细想如今构成中拉经济关系的核心要素，不得不说的是，中国在拉美扩张战略与17—18世纪的世界大国有许多相似之处。那些反对声音也提醒我们去注意一些细节：中国通过高附加值产品出口来大量换取拉美的大豆和豆油（阿根廷）、石油等初级产品，导致拉美出口出现了"再第一产业化"趋势，拉美政府和民众对中国商品发起了数次反倾销制裁和抗议（同样在阿根廷）。此外，对自然资源过度开发破坏生态环境，以及和土著社区关系恶劣等，对中拉而言都是一个严峻挑战。同时，拉美各界担心中拉关系的实际发展会走向"非洲化"。

以前只在巴西的铁和大豆、智利的铜出口贸易中存在问题，如今蔓延至秘鲁和委内瑞拉。概括说，对中国原材料出口的依赖，影响着拉美经济多样化和稳定性，易受国际市场风吹草动的影响。此外，在某些领域，一些拉美国家已将中国视为巴西，认为中国制造和巴西制造一样，都是严重威胁当地制造业。

总体上来说，拉美地区可以从与中国的贸易逆差中找寻自身在双边贸易中的不足之处。拉美各国在和中国的贸易中大多数处于逆差地位，只有委内瑞拉、巴西、智利和秘鲁是顺差。拉美对中贸易逆差的85%来自墨西哥。中国和南美洲大陆的贸易基本平衡，这得益于智利、巴西以及委内瑞拉的贸易顺差，因为这些国家均已减少对中国出口初级产品的数量。

中国已经成为拉美第二大进口来源国和第三大出口对象国，这证明拉中贸易对于当今的拉美和加勒比地区是何等重要。2000年到2004年，拉美地区从中国进口发展缓慢，仅从2%增长到17%；同时，对中出口仅从1%上升到9%（2015年拉美经委会资料）。虽然存量小且发展不快，但拉美当时仍是中国重要的贸易伙伴，因为在2000年，拉美地区吸纳了中国对外出口产品总量的3%，并且拉美商品占了中国年进口总量的2%。而到2013年，上述数字分别上升到了6%和7%。

从平衡的观点来看，中拉贸易是不平衡的，拉美地区处于劣势。这种劣势在账面上体现为贸易逆差，实际则体现为进出口商品价值。比起对世界其他国家和地区，拉美对中国甚少出口加工品。从商品本身看，品种较为单一集中；从进出口企业看，进入中国市场的拉美中小型企业屈指可数（所幸在近几年，情况有所好转）；从社会效益看，经济对社会的溢出效应不足，换句话说，拉美企业的员工待遇和社会福利不如中国。

三 政治关系和政权交替：以阿根廷为例

现代国际政治联系的加强和多极世界政治观被普遍认同，得益于世界各国秉持相互尊重、不干涉别国内政和远离所谓救世主的观念。虽然中国政府从未向拉美输出政治模式，且尊重不同政体，从不干涉各国内政，但这不代表中国对拉美政局稳定漠不关心。事实上，中国在拉美的核心挑战之一就是在各国政权交替中如何保持和谐外交关系得以延续。中国虽然对拉美采取实用主义政策，不涉及意识形态，但拉美左翼或中左翼政府执政的国家还是主动承诺加强对中关系。不过，从阿根廷或者委内瑞拉的选举预期结果来看，中国政府与拉美左翼的蜜月期即将结束。

首先，中国未来在拉美的存在，部分取决于其与保守派或中右翼派政府的关系；部分取决于左派执政国家政权更迭的影响。对于左翼政府执政的国家来说，它们倾向于与中国发生意识形态和建立地缘政治联系。尽管这与中国政府进入拉美的初衷不符，但是纷乱的政权交替局势会让实际情形有着更多的可能性。

以阿根廷为例（2015年，爱德华多·马克里接替克里斯蒂娜·费尔南德斯·基什内尔出任总统），在克里斯蒂娜执政期间阿根廷从中国获得很多投资。这里举几个例子，中海油在阿根廷完成一系列收购并购后，一跃成为阿根廷国内第二大石油公司，仅次于阿根廷国家石油公司：2010年中海油持股的布里达斯公司以70亿美元收购泛美能源60%股权。之后2011年2月，泛美能源又用80亿美元收购了阿根廷埃索石油公司100%的股权。

此外，中国和阿根廷还签订了大量投资和贷款协议。2014年6月，在中国国家主席习近平出访阿根廷期间，两国政府签署了17项涉及不同领域的协议，其中有5项与经济有关。其中之一是中国向阿根廷提供47亿美元资金用于修建水电站（基什内尔—塞佩里克水电站，位于圣塔克鲁斯），投资21亿美元用于改造阿根廷铁路运输系统，还斥资4.23亿美元协助阿根廷建造11艘船只。此外，中国还为阿根廷提供贷款修建阿图查3号机组的重水堆核电站。

基什内尔—塞佩里克水电站是阿根廷最大的水电工程项目，是阿根廷历史上最大的工程项目，这也是中国在世界最大的一笔投资。据估计，这笔投资在未来五年将会超过 40 亿美元，工程项目将会为阿根廷提供超过 6000 个直接就业岗位，以及 10000—12000 个间接就业岗位，同时有 150 名中国工程师将参与其中。该项目是中阿战略合作全面开启的标志，未来五年半的时间里，项目还会不断完善，建成后阿根廷全国发电量将提升 3%—5%，水力发电量将提升 15%。可以预见，未来 20 年中阿能源合作将会愈发紧密。

2014 年 12 月，阿根廷国会通过了中国在阿根廷内乌肯省设立太空站的合作协议，该项目是中国探月计划的一部分。根据阿根廷国家航天活动委员会和中国卫星发射监控系统部签署的协议，内乌肯省提供约 200 公顷土地用于太空站的建造，阿根廷国家航天委员会将会获得卫星天线 10% 的使用权，即有权在卫星天线的可用时间内进行自己的项目，该协议为期 50 年。

2015 年 2 月，时任阿根廷总统克里斯蒂娜·费尔南德斯·基什内尔访问中国，其间中阿双方签署了 15 项协议，涉及不同领域。其中之一是中国政府为在阿的中资企业提供贷款，用于当地投资和打开市场。

2015 年 11 月 15 日，中国代表团和阿根廷代表团在 G20 峰会会晤，并签署核电站合作协议。协议规定中方出资约 150 亿美元为阿根廷修建两座核电站，投资总额的 85% 由中国政府提供。

显而易见，中阿两国在克里斯蒂娜执政期间相处融洽。但是，马克里执政时期，阿根廷政府曾在 2015 年突然宣布取消资本管制，允许汇率自由浮动，同时阿根廷央行将 31 亿美元的人民币储备换成美元，以期获得更好的流动性。阿根廷新政府的这一决定直接影响了人民币的汇率稳定，但中国政府没有对此提出异议。不过，在此之后，阿根廷好像突然意识到人民币对于阿根廷国内金融稳定的重要性，且人民币在全球地位得到提升，新任阿根廷驻华大使迭戈·盖拉尔主动对华示好称："阿根廷未来将努力扩大两国货币互换。"

在能源合作方面，中阿两国签署协议在圣塔克鲁斯省修建了两个水电站，以及在里奥哈省修建一个风电站。马克里上任不久后，发表了一番关于阻止水电站大坝建设的言论让阿根廷国内炸开了锅，停工的消息让圣塔克鲁斯省政府第一时间向政府提出严重抗议，他们对工人和外商投资的未来表示担忧。不过，中国对阿根廷铁路的投资进展良好，并且有扩大的趋势。内乌肯空间站涉及军事用途的争论，在经过两国政府再次协商签署附加条款后已经逐渐平息。总的来说，经历了政权更迭的初期风波后，阿中两国似乎已经找到了平衡点使双边关系步入正常轨道，但是仍遗留部分矛盾有待解决。此外，阿根廷政府提出计划吸引超过100万中国公民来阿旅游（2015年是40万人次）。

在与拉美各国的未来关系中，中国应更担心与委内瑞拉的未来。在委内瑞拉，反对党在国民大会中获胜搅动了委国内政局。委内瑞拉执政党秉承的玻利瓦尔主义一向亲中，也在中国国内为人熟知。中国政府曾试图推动委国内两党和谈，不过现今看来和谈几无可能。总统马杜罗的执政任期是到2019年，但如果反对党在国民大会中发动罢免投票并取得多数的话，他的任期随时可能结束。中国与委内瑞拉现政府之间达成了包括石油在内的多项投资协议，一旦委内瑞拉发生政权更迭，其形势将比阿根廷更为复杂。

总的来说，中国在双边关系上已经与巴西、墨西哥、秘鲁、智利、阿根廷和委内瑞拉建立了一个全面战略合作关系。中国还是太平洋联盟的观察员国，并且与南方共同市场保持着全面合作关系。与此同时，中国还与加勒比地区共同成立了经贸合作论坛，并逐步参与到加勒比区域组织活动。从各方面情况看，中国在加勒比地区的活动仍以经济为主。未来几年，中国这种分区域并进、双边和多边平台并重的战略，将会面临多重考验。

拉美和加勒比国家共同体第二届峰会（2014年1月28、29日，哈瓦那）通过并同意在同年召开中国与拉美及加勒比共同体之间的区域合作论坛（以下简称"中国—拉共体论坛"）。中国曾倡导建立一个"市场机制和全面合作平台"模式，然后进一步推动"命运共同体"的建立。该模式在世界其他地缘政治体中得到广泛应用，特别是非洲国家之间、葡语国家之间、海湾国家之间。同时该模式也在近几年创造出各式各样的论坛：农业部长论坛、青少年论坛、智库论坛以及中国—拉共体"扩大的三驾马车"外长对话等，还有一些各行业组织的企业峰会等。双边交流日渐成熟也为双边企业合作奠定了理解互信的基础，一体化合作框架也整合了拉美及加勒比地区多样性和差异性，为中国企业进入拉美提供便利；

"一带一路"倡议与国际关系

同时，对于拉美及加勒比地区而言，也无疑直接推动了其自身一体化的发展。

中国—拉共体论坛致力于创造一个全面、互补、平衡的双边关系，创造一个可供双边企业互动机制，促进双边物质与思想合作，并与"南南合作"遥相呼应，为两极意识形态和政治思想交流提供平台。①

中国—拉共同体论坛的建立意味着双边在理解互信上有了质的飞跃。脱离传统的"国家对国家"的对话模式，通过区域或此区域论坛的方式建立起"集团对集团"的新型模式，中国无疑起到了"领导者"的作用。2012年，时任中国总理温家宝在访问拉美经委会时就倡议中国与拉美及加勒比地区之间建立大陆性对话机制，中国政府更是将这一倡导写入《中国与拉美和加勒比国家合作规划（2015—2019）》之中。

四 "一个中国"原则对拉美及加勒比国家的特殊性

在2008年发布的《中国对拉丁美洲和加勒比政策文件》第四条中，中国对"一个中国"原则没有具体详述。目前，中国政府同拉美及加勒比地区33国中的23个建立了外交关系。

早期与台湾地区"建交"的拉美国家只有哥斯达黎加在2007年改弦更张。台湾地区在南美洲只有1个"邦交国"（巴拉圭），而在中美及加勒比地区有9个。2005年，两岸关系破冰。2008年国民党上台执政以后，两岸签署了"三通"协议，两岸敌对情绪得以缓和。之前在台湾"金钱外交"的作用下，中国与加勒比地区国家只有贸易关系，这一情况随着两岸关系回暖而有所改变。

不过，2016年1月台湾民进党再次击败国民党执政台湾，两岸关系可能面临新一轮变化。美国"重返亚太"的战略布局，台湾地区及南亚地区成为美国"再平衡"的重心，以及台湾当局新任领导人就职后提出"新南向政策"，拒绝承认"一个中国"原则，主张对外经济格局多元性，这将

---

① Balderrama, Renato y Martinez, Selene. *China, América Latina y el Caribe: el doble filo de una relación positiva*. UNISCI Discussion Papers N° 24, 2010.

告别以往过于依赖单一市场的状况。其实，所谓"新南向"并不新，只是一个久违的政策名词，因民进党重新执政再次走进舆论视线。

目前，中国与加勒比地区各国关系日益密切（其中包括那些台湾地区的"邦交"国），笔者认为，台湾地区在世界舞台上主动挑战中国大陆并不会有什么好结果，例如2016年3月，就在民进党上台之前，中国政府与冈比亚恢复了外交关系。中国政府在这个时间节点宣布与台湾地区的"非洲盟友"复交，显然是对蔡英文当局的警告。

五 中国是拉美及加勒比地区的威胁吗？

首先从文化和意识形态角度来看，中国对于拉美及加勒比地区并不是一个威胁。中国在拉美活跃仅是为了提升双边贸易和投资，当然还有承载起传统文化对外输出的孔子学院。有人将孔子学院视为中国"殖民文化"载体并威胁拉美民族认同，笔者认为实在是有点过分夸大。相反，比起世界其他地区，中国在拉美地区的孔子学院的数量明显偏少，双边应在这个问题上加强合作。

中国政府从未自诩为"世界救世主"（因为中国有过被殖民入侵的历史），而拉美国家也对社会主义不感兴趣，只有少数几个国家对中国改革开放经验感兴趣（如哥斯达黎加、委内瑞拉或古巴等效仿中国设立经济特区）。

对中国而言，理解互信是对拉关系发展的最大难题，其根源在于彼此不太理解对方的民族特性。因此，中国政府需要激励拉美民众到中国去，并推动关于中国文化的研究项目，以消除误解和偏见；双方学界和政界日益频繁的交往和互动，也会对拉美下一代产生积极影响。

总的来看，中国已经成为拉美地区几个主要国家（巴西、智利、阿根廷、墨西哥、秘鲁、委内瑞拉、厄瓜多尔等）的重要合作伙伴，这打破了美国在拉美地区长达一个世纪的垄断主导地位。同时要注意的是，尽管美洲玻利瓦尔联盟有衰落迹象，但中国政府仍保持与其发展关系。

近几年，中国对拉美投资加速流向基础设施领域，如投资巴西电网建设和智利光伏产业，以及参与阿根廷、委内瑞拉、厄瓜多尔和乌拉圭的能源、港口、铁路、桥梁等工程项目建设。中国的投资彻底改善了拉美地区基础设施落后的现状，为拉美未来的经济增长扫除了障碍。中国通过投资提升了自身在拉美的影响力，同时也提升了拉美的投资吸引力。

中国对拉美基础设施建设的投资和参与，将完全改变该地区的经济和政治格局。其中之一是开辟联通太平洋与大西洋的航道，即投资约 400 亿美元、预计耗时多年、长度约为巴拿马运河两倍的尼加拉瓜运河项目。这项巨大的基础设施工程，将大大加强中国在拉美的地位。

玻利维亚希望中国、巴西、秘鲁三国合资的两洋铁路能从其境内通过，该路段总长约 1500 公里，耗资约 100 亿美元。这样玻利维亚可以将农产品从陆路经巴西抵达秘鲁的港口销往中国，这比从经由智利水路来运送距离更短且成本更小。

与此同时，中国特别重视秘鲁，秘鲁在两洋互联互通及南美洲地缘格局中有着非常重要的作用。中国通过秘鲁可以构建起与拉美大陆四个"地缘政治群岛"之间的联系：加勒比、安的列斯、大西洋和亚马孙。秘鲁拥有足够的潜力作为区域或次区域与中国贸易的中转地和贸易枢纽。

综上所述，亚洲大陆与美洲大陆一体化和互联互通程度将得以深化。在中非合作论坛上提出的"北京共识"，倡导开辟一条连通太平洋和大西洋的直航线路，并充分发挥"第三大陆（亚洲大陆）"在美洲大陆和非洲大陆互联中的辐射效应。该计划如得以实施，将是对中国政府"一带一路"倡议的完美补充和延伸，将进一步完善中亚和南亚的新经济走廊，将会催生新的世界地缘政治形势。

谈及安全问题，随着中拉关系的发展，拉美各国的安全逐渐成为一个全新的热点（拉美各国与古巴的关系得以巩固）。笔者认为，此时此刻对这个问题无须过度关注。此外，从 2006 年起，中国和美国一直就拉美问题（包括安全问题）保持双边会谈，中美一直将各自在拉美的活动坦诚沟通以避免摩擦。

有学者认为拉美已变为中国的"后花园"[1]，对此说法笔者认为不仅毫

---

[1] Lasseter Tom, *China's Influence in Latin America*, McClatchy Newspapers, February 8, 2009. Accesible en：http：//washingtonbureau.typepad.com/china/2009/02/chinas-influence-in-latin-america.html Fecha de consulta：23 de agosto de 2016.

无根据而且夸大其词。要知道，美国在中国之前就已经是拉美最大的合作伙伴，且地位稳固。对拉美来说，美国有其他国家和地区无法比拟的地理和地缘政治优势。美国是拉美大部分国家最重要的军事盟国、最大的贸易伙伴、最大投资国和技术来源国。可以说，在未来相当长的时间里，没有任何国家可挑战美国在西半球的霸权。美国政治精英需要维持拉美裔公民的支持，综合内外因素考虑，美国都无可能让出其在拉美的影响力。

中国发展对拉美关系无须排斥任何人，无论是美国、欧洲，还是日本、韩国和印度等。[1]

总而言之，中国政府并不打算挑战美国在全球的霸权地位。事实上，中国一直拒绝加入委内瑞拉倡导的反美联盟，并公开表示不会配合任何性质联盟来反对第三方。中国在拉美的兴趣只在贸易上。[2] 总而言之，中国只倾向于倡导独立国家主权为基础的世界多极化。

六 中国经济发展的拐点？

近几年，中国与拉美及加勒比地区的贸易总额受世界经济和原材料价格下滑的影响。可以说，我们的世界正值一个拐点。中国对自身产业进行的结构性改革成效在拉美地区初显，经济减速是改变旧经济模式结构、建立新型经济模式的好时机。在此背景下，中国对拉美的战略可概括为"1+3+6"。"1"是一个规划，即《中国与拉美和加勒比国家合作规划（2015—2019）》；"3"是三大引擎，即贸易、投资、金融合作；"6"是六大领域，即能源资源、基础设施建设、农业、制造业、科技创新、信息技术。笔者认为，拐点的关键在于中国新产业模式的建立，这需要中国与拉美及加勒比地区双边关系进一步发展来完善补充。

除了会产生一部分无法避免的损失外，如今确是中国产业结构升级以及投资重心转移的好时机。这也有利于中国经济的可持续发展。2016 年 2

---

[1] Lagos, Ricardo, Iglesias, Enrique. *América Latina, China y Estados Unidos*. Fondo de Cultura Económica y RIAL, Santiago, Chile, 2015.

[2] Ríos Xulio, *China and Venezuela: Ambitions and Complexities of an Improving Relationship*. En East Asia: An International Quarterly vol. 29, núm. 4, diciembre, 2012.

月 29 日，中国社会科学院研究员江时学在接受新华社记者采访中表示："随着双边贸易的发展，双方的经贸关系会进一步多元化，贸易的重要性下降，投资的重要性会不断凸显。"

事实上，2008 年的经济危机已经给高速发展的世界经济来了一个急刹车。国际货币基金组织等机构对世界未来几年的经济发展形势并不乐观。笔者在以前的文章中曾说道：世界经济危机预计会持续一定时间；国际市场上的金属、能源和食品等大宗商品的价格反弹将不及预期；投资大宗商品的回报预期也将随之趋降；初步估计，世界经济危机至少将持续到 2020 年；大宗商品繁荣时代的结束提醒我们，将经济发展长期建立在自然资源上是不可取的，经济的可持续发展应建立在多样化的基础之上。

中国与拉美及加勒比地区的贸易量出现下滑，这是一个不争的事实。双边贸易增长回落，主要是因为拉美出口中国的产品价格大幅下降（约 10%）。2014 年，拉美对中国出口下跌比率，比对世界其他地区或国家都要高许多（其他地区下降约 2%）。并非中国经济减速直接导致了拉美的经济危机，实际上这是 2008 年金融危机的必然结果，而且，这次金融危机还加速了这一进程。总而言之，中国对原材料需求的下降以及世界经济衰退，导致了拉美经济陷入如今的局面。

如果在中国进入拉美伊始，拉美对中国出口增长并不只依赖于低附加值产品，如今的局面应该不至于此。不过，如今中国正在进行产业结构升级，旨在淘汰部分产能过剩的生产部门。如果拉美及加勒比地区国家有能力组织调整自身产业结构与中国互补对接，再有中国对拉美基础设施建设的不遗余力，双边合作将会迎来一个新的大发展时代。拉美各国应自我调整以适应中国投资对不同产业的选择，而中国也非常希望能通过多样化投资激活拉美市场。中国政府有着世界公认的决定力和行动力，需要担心的是拉美国家政府是否有足够的能力配合相应的行动。

七 结语

进入 21 世纪后，中国在拉美及加勒比地区经济繁荣时期起到了非常重要的作用。奥坎波指出："2004 年到 2013 年这十年间，拉美无论在经济还是社会其他方面都发展迅速。"[1] 他还指出："拉美经济在 2004 年到 2008 年中期这段时间里，平均增长率为 5.2%。在 1998—2002 年期间，政府债务余额相当于 GDP 比重的 28.6%，到 2008 年下降为 5.7%。""赤贫人口从 1980 年的 19% 下降到 2012 年的 11%，贫困人口则从 40% 降到 28%。"可以说，拉美已逐步从 20 世纪 80 年代和 90 年代的危机中走出来了。此外，尽管拉美仍是世界上贫富差距最大的地区，但是在中拉贸易繁荣时期，拉美的中产阶级得以壮大，从 23% 扩大到了 34%。这些漂亮的经济数据，得益于中国的需求以及国际大宗商品价格持续走高。

上述期间，拉美各国政府也起到了积极的作用，不仅给予相应的政策支持和社会动员，还彻底摆脱了陈旧的新自由主义经济模式。不过，"再第一产业化"是当前中拉经济合作模式最大的隐患，双边贸易的平衡可以向产业互补方向努力，当前拉美对中国大宗商品的需要依赖过大。

中国处于现代化发展初级阶段，对拉美地区的贸易和投资不应只局限于原材料，而应从长远考虑，为发展中国家和欠发达国家建立起良性的交互圈子。中拉应致力于构筑产品的多样性和互补性，拉美各国应避免同类产品出口竞争。此外，中国应给予拉美基础设施建设尽可能多的支持，这不仅有利于中国企业在拉美的国际化步伐，同时也有利于双边更进一步的交流，以及拉美区域一体化进程。

笔者认为，中拉贸易增长将会减速，但致力于建设小康社会的中国市场的需求极具潜力。社会城镇化将加速消费需求和消费能力的提高，这无疑会刺激旅游业和需要更多的进口商品。不过城镇化居民更多的需求是高附加值产品，这要求拉美出口产业需要进行同步转型。

拉美及加勒比地区发展与中国的关系，需要新思路，注入新内涵，避免走入如过往与欧美合作时的死胡同。中拉双方需要共同建立新模式。中国通过诸如尼加拉瓜运河、跨亚马孙丛林铁路等项目，向拉美展示了其对于双边未来发展的信心与雄心；而拉美则应进一步完善工业化，提升贸易产品的附加值，并加快区域一体化步伐。中国总理李克强在访问巴西时，为中国、巴西、拉美三方产能合作提出了规划，即共建物流、电力、信息

---

[1] Ocampo José Antonio, *Uncertain Times*, *IMF's Finance and Development*, September, Washington, IMF, 2015.

三通道,为南南合作提供了很好的范例。

对于拉美及加勒比地区来说,需要付出特别努力来把握这一千载难逢的历史发展机遇。这不仅需要各国政府强化自身的政治能力、行政能力和社会动员能力,还需要教育、科研和创新的支持。上述几点缺一不可。最后,还要辅以耐心和毅力。

中国市场很大,竞争非常激烈。拉美及加勒比各国不仅要克服空间地理和文化差异,还应注重产品多样性,让自身的输出品在双边贸易中拥有品质优势。这就要求对产业结构进行彻底的改造。拉美想要扭转当前双边贸易的不平衡和不对称形势,需要采取出口多样化措施,给予产品科技创新以及跨国企业更多的支持。

总结这么多年的发展经验,结合区域及国际形势,拉美经济模式的当务之急是进行产业升级。政府应鼓励和支持产业部门提升国际竞争力,从过去的原材料出口向设计制造业转型,摆脱对低附加值产品矿物和能源的出口依赖。同时,政府应激励和推动社会科技创新。

而中国政府应时刻注意,拉美的政治和经济发展历来纷争不断,而且多次受到西方新自由主义的影响,对市场的自由化有着盲目崇拜。中国的实用主义则强调政府、社会、私人共同协作,发展需要意识形态、政策干预、社会动员、环境保护并行。中拉双方发展历程的差异、民族特性的差异,也均不可忽视。中国对许多拉美的法律、制度和习惯不适用,概源于此,反之亦然。

从国际战略层面看,中国帮助拉美实现一体化,实际上也是在国际新秩序舞台上赢得一位重要盟友。中拉结盟是一个双赢的结果,双方通过经济合作来进一步实现区域间相互扶持、相互信赖和相互理解。现行模式仍不足以维持长期稳定的双边关系。中国—拉共体合作论坛可以推动形成共同利益,共商平衡那些传统霸权的标准和行动;论坛不只是为了促使霸权轮流转,而是要提供对霸权的选择。

(徐利奥·里奥斯,西班牙加利西亚国际资料研究所所长,江苏师范大学伊比利亚美洲研究中心特约研究员)

国际力量变化中的中美关系

[阿] 乔治·E. 马莱纳

孙铭晨 译　朱伦 校

内容提要　中国对自己国际地位的战略构想受其历史遗产、儒家文化和天下观的影响。中国在东亚地区的大国地位已经巩固，而要成为国际强国则遇到了美国的遏制。特朗普要让"美国再次伟大"，但要明白离开中国，美国很难再次伟大；面对中国的崛起，美国需要自我调适。中国的全球战略构想，需要考虑现有的国际秩序和美国的影响。中美之间"新型大国关系"能否顺利推进，取决于双方能否照顾彼此的主要利益诉求。

一　引言

中国地域辽阔、人口众多且自然资源丰富，历史上曾在国际社会中扮演重要角色。而从1978年起，由邓小平推行的经济改革让中国迈上了一条转型之路，从而使中国的潜力变成了实力。中国不仅在亚洲，在全世界都举足轻重。

中国和东北亚、东南亚、南亚、中亚和俄罗斯相邻，其地理位置让它可扮演重要的战略角色，有能力影响地区和全球的利益。

从中国爆炸式的经济增长和对国际政治事务的诸多介入来看，中国在亚洲之外的影响力加强了其主角形象。中国的国内生产总值在20多年里增长了300%，若在未来20年里保持7%的增长率，届时将赶上美国。

中国改革和经济开放政策的成功，也带来了军事力量的现代化。中国士兵的专业化程度不断提高，核能力更强大，海空军实力和信息化战争与太空作业能力显著增强。所有这些，都直接影响到美国对自身及其亚洲盟国安全的考量。

作为地球上最古老的文明之一，中国自主扩张的过程意义重大。这个过程既包括内部发展，也包括向外发展；而且，因为自主扩张获得了成功，还伴随着世界权力分配格局的深刻变化。由于这种变化意味着世界体系中现有大国之间的关系将发生根本改变，所以，回答"中国向何处去"的问题，就是一个十分重要的问题。鉴于有的理论家认为，国际力量的变化必然带来守成大国和挑战现有秩序的大国之间发生"世界大战"，这个问题就显得尤为重要。①

二 2016年末和2017年初的美国与中国：超级大国和崛起大国的关系走向破裂？

2017年1月中旬，我们目睹了中美关系的下滑，这在双方官方交往中史无前例。这是由美国新当选总统及其团队发出的威胁性言论和做出的不恰当行为造成的，得到的则是中国政府和官方新闻部门日渐不满的声明和反应。

2016年12月初，特朗普接到了台湾当局行政领导人的电话，打破了近45年华盛顿和台北最高领导人不可对话的传统。这次通话后没几天，在接受福克斯电台访问时，特朗普质疑美国为何要保持"一个中国"政策不变，为何不能与中国签订一个包括贸易等问题在内的新协议。

此前，特朗普曾谴责中国操控人民币、搞不正当的国际贸易、夺取美国人的工作机会，以及在南海建造人工岛屿非法拓展领土的行为造成了该区域的不稳定，增加了紧张升级的风险。由此，特朗普把台湾问题与北京政策对美国经济的影响联系在一起，以此威胁中国：只要中国继续损害美国经济，美国就会抛弃承认"一个中国"的政策。

2017年1月11日，被提名为特朗普政府国务卿的雷克斯·蒂勒森在听证会上，并明确说："我们必须向中国发出一个明确信号：首先，停止

---

① Thompson William R., *On Global War*, Columbia, South Carolina: University of South Carolina Press, 1988, p. 39.

造岛；其次，不许中国靠近这些岛屿。"①

尽管美国在中国南海没有声索领土，但关心自己的贸易通道畅通无阻。我们应当注意，中国对南海诸岛及其毗连水域拥有不容置疑的历史性权利，在这片水域上，每年有5万亿美元的货物流通（另外还蕴藏有大量自然资源）。在奥巴马政府期间（2009年1月—2017年1月），美国海军以航行自由的名义，一直在有争议岛屿附近海域进行巡逻。

中国对美国的这些挑衅，已从谨慎应对渐变为强硬回击：一艘中国巡洋舰在南海捞起了一件美国无人潜航器。随后，《环球时报》还对即将上任国务卿的蒂勒森的声明发表评论说："如果蒂勒森想让一个核大国退出自己的领土，就等于把核战略提上议事日程。"②除了这些强硬言行外，还有台湾问题：台湾当局行政长官出访中美洲过境美国，中国"辽宁号"航母几乎同时穿越了台湾海峡。

2012年2月，时为国家副主席的习近平向华盛顿提出建立一种"新型大国关系"，这一善意之举得到了时任美国国务卿希拉里·克林顿的回应。希拉里肯定说："中美两国应创造一种可以构建长期信任的框架"，"支持中国崛起与发展美国利益之间没有矛盾"。③ 现在，特朗普及其团队的所作所为，似将自2012年开启的中美关系进程抛到了一边。

不论特朗普是否坚持希拉里的观点，他要想实现"让美国再次伟大"的竞选口号，有一个无法绕开的事实是：中国是全世界最大的市场，没有中国，美国很难再次伟大。

三 如何理解中美关系的下滑？

2008年，标志着"冷战"后国际体系开始向以亚洲为中心的世界秩序转变，玩个文字游戏就是："从'西伐利亚'（Westfalia）国际体系向

---

① "La futura Administración endurece su pulso con China." en *El País* (España), viernes 13 de enero de 2017, p. 5.
② "Is Tillerson's bluster just a bluff for Senate?" *Global Times*, en http://www.globaltimes.cn/content/1028568.shtml (accedido el 14/1/17).
③ *El País*, op. cit. p. 5.

'东伐利亚'（Eastfalia）国际体系过渡。"① 这种转变可从以下国际事件上看出来：西方发生了金融危机；世界对印度和中国经济增长抱有信心；中国举办奥运会传达出来的繁荣景象；在华盛顿召开了G20峰会（体现出多极主义的现实），几个月后，奥巴马于2009年1月就任美国总统。

中国现正在建设"综合国力"，主要包括维护领土完整，保证经济增长和国内稳定。为此目的，中国将很难放弃"务实主义政治"。经济持续增长有助于提高国家综合国力，这个认识将促使中国尽快地在周边和亚洲其他地区谋求更多实实在在的而不是名义上的权力。

这里还应补充一点：中国实行"前出防御"的海军战略，以确保各条海上航路的安全。对中国经济来说，这些海上航路既承担着重要物资（能源、食品和资产）的进口，也承担着消费品和机械的出口，而出口是中国经济增长的动力。在这个大背景下，中国海军在南海巡航、重视马六甲海峡安全并要在印度洋（从安达曼海到非洲之角）扮演重要角色，都是中国海军"前出防御"战略的支点。

中国对美国"重返亚太"战略的实施和延续，以及对美国在国际贸易和金融体系中的优势地位，一直耿耿于怀。② 而美国，则对中国的"大国"政策顾虑重重。③

特朗普及其团队的行为和言论，不能归因于他们缺乏外交经验。2016年通过的美国共和党政治纲领，明确表达了共和党领导层对台湾问题的态度。

中美两国还存在阻碍双方关系的具体问题：美国反对所谓中方网络攻击和经济间谍行为；反对金融替代机构的建立④；反对操纵人民币汇率，

---

① Westfalia 这个德国地名通常译为"威斯特伐利亚"。1648年10月，签订的《威斯特伐利亚和约》，奠定了欧洲民族—国家版图和国际关系秩序。作者在这里利用"威斯特"（West）的英语意思是"西"，创造了"东伐利亚"这个虚拟词。——译者注

② Observatorio de Política China，"Especial Cumbre EE. UU. -China 15/9/15"（sección de entrevista a Jorge Malena），en http：//www. politica - china. org/nova. php？id = 5916&clase = 33&lg = gal（accedido el 14/1/17）.

③ 表示中国相对实力的"大国"（取代"强国"）这个概念，首次见于沙祖康的文章《中国视角下的世界形势和国际新秩序》，参见：Harris, Stuart y Gary Klintworth, *China As A Great Power*：*Myths, Realities and Challenges in the Asia-Pacific Region*, New York, St. Martin's Press, 1995.

④ 例如金砖国家新开发银行和亚洲基础设施投资银行。

等等。而中国方面，则抨击美国对日本、菲律宾，以及中国台湾地区维持军事支持的行为，反对限制新兴国家在国际经济组织中的更大话语权，反对单方面实行的"量化宽松"政策，等等。

特朗普的进攻性言论，不符合他的商人性格。商人的特点应是为了利益而寻求达成协议。美国和中国是维持世界经济增长最重要的两个发动机，这要求两国保持持续的相互依赖。而且，美国对中国出口，现在也比从中国进口增长快；同时，中国对美国投资也比美国对中国投资增长快（到2020年，中国将成为世界最大的投资者）。

除了困扰双方的经济性问题外，中美两国还共同面临一些战略性问题，如能源和食品安全，应对气候变化和反对恐怖主义。要解决这些问题，双方都不能把批评、指责和不信任挂在嘴边。

四 中国目前的积极外交政策：历史遗产、观念和信条

中国目前在国际事务中所扮演的角色，比以往任何时候更加重要。这一点，在经济领域、政府间组织和软实力上都有突出反映。中国目前的角色，不仅是中国国力增长的结果，也是其外交政策调整的结果。但是，中国外交政策的调整，并不等于中国的战略考虑会离开对国家利益的追求。

在中国的国际关系学者中间，虽然存在何种国际政策是最佳选择的激烈争论，但还是要理解一种国家利益新概念。这种新概念源于人们接受了相互依存（全球化的副产品）必然走向合作的观点。因此，中国的精英集团应该承认，国家利益不能靠单边主义，而要靠多边主义来获得。

20世纪80年代初，邓小平提出"和平发展"是国际社会的主要特点。这个论断表明，当时中国领导层为了取得经济发展，首先要营造和平的国际环境。以经济发展为中心，不仅表明中国抛弃了以前的革命外交，也表明中国领导层汲取了以往的教训。

但是，最近20年里发生的一些令世界动荡不安的国际事件，则为邓小平下述理论提供了佐证，这就是为了保护和平的国际环境，需要采取一种有所作为的外交政策。

中国外交行为的这一新特点，在政府间组织内部开始变得明显起来，特别是第三世界国家，都赞成中国在联合国大会和安理会上采取有所作为的政策：中国不仅在言辞上反对美国的政策，还在投票时否决有关伊拉克、阿富汗和苏丹的议案。这种反对而非追随美国决定的态度，表明中国外交自21世纪开始走上了一条新道路。

接下来，从2009—2010年间开始，随着领土问题突出起来（东海和南海争端），中国的对外政策变得"强硬"和"强悍"起来，有人甚至使用"交战"和"侵略"等词来形容。[1] 此后，中国逐渐不再坚持1998年倡导的"新安全观"等口头禅了，如"和平崛起和建设和谐地区"，以及与东南亚国家联盟"合作寻求共同目标"。我们可以拿2010年7月中国外交部部长杨洁篪在东南亚国家联盟地区论坛上说过的话，来证明中国对外政策的新定位，当围绕南海主权争端发生激烈争论时，杨洁篪在发言中说道："中国是一个大国，而其他国家是小国，这是一个事实。"

中国的国防预算增长率，每年都超过国内生产总值的增长率。[2] 甚至有许多中国学者在公开发表的著作中说：西方在遭受金融危机，美国随之衰退，东亚充满不确定，中国应该利用好这一"战略机遇窗口"[3]。我们应该记住，2010年，中国的经济规模已超过日本成为世界第二大经济体。

表明中国态度转变的例子还有许多。如对渔船引起的事件，对在争议海域出现的菲律宾、越南和日本海岸警卫队，中国的表态都趋向强硬。

中国从2009年起采取积极作为的外交政策，以及这一政策在东亚次国际体系内的实施，也可从中国的历史遗产、中国战略构想中的观念和

---

[1] 最早研究中国外交新特点的学者有：Bush Richard C., Uncharted Strait: *The Future of China-Taiwan Relations*, Washington DC: Brookings Institution Press, 2013; Zhao Suisheng, "Understanding China's Assertive Foreign Policy Behavior During the Global Financial Meltdown", en *The European Financial Review*, Dec. 2011 - Jan. 2012; y Yahuda, Michael, "China's New Assertiveness in the South China Sea", en *Journal of Contemporary China* 22 (81), 2013.

[2] Center for Strategic and International Studies, "*China's Defense Spending* 2008 - 2015", en http://chinapower.csis.org/military - spending/ (accedido el 15/1/17).

[3] 最早一批用非中文发表著作的中国学者中有汪元凯（Wang Yuankai），其著作名称是：*Harmony and War: Confucian Culture and Chinese Power Politics*, New York, Columbia University Press, 2011.

信条等角度寻找原因，加以解释。①

中国战略构想的历史遗产体现为一种战略文化，它深受儒家思想、《孙子兵法》和中国军事经验的影响。由此，把过去的教训用在当下，便得出了一种"新安全观"，主张中国应在东亚地区采取积极作为的政策。②

笔者认为，中国战略构想所持的信条可概括如下：1. 国际关系上的现实主义流派占主导地位，提升中国综合国力是主导思想；2. 奉行的战略思想是建立以中国为中心的区域秩序，实行"积极防御"的军事战略；3. 有一种主张适度最大化的战略盘算，由此产生如下安全行为：第一，削弱美国在亚洲的相对地位；第二，把中国变为东亚安全的保证；第三，瓦解美国一切旨在削弱中国实力、影响力和地位的努力。③

中国这一战略构想的性质会对国际体系带来一系列影响，结果可能是：1. 中国在世界范围内与美国共存，但美国仍是主角（这样中国便可获得美国的经济支持）；2. 中国在区域范围内实行"自主扩张"，如改变现状建立以中国为中心的秩序。④

我们依据上述这些变化可以预见：中国对外的中期影响会是"颠覆性的"，因为中国首先将构建一个有利于自己的区域体系，第二次世界大战之后形成的东亚秩序将随之改变。因此，对于中国是否想成为国际体系主角的推测，基于对中国战略构想的分析是在中期成为东亚亚体系的主角，答案不言而喻。⑤

从以上分析可以得出的结论是：美国新当选总统及其团队直接向中国发出的威胁性言论和表现出的不当行为，完全出于美国认为必须阻止中国在东亚地区影响力上升的考虑。这个结论板上钉钉，无以反驳，除非特朗普的那些言论只是出于考验中国如何反应的故作姿态。然而，鉴

---

① 这方面的论述参见：Malena Jorge E., *China, la construcción de un "país grande*, Buenos Aires, Ed. Céfiro, 2010, pp. 36 – 44. 该著作的中文版由中国国际出版社于 2017 年出版，书名是《中国：大国的构建》。
② Malena Jorge, op. cit., pp. 66 – 89, 90 – 98, 185 – 186.
③ Ibid., pp. 137 – 166, 187.
④ Ibid., pp. 167 – 172, 187.
⑤ Ibid., pp. xx, 187.

于中国的国力和双边关系的重要性,这个"除非"是站不住脚的。

五 面向未来的思考

面对中美关系恶化的现状,公共舆论大多认为在特朗普就任美国总统后,会有一个以中美寻求共识为特点的阶段。在学术界,认为中美未来关系有和解和遏制两种选择。持第一种观点的是少数,被认为是天真派(主要代表人物有查尔斯·库普乾、李莱·戈尔茨坦、王缉思、阎学通和杨洁勉等);持第二种观点的比较普遍,主要是美国共和党和中国的务实派。

共和党认为中国为发展经济跨出国门寻求重要资源的政策,损害到美国及其亚洲同盟国的利益,因此我们认为特朗普就任美国总统后,遏制中国的倾向很难趋缓。在美国保守派看来,中国有史以来第一次把自己的政治、经济和军事影响力扩展到了国外,在东南亚、南亚、中东、欧洲、非洲和拉美站稳了脚跟。共和党的保守当权派认为,中国的崛起将重复1870年普鲁士崛起后取代法国霸权的历史,因此,美国应该像"冷战"时期对待苏联那样,对中国也采取遏制战略。

2012年2—3月,中美达成了"大国外交"(major country diplomacy)的一些原则,即避免对抗和冲突、相互尊重和合作互利。这些原则在特朗普执政前两年,大概不会成为选项。因此,在诸如减少二氧化碳排放问题上,在国际货币基金组织和世界银行里淡化中国"次席地位"(subrepresentation)的问题上,在达成一项行为准则来处理双方飞机在中国东海和南海偶遇的问题上,中美两国有失去达成协议机会的可能。

由此说来,特朗普政府现在有可能再次去验证至今依然灵验的"修昔底德陷阱"(dictum de Tucídides):一个强国的出现会招致妒忌、恐惧和敌视,后果是难免发生冲突。在当前国际力量发生变化的阶段,中美两强应该突出和解与共识,因为中美经济相互依赖,双方军力差距越来越小,在国际事务中有众多共同的利益。面对中国巩固自己的地区地位,美国应当利用中国已加入联合国体系,没有完全拒绝现在的国际经济体系,进行"自我调适"。而中国一方,应在现有国际秩序内谋求更大利益。

只有这样，美国前国务卿希拉里就中美两国关系所作的犀利定义，才能落到实处，她的话是："我们两国都想做一些历史上无人做过的事情：当一个守成大国和一个崛起大国相遇时会发生什么，我们要对这个问题给出新的回答。"

［乔治·E. 马莱纳，阿根廷天主教大学政治学博士。萨尔瓦多大学（位于布宜诺斯艾利斯）当代中国研究系主任。萨尔瓦多大学东方研究学院和阿根廷国家外交学院教授。2013 年因其对中国所做的研究和相关教学工作被授予"中国特殊图书贡献奖"（他是第一个得此荣誉的拉美人）。江苏师范大学伊比利亚美洲研究中心特约研究员］

拉美国情研究

"中国模式":拉丁美洲的发展范例?

[阿] 利斯卡·卡尔维思

蓝博 译

内容提要 从中国加入世贸组织,到中国对国际局势所作的反应,中国这个亚洲大国已然在国际社会的猜测和质疑声中觉醒。很多研究认为,中国政府正尝试向世界展示"中国模式"。中国加入世贸组织已经十五年,中拉合作也已近十年,但拉美对中国外交政策的了解仍然缺乏深度。

拉美社会对于"中国模式"认知仍待观察,首先,就经济层面而言,中国既是拉美出口的国际目标市场,又是区域内部市场的竞争者;其次,从政治层面来看,中国的存在对区域战略提出了新的挑战;最后,中拉相互缺乏足够的文化了解。我们应如何解读中国模式呢?作为一种"范式"给拉美国家的发展提供一条新路径?对现行中拉关系产生什么影响呢?笔者认为,通过解读中国外交政策将有助于解答上述疑问,因为中国的外交政策是自内而外延伸的,其程度之深世界无哪国能出其右。[①] 本文从现行的中国外交政策的五大特点出发,分析"中国模式"对区域和中拉关系的潜在影响。大家如仔细研究过中拉关系,脑中必会闪现几个高频词:产业间贸易、双边合作和贸易不对称等。要想明白中国的行为,必须要把握住一点:中国的对外政策是否切合实际国情,即发展中国家的国情;此外,从国际关系的角度来看,拉美地区制定对中关系政策时,出发点应是考虑如何通过中国来解决我们的历史遗留难题。双边关系中,我们要进行一些新的尝试,更合理地向中国借

---

① Bell Daniel, "Introduction", en: Xuetong Yan, *Ancient Chinese Thought, Modern Chinese Power*. Princeton: Princeton University Press, 2011.

力。而中国作为世界第二大经济体，则应主动尝试解决与其他发展中国家的贸易不对称问题。

一 何谓"中国模式"

尚无准确的术语能界定中国这一非常规的实践系统。有人将"中国模式"这一术语用于概括中国的经济发展模式；有人将"中国模式"界定为中国特色社会主义市场经济；即携带政府干预和边界型市场经济。有人则用这一概念来高度概况中国成为世界第二大经济体的发展方式。研究"中国模式"的专家很多，例如潘伟和丹尼尔·贝尔（Pan Wei y Daniel Bell），不过，他们都认为"中国模式"从学理和现有实践程度来看的话，称不上是一种"模式"。大家将中国的发展模式称为"中国模式"，仅为把中国的发展模式与欧美模式区别开来。前者在政治、经济和文化的发展道路上与后者有着明显区别，但是仍缺乏系统性的理论将其界定为一种"新模式"。[1]

界定新模式需把握几个基本要素：特殊性（区别于其他模式）、稳定性、传播性（可复制）。[2] 显而易见，当前的"中国模式"不具有上述要素。客观上看，中国的发展实践并非独一无二，它可以被理解为一种组合型发展战略，即将亚洲地区后发型国家的实际情况与资本主义经济战略相结合的发展模式。

"中国模式"存在不少缺陷。它最大的缺陷在于模式本身的不成熟性，缺乏像西方传统模式那样成熟的制度和价值观系统。[3] "中国模式"存在人文关怀不够以及过渡周期过短等问题，这都是"中国模式"难以复制和传播的原因。不少人对它的合法性和可行性提出质疑。

中国实践是其独特历史和文化的产物（文明古国、传统价值观、自适改变、国情），也是总结失败和错误的结果，其根本是实用主义的体现。还有一点，中国与世界其他发展中国家一样，绝不简单照搬欧美国家的现

---

[1] Leonard Mark, *What Does China Think*. Harper Collins Publishers, Ltd, 2008, p. 56.
[2] Zhang W., *The China Wave: Rise of a Civilizational State*, Hackensack, NJ: World Century Publishing Corporation, 2011.
[3] Zhao Suisheng, "The China Model: Can It Replace the Western Model of Modernization?" *Journal of Contemporary China*, vol. 19, no. 65, (June) 2010, pp. 419–436.

代化模式。

尽管"中国模式"有着这么多独特的元素,但大多数人仍无法视其为欧美模式的替代。它吸引人的地方在于实用、不激进和一些细节,这些因素也使得其他国家很容易受中国影响。不过"中国模式"并未脱离现行国际关系系统,仍在现有的规则框架中运转。它最大的魅力在于,以发展中国家身份跃升为世界第二大经济体,并让2亿人口脱贫。

本文对"中国模式"提出质疑,并非否定中国发展的成就,而是认为应把"中国发展系统"看作粗具雏形、有待完善以及带着矛盾不断发展的"实践系统"。如今的"中国模式"更像是新型国际社会关系建构的一大元素。当"冷战"和第二次世界大战后建构的国际关系规则对大多数发展中国家不适用时,"中国模式"自然而然就吸引这些国家的目光,大家都想看看中国怎么办。

二 中国外交和中国"实践系统"

为了更全面地分析中国外交,笔者将国际关系系统分为"有中国"和"无中国"两种。这种分法虽脱离传统国际关系理论系统,但颇受国际关系学者们青睐。本文结合中国外交特点分析中国"实践系统",进而评价该系统对中拉关系的影响。那么,首先我们来看中国外交政策的几大特点:

1. 国际关系体系里的"别样风景"。在笔者看来,其"和平共处五项原则"和"不干涉他国内政",仍是中国外交政策的底线。但中国外交策略中有一点与其他国家不同:在多数情况下,中国的对外政策既非遵循国际政治关系理论中的"冲突性",也非只讲"现实性",因为中国更侧重国家间的"关联性",即侧重过程、侧重目的(寻找各种关系之间的关联)以及管理,换句话说,中国对外政策的目的在于:平衡、维护和管理。[1] 中国的国际关系管理理念并非引导或支配,而是更倾向于寻求平衡。中国的外交辩证理论的出发点并非逃避面对国际冲突,只是更多强调目标

---

[1] Qin Yaqing, "Culture and Global Thought: Chinese International Theory in the Making", Revista CIDOB's Afers Internacionals, n. 100 (December), 2012, p. 10.

性，双方或者多方保持良好关系会让目标实现更具优势。① 中国政府采用了专门的外交术语来阐释其"平衡理论"，叫"双赢"（英文：Win-Win）。试想一下，带有扩张或武力性质的外交政策必然会伤害"地球村"的其他成员，破坏平衡的同时损害自身的利益。因此，中国采取辩证统一的外交策略，直观反映为中国外交的目的是在寻求与世界和平相处。然而，冲突不断且被现实问题困扰的拉美地区很难理解中国的外交内涵，更何况美国还在从中捣乱。

2. 以"实用主义"为核心的贸易模式。很多国家将中国看作"商人"。从近十年来看，"中国贸易"并非只是逐利，也是其外交战略的"外衣"。从"实用主义"去看待"中国模式"，你会发现它有着两大文化性特征：其一，国情复杂。国情系统包含三大内部元素彼此制约的模块：(1) 政治和经济；(2) 公有制和私有制；(3) 地方和中央。与西方不同的是，中国自古便是政经不分家，经济是政治手段之一，而政治的稳定也对经济产生积极的影响。② 每当国家战略与企业需求相一致时，上述现象就会出现，也就是我们经常看到的，中国既是某个国际项目的贷款方，也是供应商和客户，而且负责项目实施的中国企业有着明显的国资背景。其二，政治干预经济并非中国独有，亚洲其他国家也有类似行为，可以说是发展中国家普遍的特征。经济变成施政手段的一种，只要受到发展中国家特定的社会经济和历史条件的影响，而在此基础上制定的经济政策则会加固政治对经济的干预。实际上，"中国模式"中市场固然重要，但市场受制于政府。和西方国家不同，亚洲国家的政府不仅不会对市场袖手旁观，还会积极参与其中，通过职能和改革将经济市场与民生社会联系在一起。公共行政职能是社会的连接器，需要一套全功能型的公务员体系，而且要确保该体系的素质良好。由此可见，中国并非特例。

3. 国情。谈及"中国模式"有一点不得不提，那就是其"国情"。这是中国政府制定政治和经济政策机制的"内在因子"。中国政府制定国策有几个基本原则，一是考虑自身社会、经济和政治形势；二是排除外部干

---

① Qin Yaqing, "Culture and Global Thought: Chinese International Theory in the Making", Revista CIDOB's Afers Internacionals, n. 100 (December), 2012, p. 10.

② Stockman Norman, *Understanding Chinese Society*, Polity Press, Malden, MA, USA, 2000.

扰;三是与意识形态相契合,也就是所谓的"国情"。"中国特色社会主义"这一术语不易理解,但用它来阐释中国外交政策可总结为一句话:由内及外。中国国内政策主要围绕现代化经济建设目标的实现来制定,实施过程中必然遭遇诸多挑战,而对外政策是中国对内政策的延伸,是其应对国内挑战的手段之一。[①]中国国内存在诸多挑战,例如,经济和社会发展不平等,这是后工业化过程中(完全城镇化之前)的常见现象;缺乏高效的反腐机制,过度高压会让地方财政失去自主性;金融系统过于僵化,缺乏私有资本的参与;发展模式过度依赖出口和对外直接投资;国有企业改革方案迟迟未能落地;环境污染问题日渐突出等。上述挑战虽是中国内部问题,但却是其制定外交政策的决定性因素(尤其是针对其他发展中国家的外交政策)。值得一提的是,我们别忘记,历史上中国曾是世界第一强国。

4. 中国的特质。所谓的"中国特色社会主义",可概括为中国汲取了资本主义、共产主义和社会主义的部分思想后制造出来的一种实践性、不确定性以及转型性的发展系统。其特点主要有:通过一系列改革巩固中国共产党的政治领导地位;通过国家干预型资本主义体制发展经济,这其中还混杂了社会主义集体制思想。说实话,中国虽已发展成为世界第二大经济体,但其发展模式的局限性也十分明显。中国通过自身的实践成为世界第二大经济体的同时,也让自己与其他发展中国家的关系变得复杂起来。

一方面,中国实践的确让人们看到一个与以往不同的国际关系范式,兼具灵活性、协商性和合作性,该范式下的国家间关系发展总是以经济利益为导向,寻求经济利益的平衡,所有的冲突均置于经贸领域内解决。另一方面,中国主张通过"南南合作"建立一个更公平、更公正的经济体系。"南南合作"是中国一贯的主张,也是其发展中国家身份标签。我们不要忘记,大力发展经济之于中国不是一时之国策,而是一个中长期的战略,也是共产党执政的基础,"走出去"政策是其经济战略的一部分。已经成长为世界第二大经济体的中国对于自然资源的需求(大量劳动力、经济体量、政府干预、高储蓄等),已然超越了普通发展中国家的水平。因此,不对称性和赤字这些原本只有发达国家才有的贸易特征,中国也有,

---

① Leonard Mark, *What Does China Think*. Harper Collins Publishers, Ltd, 2008, p. 36.

对此，我们应正确看待与中国的贸易关系。

实际上，中国目前陷入一个两难境地，一方面它要实现自身的经济目标；但另一方面它又要考虑"南南合作"中各发展中国家对于平等交往的诉求。客观来讲，现行的国际贸易规则对中国是有利的，中国有机会成为世界发展中国家的领袖。那么中国有两个问题需要回答：中国主导的发展中国家经济秩序是否会产生不公平或不公正？中国是否愿意牺牲部分国内经济以缓解其对其他发展中国家贸易的不对称性？

三　中拉关系

中拉关系有三大特点：第一，产业间贸易。中国对拉出口以工业制成品为主，而拉美对中出口则多为原材料。第二，产品附加值的不对称性，主要指拉美对中出口产品附加值偏低。中国是乌拉圭、巴西和秘鲁最大的出口贸易伙伴，是智利最大的进出口伙伴。中国还是墨西哥、阿根廷、古巴和哥伦比亚第二大出口对象国，是厄瓜多尔的第二大进口对象国。双边不对称性使得拉美高度依赖中国市场，两组数据充分表明了中国市场之于拉美的分量：智利约24%的商品出口至中国，位居第一，之后是秘鲁（23%）、乌拉圭（20%）、巴西（16%）、玻利维亚（13%）、哥伦比亚（10%）和阿根廷（7%）。在进口方面，巴拉圭约有27%的商品从中国进口，之后是智利（21%）、阿根廷（16%）、秘鲁（21%）、乌拉圭（18%）、玻利维亚（17%）、巴西（16%）和墨西哥（16%）；另一组数据：哥伦比亚出口到中国80%的商品是原油，秘鲁90%对中出口的商品是铁矿，而智利77%的是铜矿。中拉贸易不对称性加剧的原因在于过度依赖中国市场，拉美地区对中国的进出口总量比对世界其他任何地区都大：哥伦比亚26%的原油出口到中国；秘鲁13%的铁矿出口到中国；智利对中国出口的铜矿占其总出口的42%；巴西57%的大豆销往中国。第三，双边性。有许多产品，中国会选择性地从某些拉美国家进口或出口，就好像在挑选地区代理人。拉美各国与中国的双边谈判日渐增多，并逐渐取代区域性和多边性的谈判，这对区域性合作、区域性组织和多边平台造成很大负面影响，例如安第斯共同体、南方共同市场、中美洲共同市场等。

有学者调研了中国汽车企业乌拉圭分公司的生产销售全过程，得出的结论是，就汽车行业而言，中国资本与其他国家资本没有任何"不同"之处。① 那么现在问题来了：中国实践模式是双边不对称性的根本原因吗？中国现行对拉政策对中拉贸易关系产生了消极影响？这两个问题值得我们思考。

四　现状说明了什么？

拉美发展对中贸易无论是凭借单边还是多边平台都不理想，因为两者都无法向中国传递区域性利益诉求。中国知道"非多边"平台影响力不及"多边"平台，但中国仍倾向于选择前者与拉美展开对话。主要原因在于，中国不接受对其政治体制的质疑。当然，中国贸易也不太可能影响拉美国家的民主政体。不过，笔者认为，拉美各国诚然不可照搬"中国实践"，但完全可以汲取中国在经济和政治发展过程中的长处，找出拉美自身的短板，进而取长补短。

1. 国情。所谓国情，既是从国家实际情况出发制定国策。拉美经济发展以"华盛顿共识"为开端进入资本主义时代。拉美许多国家的现状，诚如施蒂格利茨和加莱亚诺（Stiglitz y Galeano）所言，脱离自身社会和经济实际状况，贸然套用某个政策框架，导致消化不良。在这点上，拉美应向中国学习，中国总是反复重申自身的社会和经济需要，从实际需要出发制定国家战略。拉美地区应摆脱长期对传统市场的依赖，努力扩展和寻找新兴市场和新机遇，以此克服社会发展不均衡、教育资源不平等和贫困等问题，不过这并不意味着要抛弃传统贸易伙伴。

2. 国际关系中的"另类"。在全球化的世界里，拉美各国应具有更宏大的国际关系观念，抛开传统上的一些条条框框，暂且不去理会意识形态差异，建立起跨区域性的经济交往圈。换句话说，我们应学会用现代和现实的眼光去看待如今的中国。与中国交往，我们要学会接受其文化价值观，适应其合作和协商的方式，抛开这些表象，看清楚背后的经济动机。

---

① Bekerman Dulcich y Moncaut, "La emergencia de China y su impacto en las relaciones comerciales entre Argentina y Brasil", Revista Problemas del Desarrollo, 176 (45), enero-marzo, 2014, p. 229.

拉美地区与中国和亚洲地区的关系一直友好，这为双边未来共同发展奠定了坚实的基础。

关于文化价值观。大量研究表明，中国人经商的核心要素是人际关系网络，也就是所谓的"人情"。同理，中国政府推动国际贸易项目时，常用的手段也是建立跨国人际关系网络。毫无疑问，人与人之间的信任感与国家自身的文化或体制背景息息相关，信任感高低决定了生意的成败。尽管以人际关系为手段建立的商贸关系有着诸多缺陷，例如保护主义、人情主义和腐败，但无可争议的是，它会为商贸环境带来更高的信任感。拉美地区应仔细观察和研究"人情"在中国乃至亚洲地区商圈所起的作用，利用其与中国建立信任感，扩展合作领域，减少双边摩擦，更进一步来说，借此摸清中国企业商贸谈判策略的文化内涵。"人情"让不同的族裔文化产生了相互依存感，它让双边或区域间经济合作加速，不仅缩短了谈判时间还简化了程序。考虑到拉美地区各国经济和社会发展参差不齐，中国的"人情"贸易经验值得我们借鉴。此外，中国对教育的重视，对人力资源的投资，以及传统储蓄观念同样值得我们学习。

3. 发展模式。中拉发展模式最大的区别是，政府在经济发展中所起的作用。西方媒体时常指责中国特色社会主义发展模式是计划型经济、强政府、干预型经济的混合体，该模式会让市场经济失去活力。但实际上，中国模式只是亚洲众多传统发展模式的一类而已，和日本、新加坡、韩国等国的发展模式有很多的相似之处。这些国家的公共行政力量也非常强大，将社会、元首、变革紧密整合在一起。政府将实用主义与经济手段结合在一起，会让市场更有目标性和凝聚力，不仅不会阻碍市场发展，而且是会加速市场的发展。如由政府主导的市场，其发展方向能往教育、卫生和科研领域倾斜，那么国家贫困人口将会得到有效的减少。

拉美国家民众普遍认为，私有部门比公共部门更擅长调动社会资源，拉美的经济改革往往偏向于制约政府权力，民众仅将政府视为私有产业间的调解人，市场过热的监管者，抑或是社会秩序公正的裁判员。

笔者认为拉美国家不应效仿亚洲的发展模式，仅需要观察和分析它，然后结合波兰尼的经济学理论，将国家的角色定义为"投资新市场的指南针"。拉美国家不需要去重新加强羸弱的政府干预力量，而是需要纠正政府管理在经济发展中的不当行为。

拉美地区和中国之间最大的差异在于"企业精神"或者是说"企业家精神"（创业精神）。要开拓市场具体说是开拓原材料市场，这不仅需要商业性努力，还需要经济、文化和语言等多领域共同协作。中国进入拉美不仅是雄心万丈的商业行为，更是当代中国企业家探索精神和开创意识的体现。那么，拉美应该也更加积极主动地去探索和发现中国市场，看看这个市场能为我们的发展提供些什么，并且应将目光从中国的沿海移向内陆。

从"欧洲中心理论"来看上述问题，可能会得出不同于笔者的结论。但是，对于那些发展模式无法解决社会问题的欠发达国家来说，笔者的观点无疑具有价值，可为其发展提供新的思路。

五　总结

中拉关系面临不少挑战。对于拉美而言，发展对中国关系时惯于单兵作战，缺乏区域整体性，缺乏赤字改善机制，对外贸易缺乏战略性，最重要的是对中国缺乏足够的了解。拉美各国如想提升对中贸易和吸引更多中国投资，那么，拉美各国首先要解决本国经济、贸易和社会发展的不对称性问题，以及解决次区域国家之间的经贸壁垒问题。例如，智利能否和委内瑞拉达成一个共同对中贸易协定？洪都拉斯对墨西哥或巴西的对外贸易提案可否有发言权？

如上文所述，中国的社会和经济实践改革不应被视为一个模式，拉美更不应仿效。但是，中国或者说亚洲实践带给我们很多启发，为拉美国家的发展提供了新的思路。首先，国际关系的发展是国内市场的对外延伸，对外合作是市场外延的工具；其次，市场和私有资本之间应发展以减少贫困和提高国民生活质量为导向的务实性关系。

中国现在是一个具有发达国家贸易特征的发展中国家，它很难克服对拉贸易的不对称性问题。中国应保持谦逊的态度，努力成为世界其他发展中国家与发达国家贸易的桥梁，并将中拉经贸关系建设成为"南南合作"的典范。

（利斯卡·卡尔维思，中国人民大学博士研究生）

巴西开发和利用可再生能源的成就与启示

江 河

内容提要 可再生能源的开发和利用有利于强化能源安全,有利于应对气候变化和保护生态环境,有利于推动经济发展和创造就业机会,有利于维系能源价格的稳定。巴西地大物博,气候条件良好,农业资源和生物资源极为丰富。这为其大规模地开发和利用可再生能源创造了有利的自然条件。在乙醇燃料、水力发电、风能、太阳能和核能等领域,巴西取得的成就是有口皆碑的。从巴西开发和利用可再生能源的实践中,我们可以得出以下几个有益的启示:政府应该为可再生能源的开发和利用提供一种良好的政策环境;在开发可再生能源时应该兼顾各方面的利益;必须重视创新在可再生能源的开发和利用中的重要作用;要整合可再生能源的开发和利用的各个环节。

能源安全和全球气候变化及其不利影响是人类共同关心的问题。应对这些问题的方式方法多种多样,其中之一就是开发和利用可再生能源。巴西地大物博,气候条件良好,农业资源和生物资源极为丰富。这为其大规模地开发和利用可再生能源创造了有利的自然条件。

石化能源具有稀缺性和不可再生性。因此,大力开发和利用可再生能源是大势所趋。经过数十年的努力,巴西的乙醇燃料生产技术已达到世界领先水平,使用量快速上升,经济效益不断显现。此外,在水力发电、风能、太阳能和核能等领域,巴西取得的成就也是有口皆碑的。

一 大力发展可再生能源的重要性和必要性

众所周知,能源是人类活动的物质基础的重要组成部分,为各国经济和社会发展提供了不可或缺的动力。能源的使用促进了人类文明的发展,但也使人类的生存面临严峻的挑战。在一定意义上,能源问题已经成为影响经济社会发展的重要问题。

就能源的来源和供给而言,它可分为不可再生能源和可再生能源两大类。顾名思义,不可再生能源是有限的,而可再生能源是无限的。因此,大量发展可再生能源的重要意义是不言而喻的。

大力发展可再生能源的重要性和必要性还体现在以下四个方面:

一是有利于强化能源安全。根据国际能源署(IEA)的定义,能源安全就是以一种可接受的价格确保能源供给的不间断。[①] 能源安全的反义词就是能源不安全(energy insecurity)。能源不安全导致的危机数不胜数,对经济和社会发展带来的负面影响不容低估。

强化能源安全的有效手段之一就是扩大能源的供给。地球上不可再生能源的储量是巨大的,但总是有限的。因此,有必要加大开发和利用可再生能源的力度,以减少对不可再生能源的依赖。

二是有利于应对气候变化和保护生态环境。如何应对气候变化和保护生态环境已成为人类社会面临的一大挑战。在国际上享有盛誉的政府间气候变化专门委员会(IPCC)认为,必须确保能源供应对环境的友好性,必须在使用能源的过程中减少温室气体的排放。可再生能源是一种可持续的能源,也是一种能够减少对气候变化产生负面影响的能源。[②] 联合国环境规划署(UNEP)同样认为,与不可再生能源相比,可再生能

[①] http://www.iea.org/topics/energysecurity/.
[②] W. Moomaw, F. Yamba, M. Kamimoto, L. Maurice, J. Nyboer, K. Urama, T. Weir, 2011: Introduction. In IPCC Special Report on Renewable Energy Sources and Climate Change Mitigation [O. Edenhofer, R. Pichs-Madruga, Y. Sokona, K. Seyboth, P. Matschoss, S. Kadner, T. Zwickel, P. Eickemeier, G. Hansen, S. Schlömer, C. vonStechow (eds)], Cambridge University Press, Cambridge, United Kingdom and New York, NY, USA. http://www.ipcc.ch/pdf/special-reports/srren/Chapter%201%20Renewable%20Energy%20and%20Climate%20Change.pdf.

源产生的污染较少。因此,增加对可再生能源的依赖性,有利于减少气候变化。①

三是有利于推动经济发展和创造就业机会。可再生能源的开发和利用同样需要大量资金、技术和劳动力。因此,与此有关的投资、研发、输送和销售必然会推动经济发展和创造大量就业机会。

四是有利于维系能源价格的稳定。在过去的数十年时间内,受多种因素的影响,不可再生能源(尤其是石油)的价格经常出现波动。高油价使石油出口国获得了大量出口收入,但使石油进口国受害匪浅;反之,石油价格的下跌减少了石油进口国的进口成本,但石油出口国的经济增长则会受到不良影响。由于发达国家和发展中国家都严重依赖石油和其他一些不可再生能源,因此,其价格的大起大落必然会对世界经济增长产生严重的不利影响。

二 巴西开发和利用可再生能源领域的成就

巴西拥有丰富的石油资源。尤其在近几年,巴西先后发现了多个深海油田。2009年8月31日,时任巴西总统卢拉说:"今天是巴西的又一个独立日。我们在6000米的深海处发现了一个巨大的油田。这将使巴西成为世界上最大的石油生产国。……上帝真的是巴西人。"②

根据美国能源信息署(Energy Information Administration,EIA)2015年12月2日公布的数据,截至2015年,巴西已探明的石油储藏量为150亿桶。这一储藏量在南美洲仅次于委内瑞拉。③

巴西是世界上第八大、美洲地区第三大能源消费国,但它也是能源生产大国。如在2014年,巴西的石油产量为平均每天295万桶。这一产量使其成为世界上第九大、美洲地区第三大和南美洲地区第二大石油生产国。化石燃料占国内能源消费总量的约60%,可再生能源占将

---

① http://unep.org/climatechange/mitigation/RenewableEnergy/tabid/29346/Default.aspx.
② 转引自 Tom Phillips, "Brazilian president aims to eradicate poverty with oil billions in Rio de Janeiro", 31 August, 2009. http://www.theguardian.com/business/2009/aug/31/brazil - oil - war - on - poverty.
③ 巴西石油储藏量中的90%是海洋石油。

近 40%。[1]

巴西地大物博，气候条件良好，农业资源和生物资源极为丰富。这为巴西大力开发可再生能源提供了必要的物质条件。相比之下，在所有可再生能源中，巴西的乙醇燃料尤为引人注目。2014 年，巴西的乙醇燃料产量为平均每天 49.3 万桶。[2] 这使其成为世界上仅次于美国的第二大乙醇燃料生产国和消费国。

巴西生产的乙醇燃料主要以甘蔗渣为原料。据史料记载，早在 1532 年，巴西就开始种植甘蔗。这显然与巴西的自然条件有着密切的关系。20 世纪 20 年代末，巴西开始尝试从甘蔗渣中提取酒精。但是，受技术和需求的限制，那时的甘蔗酒精产量不大，而且在技术上也根本无法用作机动车燃料。

1973 年爆发的中东石油危机不仅沉重地打击了发达国家的经济，也影响了包括巴西在内的大多数发展中国家的经济。巴西政府认识到，确保能源安全已成为维系国家安全的重要目标之一。自此以后，一方面，巴西加大了石油资源（尤其是海洋石油）勘探和开采的力度；另一方面，巴西开始更加重视可再生能源的研发和生产。1975 年，巴西政府制订了全国乙醇燃料计划（Programa Nacional do Álcool）。根据这一计划，巴西政府为加快乙醇燃料的研究与开发、生产、运输和使用都提供了多方面的刺激性优惠。

在开发乙醇燃料的过程中，技术领域的创新发挥了巨大的作用。除引进外国技术以外，巴西还依靠本国科学家的聪明才智，发明了从甘蔗种植到提取乙醇燃料的所有环节的关键技术。

供给与需求必然是密切相连的。汽车产量的增加为乙醇燃料的使用和推广作出了重大贡献。至 2010 年，巴西的所有汽车制造商都推出了既能使用化石燃料，又能使用乙醇燃料的不同型号的汽车。此外，巴西市场上还出现了使用乙醇燃料的公共汽车和摩托车。[3] 英国牛津大学出版社出版

---

[1] USEIA, "Brazil: International Energy Data and Analysis", December 2, 2015. https://www.eia.gov/beta/international/analysis_includes/countries_long/Brazil/brazil.pdf.

[2] Ibid.

[3] 2003 年，大众汽车公司推出可使用一种以上燃料的汽车（Gol 1.6 Total Flex）。至 2010 年，巴西的所有汽车制造商都推出了既能使用化石燃料又能使用乙醇燃料的不同型号的汽车。

的《驶向可持续发展方向的二十亿辆汽车》一书认为，在积极寻找替代能源的世界各国中，巴西因发明乙醇燃料而被认为是最成功的国家。[1] 2014年，巴西生产的生物燃料相当于1670万吨油当量（MTOE）。[2]

目前，巴西的乙醇燃料工业技术已处于世界领先地位。2014年9月，巴西生物燃料公司大生物公司（GranBio）宣布，它已掌握了批量生产第二代乙醇燃料的关键技术。[3]

乙醇燃料的使用不仅扩大了巴西国内的能源供应，而且还改善了空气的质量。[4] 此外，巴西还通过出口乙醇燃料获取了一定量的出口收入。2014年的出口量为每天2.4万桶。[5]

为进一步推广乙醇燃料，巴西政府在2015年2月决定把乙醇燃料在机动车燃料中的比重提高到27%。但是，乙醇燃料的生产也面临着一些困境，其中最突出的是：第一，近几年，随着劳动力成本和土地成本的上升，乙醇燃料的成本也在快速上升。这显然不利于乙醇燃料的推广。第二，乙醇燃料的生产还不时受到国际市场上蔗糖价格的影响。在蔗糖价格上涨时，蔗农就不愿意将甘蔗用于生产乙醇燃料。其结果是，乙醇燃料的生产有时面临原料不足的困境。

在巴西，虽然乙醇燃料的原料是甘蔗而非粮食，但是，甘蔗种植面积的扩大必然会减少粮食种植面积。这就要求巴西必须提高单位面积的粮食产量。[6] 作为农业大国，巴西通过推动农业技术领域的创新，成功地达到了增产的目标。英国《经济学家》杂志（2010年8月27日）发表的一篇题为《巴西农业的成就》的文章指出："在过去的35年，巴西已从一个食

---

[1] Daniel Sperling and Deborah Gordon, *Two Billion Cars: Driving toward Sustainability*, Oxford University Press, 2010, pp. 95 – 96.

[2] USEIA, "Brazil: International Energy Data and Analysis", December 2, 2015. https://www.eia.gov/beta/international/analysis_includes/countries_long/Brazil/brazil.pdf.

[3] http://news.xinhuanet.com/yzyd/energy/20141016/c_1112850819.htm.

[4] 《人民日报》的记者认为："在巴西圣保罗等大城市，往日令人窒息的汽车'黑烟'消失了，市内空气指数全是优。"（张川杜：《巴西乙醇汽油为何受欢迎》，《人民日报》2007年7月2日）http://news.xinhuanet.com/auto/2007-07/02/content_6315994.htm。

[5] USEIA, "Brazil: International Energy Data and Analysis", December 2, 2015. https://www.eia.gov/beta/international/analysis_includes/countries_long/Brazil/brazil.pdf.

[6] 2015年，巴西粮食总产量预计将高达前所未有的2亿吨。http://world.people.com.cn/n/2015/0711/c157218-27288452.html。

品进口国演变为世界上最大的食品出口国之一。巴西是世界上第一个进入食品出口国行列的热带国家（其他食品出口国均地处温带）。就国际市场上交易量最大的 5 种农产品而言，巴西的出口量均独占鳌头。此外，巴西还是世界上第二大大豆和玉米出口国。世界上的其他农产品出口大国的农产品出口都不及巴西那样多元化。最了不起的成就可能就是大豆种植业。大豆是一种温带农产品，而巴西科学家则成功地培养出适宜于在热带生长的品种。农业奇迹就是在那里的干旱土地上出现的。"[1]

巴西的第二大可再生能源是水电。巴西拥有丰富的水资源，因此，水电在可再生能源中占有重要地位。巴西全国各地拥有数百个或大或小的水电站。2014 年，巴西全国的水力发电量为 3730 亿度，约占全国电量的四分之三。[2]

1975 年动工兴建、1984 年开始发电的伊泰普水电站为巴西的水电作出了重大贡献。它是世界上第二大水电站，仅次于中国的葛洲坝水电站。在投入运行的 30 多年时间内，它的发电量已大大超过 2 万亿度，相当于全世界近 40 天的用电量。[3]

但是，巴西的水电经常受到旱季的影响。每到旱季，由于降雨量减少导致水库的蓄水量不足，发电量大幅度下降。2001 年，受巴西历史上最严重的旱灾的影响，大多数水电站无法运转，东北部地区的供电在长达 8 个月的时间内被迫实施定量供应。近几年，这一情况似乎并未好转。全国各地每年都有不少水电站因旱灾而完全停止发电。这使企业的生产和民众的生活受到严重影响。

巴西的大西洋海岸线长达 9600 公里。这使巴西获得了持续不断的、潜力巨大的风能。巴西的第一个风力发电场在 1992 年投入使用。目前全国各地估计已有 100 多个较大规模的风力发电场在运作。

在发展风能的过程中，巴西注重引进外国的技术和设备。可喜的是，中国的一些风能企业开始"青睐"市场潜力巨大的巴西市场。它们生产的

---

[1] "The World's Farm: Brazil's Success in Agriculture", *The Economist*, August 27, 2010.
[2] USEIA, "Brazil: International Energy Data and Analysis", December 2, 2015. https://www.eia.gov/beta/international/analysis_includes/countries_long/Brazil/brazil.pdf.
[3] 《伊泰普水电站保持全球发电量领先》，新华网，2014 年 5 月 6 日。http://news.xinhuanet.com/world/2014-05/06/c_1110557953.htm。

一些风能设备已进入巴西市场。

为了提高风能的效率，巴西科学家在进口设备的基础上加以必要的改装和完善，使风力发动机更适合于巴西的自然条件。此外，巴西政府还在2002年实施了"替代电能刺激计划"（Proinfa）。该计划既鼓励科学家对风能的利用和生产进行创新，也鼓励能源企业多生产风能。

近几年，巴西越来越重视太阳能的开发和利用。为2014年世界杯足球赛提供场地的马加良埃斯·平托州长体育场（Estádio Governador Magalhães Pinto）和近几年兴建的许多体育场馆，都在其屋顶安装了光伏电板。据报道，巴西希望在2023年使太阳能在全国电能中的比重从目前的不足1%提高到1.8%。[1]

应该指出的是，巴西在开发和利用太阳能的过程中得益于以下两个因素：一是巴西的晴天每年在280天以上；二是国际市场上光伏电板价格不断下跌。毫无疑问，这两个因素是任何一个国家在开发和利用太阳能时必须要考虑的。

巴西拥有两个核电站。安格拉1号（发电能力为640兆瓦）于1984年投入使用；安格拉2号（发电能力为1350兆瓦）于2000年投入使用。安格拉3号的建设工程始于1984年。受经费紧张等因素的影响，该工程尚未完成，预计将在2018年投入使用。

在国际上，核电站常使人引出无限的联想。2004年，巴西政府透露，巴西正在提炼浓缩铀。这一新闻引起了美国和其他一些国家的极大忧虑。[2]联合国原子能机构（IAEA）要求对有关设施进行实地检查，而巴西政府则以保护本国工业机密为由，拒绝了该机构的要求。在国际社会的压力下，巴西政府最终不得不与该机构达成协议，允许联合国检查人员检查浓

---

[1] Anand Upadhyay, "Brazil Brings In Low-Cost Solar Power", Clean Technica, November 5th, 2014. http://cleantechnica.com/2014/11/05/brazil-brings-low-cost-solar-power-detail/.

[2] 美国核武器专家米尔霍林日前在《科学》杂志上发表文章称，根据巴西公布的生产能力，该国新建成的雷森迪浓缩铀厂每年可生产足够的浓缩铀，用于制造五六枚核弹头。（参见《巴西爆出秘密核计划　总统卢拉不听话令美国恼火》，新华网，2005年9月5日。）http://news.xinhuanet.com/world/2005-09/05/content_3445082.htm.

缩铀分离机。①

三 巴西开发和利用可再生能源的启示

全球气候变化及其不利影响是人类共同关心的问题。工业革命以来的人类活动，尤其是发达国家在工业化过程中大量消耗能源资源，导致大气中温室气体浓度增加，引起全球气候近 50 年来以变暖为主要特征的显著变化，对全球自然生态系统产生了明显影响，对人类社会的生存和发展带来严重挑战。② 拥有 850 多万平方公里国土面积的巴西，无疑也是气候变化的受害者。③

在气候变化领域，巴西常被指责对亚马孙河流域的热点雨林保护不力，因而经常受到来自各个方面的批评。但是，近几年，巴西因大力开发和利用可再生能源而受到了国际社会的褒扬。例如，一个名为"可再生能源世界"的网站认为，巴西使用了大量可再生能源，为世界树立了一个正面的榜样。④

此外，可再生能源的开发和利用还能发挥自身的比较优势，开拓新的经济增长领域，增加就业机会。由此可见，这是一种经济利益不容低估的产业。

从巴西开发和利用可再生能源的实践中，我们可以得出以下几个有益的启示：

第一，政府应该为可再生能源的开发和利用提供一种良好的政策环境。在一定程度上，可再生能源的开发和利用是一种企业行为，但这种行

---

① "Brazil, IAEA Reach Inspection Agreement", January 1, 2005. https://www.armscontrol.org/act/2005_01-02/Brazil.
② 中华人民共和国国务院新闻办公室：《中国应对气候变化的政策与行动》，2008 年 10 月。http://www.gov.cn/zhengce/2008-10/29/content_2615768.htm.
③ 巴西已宣布，至 2025 年，温室气体排放量要比 2005 年减少 37%，至 2030 年要减少 43%。转引自 Viviane Romeiro and Rachel Biderman, "A Closer Look at Brazil's New Climate Plan (INDC)", *World Resources Institute*, September 30, 2015. http://www.wri.org/blog/2015/09/closer-look-brazils-new-climate-plan-indc.
④ Robin Yapp, "Brazil Soars in Clean Energy Rankings", September 28, 2011. http://www.renewableenergyworld.com/articles/print/volume-14/issue-5/solar-energy/brazil-sets-the-pace-in-clean-energy.html.

为必须在政府提供的良好的政策环境中才能产生积极的效果。巴西政府较为成功地创造了这样一种环境。从产业政策的制定到重大工程的上马，从研究经费的拨付到竞争方式的规制，从能源价格的确定到市场的培育，都离不开巴西政府的重要作用。换言之，在开发和利用可再生能源的过程中，巴西政府能较好地处理"看得见的手"与"看不见的手"之间的关系。

第二，在开发可再生能源时应该兼顾各方面的利益。可再生能源的开发和利用有利于控制碳排放，有利于发展循环经济和绿色经济，有利于应对气候变化。但是，政府和企业不能为了实现上述目标而不顾其他影响。

巴西在这方面的教训是深刻的。例如，由于在兴古河建造了贝罗蒙特水电站，水位的上升使一些土著印第安人的生存之地和大片雨林被水库淹没，生态环境也受到很大影响。据报道，在动工之前，环境保护主义者和土著印第安人齐心协力，为阻止这一水电站的开工而采用了多种多样的手段，甚至到联合国总部门前示威，但最终还是无功而返。① 包括新华社在内的国际媒体曾连篇累牍地报道过这一工程引发的非议。

第三，必须重视创新在可再生能源的开发和利用中的重要作用。创新理论的鼻祖熊彼特认为，创新就是建立一种新的生产函数，是把一种从来没有过的关于生产要素和生产条件的"新组合"引入生产体系。新组合包括以下五种情况：采用一种新的产品；采用一种新的生产方法；开辟一个新的市场；发掘原材料或半制成品的新的供给来源；建立新的企业组织形式。② 毫无疑问，这一"新组合"同样适用于可再生能源的开发和利用。巴西在开发和利用乙醇燃料的过程中十分注重创新的作用。而且，这一创新是既包括技术领域的创新，也涉及能源市场体制的创新；既有政府政策的创新，也有消费者消费观念的创新。可以断言，没有创新，就没有巴西的乙醇燃料工业的快速发展。

第四，要整合可再生能源的开发和利用的各个环节。开发可再生能源

---

① 2010年4月20日，贝罗蒙特大坝工程的招标会如期举行。近500名抗议者在巴西国家电力局门前倾倒了三吨粪便。他们说，这些粪便意味着卢拉政府修建贝罗蒙特水电站的决定将遗臭万年。

② 约瑟夫·熊彼特：《经济发展理论》（中文版），何畏等译，商务印书馆1990年版，第73—74页。

的目的是利用。这一过程是复杂的，涉及多个方面的环节。这意味着，除了重视开发以外，还要重视如何更好地利用这一重要环节。例如，为了推广乙醇燃料的使用，汽车制造商必须使用特殊的发动机。又如，为了提高风电的消纳水平，必须解决风电并网的问题，减少"弃风"现象。再如，核电站的运转必须高度关注其安全，确保万无一失，否则会造成极为严重的后果。

四 结语

巴西是能源大国。为了强化能源安全、应对气候变化和推动经济发展，巴西越来越重视可再生能源的开发和利用。巴西地大物博，气候条件良好，农业资源和生物资源极为丰富。这为巴西大力开发可再生能源提供了必要的物质条件。经过数十年的努力，巴西的乙醇燃料生产技术已达到世界领先水平，使用量快速上升，经济效益不断显现。此外，在水力发电、风能、太阳能和核能等领域，巴西取得的成就也是令人瞩目的。

巴西的经验表明，在开发和利用可再生能源的过程中，有必要关注以下几个问题：政府应该为可再生能源的开发和利用提供一种良好的政策环境；在开发可再生能源时应该兼顾各方面的利益；必须重视创新在可再生能源的开发和利用中的重要作用；要整合可再生能源的开发和利用的各个环节。

（江河，中国石油集团经济技术研究院经济师）

墨西哥城与上海的土地改革及政府治理

[墨] 米格尔·伊达尔戈·马丁内斯

蓝博 译

内容提要 20世纪下半叶，中国和墨西哥都进行了土地制度改革，有效地推动了两国政治和社会的发展。本文从土改的角度，分析两个国家的中央政府在地方土地改革中所起的作用及其影响。比较上海和墨西哥城土改效果。上海市实施土地国有制，撤县设区；而墨西哥城则实施土地自治制度。

一 引言

20世纪下半叶起，中墨政府对各自国内的经济发展进行了宏观规划和调控，两国经济发展开始加速。中国通过设立经济特区，多样化和灵活化社会经济形态。墨西哥则通过国有企业来加强对社会的掌控，自上而下推行经济政策。要准确把握两国改革的差异，可以从上海和墨西哥城这两所城市的土改政策变化，以及政府的社会控制力强弱两方面入手。

20世纪90年代初，中国着手改革其国内经济结构，力图延续20世纪70年代末的强势增长。[①] 这一时期，中国改革侧重于加强政府的宏观控制力，政府通过量化宽松政策引导大量资金流向各大城市的基础设施建设。中国政府将上海定为改革的首试点，并号召全国效仿。1993年，上海浦东新区的设立标志着中国新时代土改征程的开启。反观墨西哥，20世纪80

[①] Huang Y., *Capitalism with Chinese Characteristics*, Cambridge University Press, 2008; Huang Y., "What is Wrong with Shanghai?" MIT Sloan School of Management, 2008. Working paper 4700-08 4/4/2008.

年代初后，墨西哥联邦政府的权力逐渐分散，宏观调控能力逐年减弱。[1] 1985 年的大地震摧毁了墨西哥联邦特区，也就是墨西哥城。这个时期的墨城是墨西哥政府改革的标志，地震后满目疮痍的城市将联邦政府推上了风口浪尖，其公共治理能力备受人民质疑。1997 年，联邦特区爆发大规模群众抗议，大量特区土地改革动议涌向联邦政府，不久后，联邦特区政府自治权得到扩大。

上海和墨西哥城都是两国最重要的城市之一。上海是中国四大直辖市之一（其他三个分别是：北京、天津和重庆），所谓直辖，既该座城市直接受中央政府管辖之意。四所直辖市均为中国战略性城市，是国家政策方针试点的桥头堡，20 世纪 90 年代，中国政府在直辖市试点了一系列改革，例如在重庆修建了世界上最大的水坝"三峡大坝"。[2] 墨西哥城是墨西哥的首都，是国家的政治和经济中心。值得一提的是，19 世纪因战争的缘故，其他一些城市也曾担任过墨西哥首都（UNAM, s. f.）。1970 年，一项土地政策将墨西哥城划为独立的联邦行政区，墨西哥政府把墨城细分为若干个独立的"区"。该政策至今沿用。对比两座城市的基本特征，不难看出两者在经济上颇为相似，行政职能上则存在差异，对比核心要素可以看出 20 世纪 90 年代至今，两国的土改对两所城市的影响（见表1）。

表1　　　　　　　　　同时期的上海和墨西哥城

变量	上海	墨西哥城
人口	2415 万（约占中国总人口的 1.75%）	891 万（约占墨西哥总人口的 7.5%）
面积	6340 平方公里（约占 0.07% 的中国领土）	1485 平方公里（约占 0.07% 的墨西哥领土）

---

[1] Espinoza Valle, Víctor, "Centralización y decentralización nacional", *Gaceta mexicana de administración pública estatal y municipal*, 1986, (20 – 21), pp. 25 – 28; Guarneros-Meza, Valeria, "Mexican Urban Governance: How Old and New Institutions Coexist and Interact", *International Journal of Urban and Regional Research*, 2009, 33 (2), pp. 463 – 482.

[2] Goodman D. S. G., "The Campaign to Open up the West: National, Provincial-level and Local Perspective", *The China Quarterly*, 2004, vol. 178, pp. 317 – 334.

续表

变量	上海	墨西哥城
国民生产总值（GDP/RMB）（2005 年数据）	3806 亿美元（约占中国 GDP 的 3.6%）	1431.1 亿美元（约占墨西哥 GDP 的 16.74%）
行政区（2006 年数据）	16 个区	16 个区
主要行政和经济职能	经济改革先锋金融中心	墨西哥首都、经济和金融中心

来源：上海市统计局（2015）；墨西哥国家统计局（2015）；墨西哥国家统计局（2016）。

注：墨西哥比索和中国人民币兑美元换算依据是 2016 年 12 月份的平均汇率，具体如下：1 美元 = 19 比索 = 6.3 元。

中央政府有权对领土实施行政治理，将土地划分为不同的行政区域。各行政区域设立分级政府，分级政府权力和职能的大小由辖区土地面积决定，这就是所谓的"土地管辖权"。这使得分级政府的权力具有不稳定性和灵活性两方面特点，也使得各分级政府想方设法控制辖区内的资源。中央政府对于土地的治理手段，除了划分边界外，还可以变更土地行政属性，例如，将某片区域定为省（州）、经济特区或直辖市/县/区等。

1974 年，墨西哥国家政府把两个直辖区金塔纳罗奥（Quintana Roo）和南下加利福尼亚（Baja California Sur）变更为"州"。墨西哥国家政府的"二次土改"被认为是继 1970 年"联邦土改"后，墨西哥国内最重要的一场改革。同时期，中国则实施决策集中制，中央和地区政府共同推动复杂而漫长的土改。[①] 中国习惯于自上而下进行土地改革，以此实现政治或经济目标。[②] 中国土改最重要的一点是设"区"。"区"一般下设在副省级城市或地级市，两者对辖区资源管理权力不同。总的来说，"区"的权力大小取决于从属城市政府的行政级别。[③] 中国政府认为设"区"是一种有效

[①] 刘君德：《中国政区地理》，科学出版社 1999 年版。

[②] 同上；Cartier C., "Territorial Urbanization and the Party-State in China", *Territory, Politics, Governance*, vol. 3, no. 3, 2015, pp. 294 - 320.

[③] Jae, H. C. & Tao, C. L., "China's City System in Flux: Explaining Post-Mao Administrative Changes", *The China Quarterly*, 2004, no. 180, pp. 945 - 964; Jae, H. C. & Tao, C. L. (eds.), *China's Local Administration. Traditions and Changes in the Sub-national Hierarchy*, Routledge, London, 2010.

的公共治理手段,通过撤销或合并"县"来设"区","区"政府可以独立决策和进行公共管理。"区"是中国民政部审批后设立的,因此,"区"比"县"的行政权力要更大。

接下来,我们将讨论上海(上海行政级别等同于中国的"省")的土地改革,重点讨论中国撤"县"设"区"政策。对比墨西哥联邦特区土改和墨西哥城的建立,具体分析墨西哥土地治理的变化特点。2016 年的土改改变了墨西哥城政府和墨西哥中央政府的权力关系。笔者将总结中墨政府在上海和墨西哥城的土改产生的实际结果。

二 上海:土地国有制

20 世纪 90 年代,上海的土地管理主要由中央政府、市政府、区、县、经济工业开发区之间共同完成。上海虽是直辖市,但其行政权力分散在各区/县。值得指出的是,经济工业开发区是上海市政府土地权力碎片化的主要原因,这类开发区不仅是外资的"特区",同时也是具有地市级别的"行政区"(上海市政府为省级),这类开发区拥有分级政府,自主规划土地和制定公共预算。这个时期,上海市的分级政府大搞基建,且对市政服务型国企管理不善,各区以及各工业开发区分级政府忽视项目工程的实用性,上马了大量"无用"的基础设施项目。1993 年,中央政府合并了浦东区和川沙区,设立浦东新区,改革了上海旧有的土地管理模式。

浦东新区的行政级别为副省级,行政权力高于所有"区"。[①] 中央政府同时将浦东新区细分为 5 个国家级工业开发区,换言之,一座省级城市拥有 5 个副省级"区",它们土地权直接归属中央政府。[②] 浦东新区政府把大面积的农业用地转换为工业或商业发展用地,税收大幅增加,城市建设加速。90 年代,浦东新区成为上海高速发展的引擎。1990 年,当时浦东新区尚未建立,上海市的国内生产总值增速约 3.8%,在中国所有的省、自治区和直辖市中排第 26 位。四年后,也就是设立浦东新区后一年,上

---

① Cartier C., "Territorial Urbanization and the Party-State in China", *Territory, Politics, Governance*, vol. 3, no. 3, 2015, pp. 294–320.
② Ibid.

海市经济增速骤升至14.7%,排名全国第四。① 但是,浦东新区成立十年后,上海的经济增速明显放缓,这让中国政府意识到制订出新的区域土地改革计划势在必行。2007—2009年,即使有筹办世界博览会的刺激,上海市的GDP增速还是从14%降到了8.2%。② 于是,中央政府合并了浦东新区和南汇县。早在2001年,当时浦东新区经济热潮初退之时,中央政府就尝试把上海的南汇县变更为南汇区,计划将南汇区并入浦东新区,让浦东新区的面积扩大到1210平方公里,但是计划落实是在八年后。③ 南汇区拥有辽阔的工、农业用地,无疑会为浦东新区经济增长注入新的能量。2001年,中央又合并了黄浦区和卢湾区;四年后,又合并闸北区和静安区。中国政府不断调整上海市的土地分区格局,着力于撤县设区。2016年,中国民政部批准建立崇明区,上海市的县制历史彻底结束。如今的上海是一个只有区的直辖市。

上海市政府借国有企业之手控制各城区的基础设施建设和公共设施运营。换言之,设"区"从一开始便是上海经济发展规划的重要组成部分。截至2012年,上海市共有约111家主营基建和公共服务的国企,只有6家享政府补贴、贷款优惠、特批土地和国有资产划转,其余的在近几年基本被这6家吞并。其中有两家特别有名:上海城投集团和上海久事集团,它们业务涉及市公共交通、给排水、燃气、供水、供电等。

三 墨西哥城:撤销联邦特区

以墨西哥城为代表的拉美的超大城市,往往集中了本国绝大部分的人口和经济,大多数都缺乏城市规划,治理方式严重碎片化。以墨西哥城为例,由于墨西哥中央政府对经济缺乏宏观调控能力,墨西哥城的经济增长与城市管理严重脱节。1970年,墨西哥联邦政府规划了现在的墨西哥城的土地格局,即把墨城分为16个"区"。70年代,墨西哥城也被称为"联邦特区",由联邦政府直接管辖,与墨国内其余31个省相比,联邦特区拥

---

① 上海统计局:《上海统计年鉴2015年》,中国统计局出版社2015年版。
② 同上。
③ 杨扬:《国务院已批复浦东扩区申请 同意撤除南汇区》,2009年,新民网,http://sh.xinmin.cn/shizheng/2009/05/06/1916337.html。

有更高的行政权力来制定公共预算和管理城市资源。墨西哥联邦政府掌管着联邦特区的人事任命、行政组织和公共预算。换言之，墨西哥城大小事宜完全听命于总统和内阁。市政工程和公共服务项目必须先取得国家政府批准后方能实施。到了80年代，联邦特区改革引发了墨西哥国内的广泛争论，墨国内不断尝试拆分中央政府的土地权力。

八九十年代期间，墨国政府将特区管理权逐步让渡给联邦特区政府（即墨西哥城市政府）。1988年，"特区议会"成立，行使特区的立法权力。五年后，该机构又获得了特区税收和公共预算的管理权。1997年，联邦特区通过一系列改革完全逆转了与联邦政府的权力关系，从这时起，联邦特区政府拆分了国家政府对特区的管理权，联邦特区脱离了联邦政府的控制。改革让联邦特区的市民拥有了特区政府选举权，2000年后，特区市民开始投票选举各分区政府。之后，墨西哥社会各界对联邦特区的改革进行了深入的探讨。2016年，联邦国家政府通过了新一轮改革方案，再次改变了其与联邦特区政府的权力关系。

2016年1月29日，墨西哥联邦政府通过了一项新的政治改革方案，取消"联邦特区"改设"墨西哥城"市，同时把墨西哥城法定为国家首都。这项改革方案把墨西哥首都构想为一个"享有自治权，且具有完全内部机制、权力以及行政组织的联邦实体"，换言之，彻底改革了首都的区域性政权关系，使其变为墨西哥国内一个独立的省份。2016年1月31日通过了《墨西哥城基本法》，从司法的角度定义了墨西哥城。墨西哥城土地管理的改革改变了区域内资源的管理权力关系，国家政府将征税权以及税收的使用权全部让渡给了市政府。《墨西哥城宪法》规定："国家联邦法不得限制墨西哥城征收涉及不动产方面税收的权力：房产税、分割税、分配税、巩固税、转让税和修缮税，以及基础设施用地和公共服务用地增值税。"墨西哥城土地改革最重要之处在于废除了"旧区"和建立了市政府。从城市自治权的角度来看，墨城改革后设立的"新区"近似于中国城市里的"区"：两者都从法律上规定了设立市长一职，市长有权依据《城市基本法》施政，市长的权力受制于市政府，前者的决策必须经过后者的审议。墨西哥城政府成立了"城市发展委员会"，其作用是协助市长制定和规划城市开发、交通、环保、安全、运输方面的方案。该委员会其实在联邦特区时代就已存在，但当时因受到掣肘没有获得合法地位。

改革后的墨西哥城政府获得了很大的自治权,但受到联邦政府的监管,特别在城市立法议会人员组成上,有明文规定:墨西哥国家联邦政府有权任命40%的城市立法会人选,各分区首长没有独立的司法地位,以及任何决策都需经过市政府的批准等。墨西哥城市政府有别于一般的市政府,它的土地权力更大。包括墨西哥城在内所有省,都受墨西哥国家政府监管。未来,墨城还会不断调整各"区"边界来均衡土地资源。现在的墨城一部分区的面积偏大,而人口密度偏低,一部分区域面积太小,而人口密度过高,让人非常头疼。[1]

四 结论

鉴于土改是一种有效的区域管理策略,中国政府和墨西哥政府都通过土地改革重新规划了上海和墨西哥城的城市格局。上海通过撤县设区,赋予城市各分区更大的自治权;而墨西哥城则相反,不断加强墨西哥城市政府的自治权,但是国家政府保留对市政府的间接控制权。

对比了两个城市的土地改革,上海受国家政府直辖,即中央直接管辖上海市政府,而上海市政府直接管辖各个分区。而墨西哥城相对复杂,联邦政府通过控制立法议会对城市间接管辖。上海市政府对于城市发展规划的决策和执行更为高效,而墨西哥城政府虽然有自治权,但因中央间接掌握立法议会,城市发展委员在执行市政府决策时束手束脚(见表2)。

表2　　　　　　　　　上海和墨西哥城土地改革

分析变量	上海	墨西哥城
权力关系	中央政府对市直接管辖 市政府对分区直接管辖	联邦政府对市间接管辖 市政府对区长直接管理

---

[1] Sánchez, José Omar, "Las carencias de la reforma política de la Ciudad de México. *Horizontal*", 2016. http://horizontal.mx/las-carencias-de-la-reforma-politica-de-la-ciudad-de-mexico/.

续表

分析变量	上海	墨西哥城
行政变化	撤县设区	撤旧区设新区
优势	高效协调公共政策和公共服务管理	联邦政府和市政府权力平衡
劣势	权力高度集中	各区之间缺乏协调和规划

两国土改政策的制定到实施效率截然不同。中国政府只用了不到15年的时间就完成了上海土地的规划；而墨西哥花费了近30年的时间，仍无法完成对墨西哥城的土地改革。中国民政部只需根据国务院的政治和经济总体计划制定地方土地政策，各地方遵照执行。但墨西哥土地政策的出台，则需要联邦政府花费很长的时间与地方政府协商。上海市各区的布局的基础是保持城市经济快速增长和高效的公共服务。墨西哥城的布局基础是联邦政府、市政府、区政府角力妥协的结果。土地权力的对比结果显而易见，中国政府的决策更加灵活，善于结合经济和社会环境进行灵活调整。而墨西哥则仍延续着一种分权不充分的改革型体制。

（米格尔·伊达尔戈·马丁内斯，西交利物浦大学讲师，江苏师范大学伊比利亚美洲研究中心特约研究员）

构建中拉命运共同体的文化支柱

——以乌拉圭为例探析拉美文化特性

李 菡 韩 晗

内容提要 乌拉圭文化是由西班牙文化为主体、融合黑人文化和印第安文化而成。它兼具港口与草原两种地域文化特点，保持浓厚的家庭观。作为拉美文化的组成部分，它充分折射该地区整体文化的形成和发展特点。拉美文化源于多种文化快速、强烈、持久混合的历史进程。相较于其他混合文化，它是以移植文化为主导，存在权力不对等的关系，并且具有较强接受外来文化的传统。拉美文化的混合特性与中国文化的"兼容并蓄"传统相通。两者都具有注重家庭、弘扬民族自豪感的传统价值观，具有重和谐抑争斗的相似思想内核。中拉文化虽有契合之处，但是双方在制度属性、价值观念等方面的差异日益突出。探求当今时代背景下中拉两种异质文化的交流互鉴、互补共生的路径和在世界文明中的独特价值，有助于超越西方传统文明模式，开辟两者的文化空间，从而奠定构建中拉命运共同体的基础。

"人类命运共同体"是党的十八大以来，习近平主席向世界传递的对人类文明走向的中国判断。这一超越民族国家和意识形态的"国际观"，表达了中国顺应各国相互依存大势，致力中外良性互动，追求和平发展的愿望。习近平提出的"命运共同体"思想是以强调和尊重世界的多样性、差异性为基础，主张以"异中求同"的方式寻求"共同发展"与"和平发展"。

拉美是中国构建命运共同体的重要伙伴。2014年7月17日，习近平在巴西利亚与拉美及加勒比地区国家领导人举行会晤，决定建立平等互利、共同发展的中拉全面合作伙伴关系，向着构建中拉命运共同体迈出重要一步。

文化是构建中拉命运共同体的重要支柱。中国与拉美相距遥远，身处不同的社会环境，从事不同的经济活动，存在政治体制的巨大差异，具有差异性的利益诉求，普遍拥有文化的多元性与差异性。21世纪以来，日趋紧密的中拉经济合作推动双方形成了经济利益相融、相互依存的关系。然而，这还不足以使双方构建坚实的"命运共同体"。共同体的维系在于一种认同，一种基于"我们的"情感联系，[1] 能够在国家之间产生"我们感（We-ness）"，使国家间出现一种共享的身份认同。[2] 深化双方的情感联结是构建中拉命运共同体面临的重大而深刻的挑战。文化作为增进双方相互理解和亲近感的有效通道，是中拉命运共同体建构情感纽带和身份认同的基点。本文通过研究乌拉圭文化，分析和揭示拉美文化的本质特征，找到中拉两种文化理念的契合之处，进而以这种相合、共享的人文价值观成为构建中拉命运共同体的核心要素。

一 乌拉圭文化特性

从1828年独立至今的200多年间，乌拉圭在其独特的历史发展进程中形成了一个充满活力的开放文化系统。在19世纪初独立后，大批欧洲移民涌入，成为国家人口的重要组成部分。巴西人类学家达西·里贝罗（Darcy Ribeiro）指出，按照拉美国家历史文化的形成过程分类，乌拉圭可以归类为一个"移植"国家。[3] 19世纪以来，乌拉圭经历了由传统的农业文明向现代工业文明的转变。在此期间，乌拉圭的文化发展过程经历从"野蛮"到"文明"的转变。乌拉圭历史学家何塞·佩德罗·巴兰（José

---

[1] Karl W. Deutsch, Sidney A. Burrell eds., *Political Community and North Atlantic Area: International Organization in the Light of Historical Experience*, Princeton University Press, 1957, p. 121.

[2] Emanuel Adler and Michael Barnett, eds., *Security Communities*, Cambridge: Cambridge University Press, 1998, pp. 38–48.

[3] Darcy Ribeiro, *Las Américas y la civilización*, Buenos Aires, Centro Editor de América Latina, 1985, p. 75.

Pedro Barrán）在其著作《乌拉圭的情感史》（*Historia de la Sensibilidaden el Uruguay*）中，把"情感"作为一个被不同社会群体所共同接受和理解的因素和"生命体验"，构建一个时代的心态史，阐述了乌拉圭文化从"野蛮"到"自律"的发展过程。在这个过程中，被欧洲人视为"闲散""暴力"和"放纵"的野蛮特质逐渐转变为"勤劳""民主"和"节制"的文明特质。[①] 从19世纪下半叶开始，乌拉圭在国家建设中汲取了西方资产阶级的历史进化论和民主、自由、平等思想，以及共和国方案，效法美国独立和法国革命的道路。20世纪以来，乌拉圭从消极被动的文化选择转向积极主动的文化交流，乌拉圭文化越来越具有强烈的民族感情。

（一）从文化的民族构成来看，乌拉圭文化是在整合欧洲白人移民基础之上形成的"白人文化"，同时融合丰富的印第安人和黑人因素

乌拉圭本土文化起源于印第安文化。先西班牙殖民时期，乌拉圭印第安人主要包括三个印第安族群：大民族（macroétnia）查鲁阿（Charrúa），包括齐努阿（Guinuanes）与博安族（Bohanes）；其次为查纳埃族（Chanáes），属大民族查纳—汀布族（Chaná-Timbú）（其居民主要聚居于 Litoral-Mesopotamia）的一支；此外还包括了一小部分瓜拉尼族人（Guaraníes）。[②] 主要族群查鲁阿族属公元前9000—前8000年以狩猎和采集为主的一个部落，位于东部乌拉圭河及黑河沿岸、直到蒙特维的亚湾地区。他们擅石刻、木刻及使用弓箭等技术，在集体生活中逐步形成了复杂密集的社会关系。主要的印第安族群克诺阿人和米努安族聚居于乌拉圭北部、中部及东部地区。他们的农业、科技水平不及安第斯山脉及墨西哥山谷地区的印第安部落，园艺水平也落后于瓜拉尼人。

自1528年殖民者同印第安部落首次发生冲突，到1831年4月11日大举击败印第安族群共同组成的进攻，加之在瓜拉尼人众多地区执行被称为"印第安人"的基督教计划，让无数印第安人皈依天主教。这在一定程度上虽为乌拉圭保存了印第安血统，但却并未完整保留文化传统。乌拉圭印

---

① José Pedro Barrán, *Historia de la Sensibilidad en el Uruguay*, Tomo 1: La Cultura "Barbara": *1800 - 1860*, Montevideo: Ediciones de la Banda Oriental, 1992.

② Susana Rodríguez, Rodolfo González, *En Busca de los Orígenes Perdidos: Los Guaraníes en la Construcción del Ser Uruguayo*, Grupo Editorial Planeta, 1 edición, diciembre de 2010, Montevideo, pp. 193 - 195.

第安居民的居住、人口及生活习俗发生了巨大改变，虽原住民因人口的骤减而缺失，但印第安文化传统与欧洲文化相互交织，相互影响。

独立后，乌拉圭在国家历史发展进程中大量吸引欧洲移民，被称为"从船上过来的"民族。19世纪和20世纪初，乌拉圭的国家人口从不足7万增至约100万，50%—60%的人口都是外国移民。主要是来自西班牙、法国、意大利等国的欧洲移民，国家通过免费公共教育、统一语言、宗教自由和政治自由等政策淡化移民之间的差异从而形成民族身份，以吸纳和培养公民为主要内容。在19世纪和20世纪上半期，国家一直强调文化的同质性，即欧洲文化占据绝对主导地位，印第安文化和黑人文化作为少数族群文化处于边缘化地位。20世纪以来，乌拉圭文化的多元化进程加速发展。20世纪末人类学研究表明，乌拉圭的混血人群远比人们想象的多。

除了欧洲白人，另一个对乌拉圭具有重要影响的外来移民群体是非洲裔乌拉圭人。他们在殖民时期因黑奴贸易漂洋而来，并逐渐在此定居。黑人自来到乌拉圭地区以来，曾长期在社会体系中处于边缘地位：曾有法令禁止在公共场合进行黑人文化的各种活动，尤其是狂欢活动。黑人文化对乌拉圭的影响伴随着奴隶制废除及黑人权利的逐渐恢复而日益显现。黑人文化在艺术和文学领域都占有一席之地。黑人歌舞形式坎东贝（Candombe）是一项所有乌拉圭人引以为豪的舞蹈艺术，是黑人奴隶在脱离非洲主体文化并失去社会基本生存地位时，诉求基本权利，对抗受压迫时鲜活的文化精神载体。[1] 20世纪，乌拉圭产生了五位杰出的黑人诗人，其诗歌与思想因其对黑人群体及乌拉圭诗歌的贡献而备受瞩目，成为当时国家文学代表作之一。[2]

（二）从地域文化而言，乌拉圭具有港口和草原两种文化特征

乌拉圭位于南美大陆东南部，北部和东北部与巴西接壤，西部与阿根廷相邻。东部和东南部为大西洋，南部为拉普拉塔河。首都蒙得维的亚是

---

[1] Mariana Tenenbaum Hughes, *Desarrollo humano de minorías culturales en Uruguay: una mirada de los afrodescendientes y los judíos desde las libertades culturales. las X Jornadas de Investigación de la Facultad de Ciencias Sociales*, UdelaR, Montevideo, 13 – 14 de setiembre de 2011, pp. 33 – 35.

[2] Nicole Roberts, "Añoranzas negras: la poesía negra uruguaya del siglo XX", en *Política y Cultura*, núm22, enero de 2004, pp. 184 – 185.

全国最大的海港，全国有近一半人口居住在这里，它是全国的政治、经济和文化中心，也是世界少有的海滨首都。以首都为代表的港口文化反映了国家文化的开放特点。这种港口文化与中国上海的海派文化颇有相似之处。

这两个城市都位于入海口处，分别是拉普拉塔河和长江的归结处，也是西方文明登陆本国的汇集地。蒙得维的亚位于拉普拉塔河口。这条以"白银"命名的大河融汇了来自巴西高原的巴拉那河和其他河流的丰富水量，流向浩瀚的大西洋。15世纪，当西方殖民者在拉丁美洲大肆拓展、寻求黄金白银时，蒙得维的亚正是西方殖民者在拉普拉塔河口建立的一个居民点。他们从这里深入内陆，书写了一部残酷的殖民史，以复杂的方式将这片土地与世界连成一体。上海就像蒙得维的亚一样，它位于长江流入太平洋的出海口黄浦江边。港口把上海与西方侵华史联系在一起，使这座城市曾被称为"冒险家的乐园"；港口也使上海在中国最早成为国际化都市，并催生了独特的"海派文化"。这两座城市虽位于地球的两端，却有着相似的历史和地理特征。他们都是内陆文明和外来文明交流的枢纽，形成了自己独特的文化特点。

同时，乌拉圭文化也是一种典型的"草原文化"。它素有"天然草原"之称，南部地区为平原，是阿根廷潘帕斯草原的延伸。从1603年西班牙殖民者引进牛和马放养在这片空旷的草原时，乌拉圭的经济发展史便由此开始。皮革、羊毛、肉类的大量出口使乌拉圭成为拉美著名的农牧业国家。生活在草原地区的高乔人是乌拉圭国家文化的象征之一。高乔人并不是个单一民族的名称，而是对拉普拉塔河两岸草原地区生活的混血人群的统称。他们最早产生于18世纪东岸联邦。高乔人是南锥体地区的象征，尤其是阿根廷和乌拉圭。他们善骑术，直到19世纪末期依旧保持着半游牧生活。草原是乌拉圭人的生存之本，这种生产方式建构的文化形态早已化为国家文化内蕴。当人类历史发展进入工业文明三百年后，崇尚人类"统治自然"和"战胜自然"的传统工业文明价值理念使人类面临日益加深的生态危机。然而，在乌拉圭，人们既要发展畜牧业又要保护草场，这种对自然的索取与依赖更多地体现乌拉圭人对自然的敬畏和对生命的关怀，而非贪婪地攫取和肆意地破坏。

(三) 乌拉圭国人保持浓厚的家庭观念

乌拉圭是一个重视家庭关系和朋友关系的国度。他们对马黛茶的热爱不仅是个人内在情感的表达，也是人与人之间建立关系和维系情感的纽带。马黛茶文化源远流长，与中国茶的悠久历史有着近似的历程[①]。在乌拉圭，被联合国教科文组织列入世界非物质文化遗产名录的马黛茶已超越了一般饮品，更多地承载了印第安人、高乔人以及乌拉圭的历史与文化内涵。

马黛茶最早由南美地区的印第安人引入人类饮食体系。如今，它是大多数乌拉圭人生活中的一部分。无论乡村城市、平民百姓或是政府官员，手拿马黛茶杯，杯中放满马黛茶叶，使用金属吸管饮用由开水冲泡的马黛茶，这几乎成为乌拉圭文化的象征。这种不分地点、时间、身份的饮茶文化体现着一种自下而上的传播方式。相较于英国和日本那种由皇室贵族阶层向普通大众传播的茶文化，乌拉圭的茶文化更是流露出朴素随和的国民性格。这一点与中国茶文化颇为相似。中国百姓生活中历来就有"客来敬茶"的习惯，这充分反映出中华民族的文明和礼貌。乌拉圭人今天饮用马黛茶的习惯强调"彼此共享"，是在朋友、家人或亲密同事间共饮一杯马黛茶，甚至共用一根银质吸管。他们会客时也以热水冲泡的马黛茶招待客人，水温还被用以表达主人对客人的热情程度。而看似"不太卫生"的共饮习惯，则是乌拉圭社会关系中注重家庭生活及友情的体现。按照乌拉圭人自己的话说，"喝马黛茶是乌拉圭人聚会聊天的理由"。这种喝茶氛围和睦友好、平和轻快，与中国文化的把酒言欢颇有共通之处。

二 拉美文化的基本特性

我们难以用特定的文化模式解释拉美。如果拉美作为具有文化意义的

[①] 从广义上讲，中国茶文化分茶的自然科学和茶的人文科学两方面，是指人类社会历史实践过程中所创造的与茶有关的物质财富和精神财富的总和。从狭义上讲，着重于茶的人文科学，主要指茶对精神和社会的功能，强调茶文化偏重于人文科学。中国关于茶的记述最早可追溯到东汉华佗《食经》中："苦荼久食，益意思"的记录，首次言明了茶的医学价值。此外根据陆羽《茶经》推论，我国发现茶树和利用茶叶迄今已有4700多年的历史。

概念，是因为其内在属性继承了西班牙文化。但是墨西哥和秘鲁等国则深受印第安文化的影响，阿根廷、乌拉圭则相对受到欧洲移民的影响。[1] 但是，乌拉圭文化充分折射出拉美文化的共通特性，即混合性、开放性、注重家庭、弘扬民族自豪感的传统价值观和重视环境与宽容的自我价值取向。

如果从文化构成的角度去分析拉美文化特性，那么"同一性"与"多样性""自我特性"与"变动性"是界定拉美文化的主要方式。[2] 具有代表性的是墨西哥学者内斯托尔·加西亚·康科利尼（Néstor García Canclini）用混合文化的概念描述拉美。他在其著作《文化混合——进入与离开现代性的策略》指出，拉美国家正处在传统与现代的混合阶段，两者之间不是按照进化主义的逻辑演变，不是二元对立。拉美既非现代亦非传统，是本土文化不断吸收外来文化的文化混杂形态。

然而，任何一种文化都有本土文化与外来文化、传统文化与现代文化复合的特质。后殖民主义理论家萨义德强调了文化混杂性的普遍存在，他认为：所有的文化都交织在一起，没有一种是单一的、单纯的。所有的都是混合的、多样的、极端不相同的。[3] 英国马修斯·阿诺德者（Matthew Arnold）在19世纪60年代指出英国文化是多种文化混合的观点。[4] 西班牙文化也是基督文化、犹太文化和伊斯兰文化的相遇混合。

既然文化混杂相互渗透是一种全球现象，因此，我们需要把拉美混合文化视为一个动态过程，通过它混合的境况、反应及其结果和价值观这三个维度，区别于其他地区的混合文化。

（一）它是一种建立在宗教混合、人种混合基础之上的文化混合，混合的动力更为持久和强劲

从混合的境况来看，拉美文化的产生就是以移植文化为主导，并且存

---

[1] Inglehart Ronald, Marita Carballo, "Does Latin America Exist? (And Is There a Confucian Culture?): A Global Analysis of Cross-Cultural Differences", in *Political Science and Politics*, vol. 30, no. 1, 1997, pp. 34–47.

[2] Walter Bruno Berg, Vittoria Borsò (eds.), *Unidad y Pluralidad de la Cultura Latinoamericana: Géneros, Identidades y Medios*, Iberoamericana Editorial Vervuert, S. L., 2006, p. 10.

[3] Ibid.

[4] Néstor García Canclini, *Culturas híbridas: estrategias para entrar y salir de la modernidad*, Editorial Sudamericana, 1992, pp. 13–19.

在权力不对等的关系。它是快速、强烈和持久的混杂过程。原先单一土著印第安文明发展进程转变为由欧洲人主导的多种族混合的社会文化发展过程，其中非洲黑人的社会文化要素已成为新大陆的有机组成部分。①

西班牙文化通过殖民者的强势输入打破了本土印第安文化的发展根基。征服之初，欧洲文化与美洲土著文化之间发生了剧烈的碰撞和冲突，造成了两者最早的接触点——加勒比海各岛屿土著人的灭绝，同时基本上消灭了中部美洲和南美洲安第斯山地区的印第安人文明的智囊部分。另外，为了反抗强加的欧洲—基督教文化，各地的印第安人也多次自发地举行起义，或采取其他的斗争形式。②

在宗教方面，西方传教士在殖民时期通过武力将天主教强加给印第安人，天主教成为拉美文化体系的核心。天主教教会对于拉丁美洲同一性的诞生起过绝对性的作用，如用强制手段使本地居民信教、摧毁本地的文化表征（法典、庙宇、教学机构）。这两个世界的遭遇战的第一步是入侵者以新的万能宗教的名义将本地文化"斩首"。教会作为征服者的精神武器，为当地上层人士设计了一套教育和福音传教的严密制度，使之与新的占支配地位的文化结合起来。③ 如今，拉美信奉天主教人数约4亿，居全球之首。巴西的宗教翁班达教（Umbanda）、海地的伏都教（Voodoo）和古巴的萨泰里阿教（Santería）是西方信奉的神灵与天主教圣灵数世纪相互融合的结果。④ 与亚洲和非洲地区相比较，西方宗教对这些地区的影响力远不及拉美。在中国，中西文化在明末时期全面碰撞时，以利玛窦为代表的西方传教士摒弃欧洲中心主义立场，更多地接受了中国文化，避免与中国传统文化发生冲突。在非洲，虽然西方宗教的大规模传教活动也是殖民主义的产物，但是传统宗教仍保持一定的地位，人们即使信奉基督教，也不一

---

① 萨义德：《文化与帝国主义》，李琨译，生活·读书·新知三联书店2003年版，第22页。
② Robert Knox, *The Races of Men: A Philosophical Enquiry into the Influence of Race over the Destinies of Nations*, London: Renshaw, 1986, p. 17.
③ 刘文龙：《全球化、民族主义与拉丁美洲思想文化》，上海辞书出版社2013年版，第37页。
④ 同上书，第29页。

定完全抛弃传统信仰。①

在人口方面，拉美是世界上最典型的种族融合的大陆，主要有白人、黑人、印第安人、印欧混血、黑白混血。除了西班牙和葡萄牙后裔外，拉美还吸引了意大利、英国、德国等欧洲移民。而日本的生活和行为方式虽已完全西化，但是保持了所谓日本"万世一系"的日本人的"纯血统"，成为一种从神话时代一直延续至今的历史文化传统。日本一直试图在"混合文化"的外表下保留了"纯粹的"日本文化。②

（二）通过广泛接受外来文化形成拉美文化的开放性

从混合的反应来看，拉美具有较强接受外来文化的传统。面对外来文化的"入侵"或"输入"，本土文化对这种文化相遇产生的回应有接受、拒斥、隔离和改造。③ 拉美文化的混合特性在于，本土文化与外来文化的交流更多持以接受和改造，而非拒斥和隔离。虽然在殖民早期，印欧文化产生了短暂的冲突和对抗，但是拉美文化的发展并没有走向根除现有文化中的外来成分，产生文化净化的极端回应。纵观拉美殖民史和独立后现代化道路的探索，这片大陆不断从西方移植思想文化。19世纪，欧洲的生活时尚、浪漫主义、古典自由主义、实证主义，20世纪美国的大众流行文化和新自由主义思想不断地输入新大陆，通过解构和建构双重运动改造成适合当地发展的内容和形式。与此相比，中国、印度、日本以及伊斯兰国家面对全球西方化的潮流，在自身文化内部保持本土文化要素和文明架构的独立性，对全盘西化予以抵抗与隔离。比如晚清的中学为体，西学为用。日本吸收了英国的议会制，德国的大学教育体系和美国的物质文化，但仍保持了代表这个国家的精神文化结构——天皇制。伊斯兰国家坚信自身文化的优越性，排拒西方文化，文化抗争与冲突早已是国际重要议题。拉美对欧洲和美国的文化影响是接受，但文化相互渗透仍不乏张力与调和。这又促使拉美知识精英期望重新发现自身传统，改造其接受的外来文化，发展本土文化，促成文化交流的循环。

拉美这种剧烈、快速、不对等、不寻常的混合化产生的结果是失去本

---

① 欧文·拉兹洛编：《多种文化的星球》，戴侃、辛未译，社会科学文献出版社2001年版，第172页。
② Peter Burke, *Cultural Hybridity*, Polity Press, Cambridge, 2009, p. 103.
③ 王逸舟：《当代国际政治析论》，上海人民出版社1995年版，第118页。

土传统文化之根。美洲的高级文明核心却遭受了灭顶之灾，以致其残存至今的后代还不能准确地追溯其祖先辉煌的过去。结果，现今的印第安文化与 16 世纪之前的土著文明之间存在巨大的差异，其唯一的选择就是继续按照欧洲化的方向演进，结果现代的土著居民在新的民族—种族的框架内成长起来。① 印第安文化沦为非主流文化，试图对主流白人文化进行创造性重构，渗透自身的理念与诉求，由此逐步获取文化上的平等权利。一个以移民文化为主导的大陆至今尚未建构出一种共同文化，形成身份认同。因此，拉美文化不是多种文化的简单混合，是一系列拆散、重建、新构的动态过程。它具有"多时空的异质性"特点，即印第安文化、殖民文化和后殖民文化的积淀共同作用于拉美社会。② 拉美文化在同一性和多样性的过程中渗透、混杂和流变，在追随西方和寻求印第安文化根基之间徘徊，具有不稳定性和不确定性。

（三）拉美混合文化虽然是一个动态过程，但是在混合化过程中塑造了注重家庭、弘扬民族自豪感的传统价值观和重视环境与宽容的自我价值表达取向

根据"世界价值观调查"组织自 20 世纪 80 年代公布的拉美公众价值观的数据，大部分拉美国家一直处在传统价值观和自我价值表达取向这两个维度。由表 1 的数据可以看出，拉美在与传统价值观维度相关的一系列价值观方面得分较高。这些价值观包括传统的家庭观、教导孩子服从、让父母感到荣耀为奋斗目标、遵从权威、宗教非常重要、强烈的民族自豪感、愿意为国家而战。在拉美九国中，阿根廷和乌拉圭受欧洲文化影响最深，在现代化过程中进行了世俗化改革，宗教对两国的重要性相对较低。墨西哥和厄瓜多尔两国的调查结果均高于平均水平，是拉美相对最传统的国家，更加重视宗教、亲子关系、权威顺从以及传统家庭价值。自我表达价值观高度重视主观幸福感、环境保护、参与决策、对异质群体的宽容（包括少数民族、外国人、同性恋）以及性别平等。表 2 显示出，拉美国家整体幸福感高，注重环境，参与政治生活的决策需求不断增加、尊重多

---

① Peter Burke, *Cultural Hybridity*, Polity Press, Cambridge, 2009, p. 79.
② 刘文龙：《全球化、民族主义与拉丁美洲思想文化》，上海辞书出版社 2013 年版，第 60 页。

元文化和男女权利平等。相较于其他国家,乌拉圭、巴西和阿根廷对外来文化更加宽容。海地因其政治经济发展较为落后,向自我表达价值观转变的程度不及拉美其他国家。

表1 世界价值观调查第六波中拉美九国受调查者传统价值观维度选择比例　　　　　　单位:%

国家	家庭非常重要	教导孩子服从非常重要	宗教非常重要	遵从权威	为自己的国籍非常自豪	以父母荣耀为自己的主要奋斗目标	愿意为国家而战
阿根廷	88.9	35.3	24.1	55.3	48.6	28.8	42.8
巴西	87.4	51.5	51.5	76.4	34.2	46.3	46.8
智利	91.7	45.8	23.8	56.9	49.1	32.3	41.3
哥伦比亚	85.1	66.4	58.9	83.3	80	40.8	71
厄瓜多尔	98.6	59.7	67.1	83.5	91.2	77.4	66.7
海地	71.4	84.3	28	90.4	49.3	57	15.8
墨西哥	97.6	54.6	58.4	82.7	84	50.3	71.8
秘鲁	85.3	52.3	49.9	71.6	62.2	43	57.2
乌拉圭	88.7	51.6	20.3	66.2	50.4	16.2	49.4
平均数值	87.8	51.6	40.2	72.2	57.9	45.7	51.2

数据来源：http://www.worldvaluessurvey.org。

表2 世界价值观调查第六波中拉美九国受调查者自我表达价值观维度选择比例　　　　　　单位:%

国家	主观幸福感（包括幸福和非常幸福）	保护环境优先于经济增长	近期参与的一次政治行动:签请愿书	近期参与的一次政治行动:和平游行	不愿与外国人做邻居	不愿与同性恋做邻居	当工作机会少时,男性比女性有更大的就业权利
阿根廷	86.4	54.2	53.5	50.8	2.8	11.0	15
巴西	92	60.3	28.3	37.5	2.6	11.1	16.8

续表

国家	主观幸福感（包括幸福和非常幸福）	保护环境优先于经济增长	近期参与的一次政治行动：签请愿书	近期参与的一次政治行动：和平游行	不愿与外国人做邻居	不愿与同性恋做邻居	当工作机会少时，男性比女性有更大的就业权利
智利	84.5	66.7	42.1	23.4	7.6	25.7	17.6
哥伦比亚	91.5	67	40.3	27.4	4.7	34.6	22.4
厄瓜多尔	93	61.2	35.0	32.6	34.6	38.8	21.7
海地	83.5	3.8	9.0	2.9	1.5	74.0	38.7
墨西哥	94.3	62.8	30.0	30.6	11.6	23.2	16.8
秘鲁	76	62.9	33.5	29.5	10.7	44.3	17.6
乌拉圭	86	64.2	40.3	24.6	1.7	9.6	26.2
平均数值	87.9	53.1	35	25.6	8.3	33.0	22.2

数据来源：http://www.worldvaluessurvey.org。

三 中拉文化的共性

中国文化和拉美文化虽然有各自独特的发展过程，但是双方都在一方面继承传统文化遗产，向现代文化转型；另一方面，力图在文化全球化进程中保持本土文化的特性。面对来自西方强势文化的冲击，它们都处在相对弱势的阶段，忽视两者之间相互吸收借鉴的重大意义。实际上，中国文化的兼容并蓄、家国一体和仁爱和平思想，与拉美文化具有的混合性、重视家庭和民族自豪感、注重人文精神与自然和谐相处的理念相似。

第一，中国文化具有兼容并蓄的优良传统，与拉美文化与生俱来的混合特性是相通的。中国文化在五六千年的发展历程中不断吸收各民族、各国家、各地域文化。一方面，华夏文明的形成就汇集了中原、齐鲁、荆楚、吴越、巴蜀等不同的地域文化；另一方面，中国文化的进程受到两次重大的外来文化影响，即印度佛教文化和西方文化。在这漫长的过程中，

拉美国情研究

中国文化绵延数千年没有消失，至今仍保持着强大生命力，很大程度在于中国文化极强的包容性与融合力。中国文化在公元 1 世纪与印度佛教文化的相遇是通过和平方式实现两种不同文化的共存，未发生战争或武力冲突。16 世纪末西方基督教文化的传入、19 世纪中叶的"中体西用"以及五四运动后马克思主义、实用主义与科学主义等西学与中国传统文化之争，促使中国文化在近 100 多年以来经历重大转型。汤一介认为，当代中国文化发展阶段似乎正处在如南北朝至隋唐之间印度佛教对中国文化冲击的第二阶段向第三阶段转化之初，即由两种文化的矛盾冲突阶段向本土文化开始消化外来文化的第三阶段。在这第三阶段，中国文化的发展将会走出"中西古今"之争，而进入全面、深入地吸收、融合西方文化的时期。[①] 由此可见，中国文化的发展是以本位文化为基础，将西方文化有机纳入，促进本位文化的开拓和自我更新。

拉美形成多元文化集萃的局面是伴随着殖民时代的开启和欧洲文明的入侵，通过冲突和战争带来的文化相遇中断了印第安文化的发展根基，失去了本土文化的传统，造成拉美文化朝着欧洲化的方向演进。独立后的拉美国家通过一系列革命期望摆脱与宗主国的依附关系，这时期产生了"解放"思想，包括解放神学和解放教育学等，体现了拉美希望从西方文化的霸权中解放自己，重新建构自身文化，恢复前殖民的文化传统。拉美国家在 20 世纪 80 年代纷纷确立民主体制，发展新自由主义经济政策，民主和人权的理念深入人心。中拉两种文化的共性在于，都面临西方文化的单向流动，在历史的不同阶段不断被融合成为自身文化的有机组成部分，没有自觉主动输出自身文化的内在精神价值。两者的差异在于，中国文化保持了传统文化的延续性，遭受西方文化冲击的强烈程度和持续度远不如拉美。中国文化因其文化体量的庞大和具有的强大惯性，在传统与现代、本土与外来文化融合转型的过程中难以一蹴而成。拉美的本土原住民文化较为薄弱，对西方文化的吸收毫无保留，从而移植于西方文化并构成发展的核心，形成自身独特的杂糅文化。

第二，中拉文化都强调家庭、集体和民族，不同于西方文化推崇的个

---

① Marwan Kraidy, *Hybridity, Or the Cultural Logic of Globalization*, Temple University Press, Philadelphia PA, 2005, p. 62.

人主义价值观。

"家"在中国和拉美的文化中都是一个重要的概念。梁启超在《新大陆游记》中就提出："吾国社会之组织，以家族为单位，不以个人为单位；所谓齐家而后治国也。"① 家庭是中国传统社会的核心单位，个人的身份与价值通过家族体现出来。儒家文化中的"修身齐家治国平天下"，体现追求个人、家庭、国家的内在统一的价值认同情怀。同时，中国文化强调家国同构，以家庭伦理组织社会，注重"家和万事兴"。国家在内部构造机理上与家庭具有同质性，因此推广到国家的治理观念，即重统一、尚和平。

与盎格鲁文化强调的个人主义和个人独立不同，拉美文化强调集体和家庭，即家庭主义。② 乌拉圭人喜欢与亲朋好友共享马黛茶，世界价值观调查反映拉美公众对家庭和国家的重要性，这都说明拉美文化中家庭是社会基本单位和支持主体，是个人获得身份和受到保护的最重要资源。拉美人具有较强的家庭归属感，对家庭和亲友高度信任。他们推崇大家庭模式，除核心家庭之外，还包括祖父母、叔侄辈、亲友和邻居。家庭的需要优先于个人需要。个人渴望从家庭得到经济和情感支持，在家庭范围内共同做决定和解决问题，相互关照，以家庭为荣并忠于家庭。此外，家庭存在等级秩序，年长男性通常是家庭中最具权威的人。这种层级制在拉美文化中被视为尊重。人们尊重权威，包括年龄、性别、社会地位、头衔和经济状况等，也希望获得相互尊重。

中拉文化的集体主义价值观具有构建共同体意识的意义，作为个体的人能对自身民族产生高度认同。中华民族几经离乱而又重新统一，中国文化延续数千年不断，拉美主张民族独立的思想——"我们的美洲"和怀有的大陆统一民族主义情结，都是两者推崇家国统一、团结的文化传统所具有的凝聚力在发挥作用。

第三，中拉文化注重人文主义精神，具有重和谐抑争斗的相似思想内核。

---

① 汤一介：《瞩望新轴心时代——在21世纪的哲学思考》，中央编译出版社2014年版，第37—38页。
② 梁漱溟：《中国文化要义》，上海人民出版社2011年版，第76页。

拉美国情研究

中国文化从起源阶段就蕴含着浓厚的人文精神。它肯定人的价值、强调仁爱、追求天人协调的生态哲学。中国文化认为人是万物之灵。《礼记·中庸》谈到能尽人之性,能尽物之性;能尽物之性,则可以赞天地之化育;可以赞天地之化育,则可以与天地参矣。人与天地生化不息的观念体现了对生命的尊重和保持生命的尊严。在人与人的关系上,儒家崇尚"己所不欲,勿施于人""己欲立而立人,己欲达而达人"的为人处世之道,规范人的行为,调节人与人的关系,从而达到"礼之用,和为贵"。在人与自然的关系上,中国文化推崇天人合一的宇宙观,认为人与自然是统一、相互依赖,而不是二元对立、征服—主宰的关系。朱熹认为,天地以生物为心者,而人物之生,又各得夫天地之心以为心者也。

拉美文化为摆脱对西方文化的依附,不断反对天定命运论、种族优越论和社会达尔文主义,反对物质发展优先于人与人、与自然的关系。墨西哥著名思想家何塞·巴斯孔塞洛斯在其著作《宇宙种族》中,提出未来的种族将是融合各种族血液的"宇宙种族",它将集世界种族之大成,将是一种最崇尚友爱、最具有普遍性的种族。[①] "居于胜利者地位的民族,它们的伦理总是局限于本民族范围,并排斥战败民族,它是一种会招致报复和灾难的下等伦理。与前者相反,一个战败的民族,如果它不完全是次人类附庸,如果它还称得上是个民族,那么它就会在精神上战胜暂时的不幸,并提出终结思想,即一种非民族化的精神,这种精神所包含的超越失败、超越暂时成功的形而上学,将使它具有世界性。"[②] 这代表了拉美知识分子不认可西方文化中的世界观,即世界充满竞争和相互威胁,唯一生存之计是战胜或摧毁他者。拉美文化不是以人与人之间遵循优胜劣汰的自然法则、"文明与野蛮"的视角来认识世界。印第安文化的"美好生活"理念是尊崇自然界生物的多样化和世界的平衡秩序,与自然和谐共存,反对西方世界对自然的征服与主宰。所以,拉美公众在世界价值观调查中会选择保护环境优于经济发展,乌拉圭的草原文化也是一种表征,体现拉美文化重人文轻物质的价值观。

---

① Martin Guevara Urbina, *Twenty-first Century Dynamics of Multiculturalism: Beyond Post-Racial America*, Charles C. Thomas Publisher Ltd., 2014, p. 116.
② 刘承军:《两个美洲——拉美反殖思想传统的历史渊源》,《拉丁美洲研究》1996 年第 2 期。

中拉文化拥有的重和谐抑争斗的世界观，有别于强调敌对性和低劣性、与"他者"斗争必须胜利的西方思想传统。文明对于野蛮、先进对于落后、自由对于专制的种种二元对立莫不如是。不否定"他者"、以"和"为核心的文化观念是中拉跳出西方逻辑和传统的另一种选择。

四 结语

以乌拉圭为代表的拉美文化因其独特的地理、历史和民族因素而呈现出杂糅复合特性。在这几百年的多元文化混合过程中，拉美屡次以西方为师，谨"守"其道却终不能入其门，因为没有一种文化可以完全解决拉美存在的重大问题。中国文化和拉美文化都是推动人类社会生存与发展的重要思想资源。它们虽各具特殊性，但是两者思想理念相通，都具有重人文精神、重和谐的价值观与开放包容的文化传统。

中拉文化虽有契合之处，但是双方在制度属性、价值观念等方面的差异日益突出。比如，拉美文化有吸收强势文化的传统，形成欧洲中心主义的倾向，喜好师法西欧和美国，在价值观上具有短期导向性，体现为注重个人权利、自由和民主，关注当下和快速结果导向等特质。他们能承受较高不确定性，敢于尝试和冒险。中国文化体量庞大，具有同化异质文化的特点，在吸收西方文化的同时保持东方传统文化的核心与延续性。它在价值观上强调长期导向，即注重长远目标与未来，尊重传统和秩序，强调道德约束和强有力的政府，讲求勤奋与毅力，因此中国文化倾向长期规划与投入，注重稳妥从而减少更多的不确定性。

随着中拉关系的深入交往，两种文化的交流融合需要在经济上更为强势的中国做出主动性的推动。中国需要在拉美采取针对性的措施，开展文化传播、推进"文化外交"，使中拉文化的相互认知程度在尽量短的时间里得到显著提升。探求当今时代背景下中拉两种异质文化的交流互鉴、互补共生的路径和在世界文明中的独特价值，有助于超越西方传统文明模式，开辟两者的文化空间，从而奠定构建中拉命运共同体的基础。

（李菡，中国社会科学院拉丁美洲研究所助理研究员；韩晗，中国社会科学院拉丁美洲研究所助理研究员）

墨西哥印第安人双语教育的理念转变与现实问题[①]

李思渊

内容提要 墨西哥是一个多语言多民族的国家，其双语教育主要指西班牙语和各种印第安语，教育对象主要是印第安人。从教育理念上看，墨西哥的双语教育经历了三个政策导向：国族同质化、国民一体化和尊重语言文化多样性，此间印第安人的角色从被动接受者逐渐变成主动参与者。现任培尼亚·涅托政府就职之初宣布的教育改革政策虽有良好的愿景，却在具体措施上缺乏对印第安人双语教育的现实考虑，在颁布之初遭到了许多师生的反对，后来通过弹性化实施手段矛盾才得以缓解。墨西哥双语教育的曲折历史揭示出教育政策在制定时，其理念导向和具体手段上都需要考虑印第安人的实际需求，二者共同作用才能保证双语教育的健康发展。

一 引言

墨西哥是北美洲西南部的西班牙语国家，拥有复杂的民族和语言构成。在哥伦布发现新大陆前，这片土地上早已形成了灿烂的文明和众多的语言，伴随着欧洲殖民席卷美洲大陆，大量涌入的欧洲和非洲人口为这片大陆带来了各种各样的语言和文化。在经历了殖民、屠杀、独立战争等动荡以后，如今的墨西哥主要拥有两大族群：梅斯蒂索人（Mestizo）[②] 和印

[①] 本文受到上海外国语大学导师学术引领计划项目资助。
[②] Mestizo 西班牙语词，原指印欧混血人种，后泛指所有承认和接受西班牙语文化的群体。李丹：《夹缝中求生存的墨西哥印第安民族及其语言》，《北华大学学报（社会科学版）》2014 年第 2 期。

第安族群。根据墨西哥国家地理与统计研究院（Instituto nacional de estadística y geografía，INEGI）2015 年发布的人口普查报告，国内在文化认同上将自己归为印第安人的共有 2560 多万人，占全国人口的 21.5%。[1] 印第安语言种类繁多，仅宪法中规定与西班牙语共同作为"国家语言"（Lengua nacional）的印第安语言就有 62 种。[2] 国家印第安语言研究院（Instituto nacional de lenguas indígenas）2008 年将国内已经识别的印第安语言归类为 11 种语言系属（Familia lingüística）和 68 个语群（agrupación）[3]，以及其下为数众多的语言变体（variante）。

由于其特有的语言和人口状况，墨西哥的双语教育一直备受关注。玛丽亚娜（Mariana）[4] 和李清清[5]曾着眼于国际环境，以 20 世纪整个拉丁美洲的政治和社会环境变化为历史框架，综述墨西哥、秘鲁、厄瓜多尔、玻利维亚等国家的土著教育发展历程；潘琳玲、朱守信[6]聚焦双语教育本身，梳理拉丁美洲国家双语教育的诞生、制度化发展和未来趋势；在墨西哥的个案研究方面，腾星、孔丽娜[7]从多元文化教育的角度综述墨西哥印第安教育政策发展史；李丹从墨西哥印第安民族组成出发，回顾了墨西哥语言政策的变化；张青仁[8]从墨西哥国家历史角度，综述印第安人教育政策的变迁。

以上研究遵循历史脉络，为墨西哥印第安人的教育政策做了系统的梳理，以社会变革和历史事件为时间线讲述墨西哥双语教育的变化之路，目前的研究共同认为墨西哥双语教育在经历了起步和转型以后，虽然仍有不

---

[1] 见墨西哥国家地理与统计研究院（INEGI）网站：http://internet.contenidos.inegi.org.mx/contenidos/productos/prod_serv/contenidos/espanol/bvinegi/productos/nueva_estruc/promo/eic_2015_presentacion.pdf。

[2] 曹佳：《墨西哥民族整合进程中印第安人的国族认同研究》，《西北民族大学学报（哲学社会科学版）》2016 年第 4 期。

[3] 参见国家印第安语言研究院网站，https://www.inali.gob.mx/clin-inali/#agrupaciones。

[4] 玛丽亚娜：《全球背景下的拉美土著教育》，李菡译，《拉丁美洲研究》2008 年第 2 期。

[5] 李清清：《拉美跨文化双语教育政策：兴起、问题与启示》，《河北民族师范学院学报》2013 年第 1 期。

[6] 潘琳玲、朱守信：《拉美地区双语教育的肇始、嬗变及趋向》，《拉丁美洲研究》2015 年第 1 期。

[7] 腾星、孔丽娜：《墨西哥印第安人的多元文化教育发展》，《中国民族教育》2011 年第 9 期。

[8] 张青仁：《墨西哥印第安人教育政策的变迁》，《拉丁美洲研究》2014 年第 5 期。

少问题存在，总体而言已经步入了西班牙语和印第安语教育和谐发展的阶段。

我们认为，仅仅将双语教育作为历史事件讨论还不够，它的历史走势反映的是整个印第安族群自墨西哥独立以来的历史命运，双语教育实质上受国家政策主导，即作为多民族国家，墨西哥的印第安人政策才是真正决定双语教育命运的力量。因此本文将墨西哥双语教育放在其"民族—国家"建构的框架下讨论，既以国家政策为视角分析不同政策导向下双语教育的曲折发展，又以印第安族群为视角讨论民众需求对国家政策的影响和调适作用。

二 印第安人语言与国族同质化建构

（一）殖民时期墨西哥形成了多元社会和多元文化

在西班牙人到达以前，印第安人是美洲的原住民，他们在这里创造了灿烂的文明。覆盖如今墨西哥中部、南部和中美洲地区的"美索美洲"（Mesoamérica）区域便是印第安人文明发展程度最高的区域之一。当时这里的印第安人总数达到912万人（一说450万—2500万人）[①]。他们属于不同的部落、居住在不同的城邦、说着不同的语言，在这片土地上繁衍生息。

自哥伦布1492年发现新大陆后，美洲陆续被欧洲人占据，墨西哥也难逃被征服的历史命运。1521年，西班牙殖民者埃尔南·科尔特斯（Hernán Cortés）联合对阿兹特克统治不满的印第安部落攻下首都特诺奇蒂特兰（Tenochititlán），随后于1535年在当地正式建立"新西班牙总督区"，这里成为西班牙的殖民地。从此欧洲人大量涌入，印第安人因为屠杀、疾病、饥荒和自然灾害急剧减少，同时奴隶贸易还为这里带来了新的人种。

成为殖民地后，当地人口总量呈不断下降趋势，直到17世纪末才趋于稳定，在18世纪逐步回升，到了独立战争时期（1810—1821）因为战乱略有减少，但是人口总数仍然达到600多万人。此外，人口组成也变化

---

① 徐世澄：《墨西哥印第安人问题与政府的政策》，《世界民族》2001年第6期。

很大，1700年新西班牙总督区总人口200多万人，其中印第安人136万人，占65%；欧洲人和土生白人（Criollo）为37万人，占17.7%；混血人种和黑人为39万人，占18.7%。① 到了独立战争前夕，总人口不到600万人，其中印第安人约有230多万人，占39%；土生白人约110万人，占19%；混血人约240万人，占40%，其余则由西班牙人、黑人和其他移民组成。② 此时的新西班牙总督区无论从人口上还是文化上都已经由单一走向多元，各色人种在社会经济地位上的巨大差异也已形成，为如今墨西哥的国家面貌奠定了社会和人口的雏形。

（二）独立战争前后西裔群体与印第安群体差异巨大

300多年的殖民统治中，殖民者推行单一的语言政策，在法律上西班牙语是当地的唯一通用语，但当时的语言现实却并非如此：印第安族群和西班牙语族群离散居住，长久缺乏共同的交流语言，致使为数众多的印第安语仍然在各地印第安族群中普遍使用，在他们当中普及西班牙语面临巨大困难。最终殖民者放弃强制推广西班牙语，保留了大量印第安土著语言。③

印第安人是当时社会经济生活的"下等人"，他们虽然是当地原住民，却先在征服时期遭受重创，继而在三百多年的殖民统治中被奴役，地位仅高于非洲奴隶。当时统治阶层针对印第安人族群采取严格的隔离政策，他们在矿山、农场中工作，拥有有限的自由，非常难以摆脱穷困、更难接触到新思想和新技术。经济地位和社会阶层的隔阂让印第安人聚居的地区缺乏西班牙语的使用环境，他们使用自己的语言交流，直到墨西哥独立后仍然保持着自己的语言和文化。

相比之下，混血人种、土生白人因为传承西班牙语获得了更高的社会地位。混血人种主要从事手工业，社会地位中等，但是也有机会进入社会上层；土生白人的社会地位更高一些，已经在社会生活中掌握着一部分政治、经济和商贸的权力，是当时社会中的"上等人"。这两个群体的数量

---

① Luis Navarro García, *América en el siglo XVIII. Los primeros Borbones*, Madrid：Rialp，1983，p. 150.
② 徐世澄：《墨西哥印第安人问题与政府的政策》，《世界民族》2001年第6期。
③ 张鹏：《论墨西哥教育的源起——殖民地时期墨西哥教育状况探析》，《天津外国语大学学报》2013年第5期。

随着时间的推移慢慢增长，逐渐成为社会经济生活的核心，并不断向文化、教育、技术领域延伸。但是他们没有出生在欧洲，在社会生活中处处受到体制的限制和不平等对待，尤其是土生白人，他们在思想、技术、经济上都已经有相当实力，又共同将墨西哥看成自己的祖国，他们逐渐形成自己的身份认同，有意与西班牙人区分开来。

印第安人渴望消除种族歧视，混血人种和土生白人力争社会地位，各自的不满导致了墨西哥轰轰烈烈的独立战争。经过十多年的努力和牺牲，1821年墨西哥正式宣布独立，面对国内各色人种，随之而来的任务便是如何在种族差异和多语多文化的现状之上构建"现代国家"。

（三）墨西哥国族同质化建构与缩减性双语教育

吸取殖民时期语言差异造成种族隔阂的教训，独立以后的墨西哥首先致力于"国族同质化"建构。所谓同质化，便是奉行"一个国家，一个民族，一种语言"的原则。其理论基础来源于欧洲早期思想家的构想，即现代国家的合法性基础在于"民族"（nación）的形成及其成员"集体认同"的意志，所以现代国家也被称为"民族—国家"（nación-estado）。[①] 而何谓"民族"，18世纪和19世纪盛行的观念之一是具有相同的语言文化。所以在1824年《墨西哥联邦宪法》中规定"墨西哥只有一个民族，即墨西哥民族，只有一种语言，即西班牙语"。

在"国族同质化"政策的影响下，语言教育的首要任务便是同化印第安人，消除他们与西班牙语族群之间的差异性，因此西班牙语的普及开始大大加强。为了使印第安人尽快掌握西班牙语，"缩减性双语教育"是当时的主要语言教育形式[②]，即直接使用西班牙语作为教学语言，替代印第安学生的母语。

然而这种单一的语言政策缺乏实践积累，从政策制定到实施中都有重重问题，它既没有考虑到西班牙语和众多印第安语在本体上的差异性、无法提供完善的师资和便于沟通的教学媒介语，也没有考虑印第安族群的教育理念、生活环境、教学设施的现实情况。导致教学实践开展困难重重，

---

① 参见朱伦《走出西方民族主义古典理论的误区》，《世界民族》2000年第2期。
② 王加强：《走向和谐：墨西哥印第安人基础教育的发展脉络探析》，《外国中小学教育》2008年第8期。

于是部分地区老师开始变通教学方法,选择印第安语言作为教学辅助手段,帮助学生学习西班牙语,这可能是双语教育的雏形,但是当时国家政策上并没有全面推广。当时实行的缩减性双语教育的本质是西班牙语单语教育,并没有形成真正的"双语"教育。

三　国民一体化与双语—双文化教育

(一) 重新认识印第安人及其语言文化

"国族同质化"时期对印第安人的同化政策无视其族群特征,努力消除他们与西班牙语族群的差异。语言教育的实质是延续和加强了殖民时期西班牙人的单一语言政策。面对当时举步维艰的语言教育现实,从20世纪10年代起,另一种称为"国民一体化"的理论开始出现,经过40年的发展,在50年代形成基本框架和思想体系,在理论和实践层面渐渐取代"国族同质化"理论。

"国民一体化"理论将印第安族群与土生白人、混血人组成的西班牙语族群相对看待,承认二者的差异性,但又认为他们可以在同一个国家里形成相互依存和协调发展的关系,任何忽视或者消灭印第安人的举动也会阻碍西班牙语族群的发展。在这样的认识下,"国民一体化"理论认为国家应当在允许印第安人保留自己的语言和文化的同时,通过教学手段传授近代科技和知识,提高其受教育程度、社会地位和生活水平,帮助印第安人融入国家发展的各个体系中去。

与之前的"国族同质化"相比,"国民一体化"思想在认识论、方法论层面都有了根本性扭转。在认识论层面,"国族同质化"否认印第安人与西班牙语族群的差异性,追求二者在语言和文化上走向一致。因此墨西哥1824年、1857年和1917年三部宪法都不提其国内的语言文化多样性,力求"一个国家、一个民族"。而"国民一体化"思想则承认二者的差异,在允许差异存在的前提下强调二者寻找共性,力求有机结合成共生共存的关系,以"多民族国民"来定位墨西哥全体居民之间的关系。在方法论层面,以语言教育为例,"国族同质化"因为不考虑印第安人族群的特点,将西班牙语族群的语言学习全套照搬到印第安族群中,其语言教育政策是强制性的、单一的西班牙语教育;而1944年通过的《墨西哥联邦教育法》则一定程度上反映了"国民一体化"的思想，其教育宗旨是"在不损害使用土著语言的情况下，通过国语（西班牙语）教学，使全体墨西哥人掌握一种共同语言"。

（二）双语—双文化教育与印第安人民族识别和文字创制

在"国民一体化"理论的影响下，墨西哥于70年代开始开展印第安人的"双语—双文化教育"。所谓双语，是指印第安族群的学生先学会本族语的读写，再以此为媒介学习和掌握西班牙语；所谓双文化，是指印第安学生在保留自身文化的同时要接受不同的文化，最终在语言、民族知识、国家历史等各方面形成与西班牙语族群共同的认识，共同形成墨西哥国民的集体身份认同，在世界上展现共同的国家文化。[①] 可见印第安人的双语—双文化教育是一种"过渡型"的教育，即在语言学习上，本族语起到了学习工具的作用，其目的是掌握西班牙语，在文化学习上，印第安学生在认识本族文化的同时需要接受西班牙语族群的主流文化，与西班牙语族群产生共同的国家意识。

为了从政策上保障双语—双文化教育的实行，波蒂略总统（José López Portilo）通过了《为印第安人的教育计划》，将西班牙语教育正式划分为"学前教育西班牙语化"和"为全体印第安人的初等教育"两类[②]，分别针对不同年龄段的学习群体。"学前教育西班牙语化"针对5—7岁儿童，以在学前教育阶段培养儿童的西班牙语能力为目标，以期做好与今后各教育阶段的衔接。印第安教育部（Dirección Genaral de Educación Indígena）协同各级教育部门编写和试点符合双语—双文化教育理念的教学文件和课程大纲。"为全体印第安人的初等教育"则面向成年印第安人，目的在于培养双语教师和领导人，配套实施《双语及双文化小学教师培训计划》和《双语及双文化地区学前教育教师培训计划》。这些法律法规的颁布和实施着实提高了印第安人的受教育程度，1978年到1982年间，学前教育入学率从32.1%上升到69.2%，初等教育入学率从26.6%上升到66%。[③]

[①] Cándido Coheto Martinez, La educación indígena bilingue-bicultural: situación actual y perspectivas, *Instituto Nacional Indigenista* 40 *años*, México D. F., 1995, p. 142.

[②] 滕星、孔丽娜:《墨西哥印第安人的多元文化教育发展》，《中国民族教育》2011年第9期。

[③] 石瑞元:《墨西哥教育》，《拉丁美洲国家的教育》，人民教育出版社1985年版，第67页。

印第安民族识别和文字创制是当时的墨西哥政府在语言和文字工作上的另一项重要工作，目的是帮助印第安学生学习读写本族语。墨西哥虽然文明悠久，印第安族群和语言繁多，却很少有语言拥有自己的书写体系。语言学家们记录印第安语言的发音、绘制国内语言分布图、出版词典帮助提高印第安族群的受教育水平和读写能力，为编写印第安语版本的语言学习教材奠定基础，促进西班牙语教学顺利开展。

随着双语—双文化教育规模的扩大，对教育质量的质疑也渐渐显现。雷纳·恩里克·哈梅尔挑选四个印第安人社区进行实证研究[1]，发现在实际教学中存在着很多问题。例如在教学目标上，政府希望将印第安族群纳入社会生活，而这和印第安人的生活实际需求不符；在教学内容上，各教育阶段的课程设置和内容衔接脱节、语言教学方法不符合学习规律、母语的过渡作用不被印第安学生认可；在教材编写上，由于印第安族群的语言种类实在太多，语言识别和教材编写的速度跟不上印第安学生西班牙语学习的需求，让双语教材的供应成为教学中的薄弱环节；相对地，对于西班牙语的教学和研究远远走在印第安语言之前，造成在教学实践中西班牙语教学的力度远远大于印第安语言。这些问题造成了双语—双文化教育虽然在规模上有明显扩大，但是在民众接受度和教学质量上仍然非常低下。

（三）双语—双文化教育对印第安人民族权利意识的激发作用

"国民一体化"政策在提出时确实符合当初社会发展的需求，起到了协调民族关系、促进民族认同和帮助社会发展的作用，也在客观上帮助印第安人族群掌握科学技术。但是历经三十多年的发展，其以社会主流群体为出发点、单方面将印第安人纳入社会发展政策的核心已经越来越不适应印第安人的发展诉求。

与此同时，印第安族群的自我意识正在觉醒，争取平等的文化自信心正在被唤起，并引起了国际社会的关注。危地马拉女作家里戈韦塔·门楚（Rigoberta Mnechú）出版自传揭露印第安族群的生活和文化困境，于1992年获得诺贝尔和平奖，引起国际社会对印第安文化保护的关注；安第斯国家发起双语跨文化教育培训项目（PROEIB）；最重要的是1994年墨西哥

---

[1] 雷纳·恩里克·哈梅尔：《社会文化冲突和双语教育——墨西哥奥拓米印第安人的有关情况》，周懿安译，《国外社会科学杂志》（中文版）1985年第4期。

国内恰帕斯州发生印第安农民武装暴动，最终这次暴动以《圣安德列斯协议》暂告段落。该协议中，印第安人向政府提出了包括"自决和自治""参与""多元"在内的5条原则，充分表达了印第安人不愿忍受被边缘化的现状，需要呼吁平等、参与政府决策、发展本族文化和争取自治权的决心。

总结这个阶段的墨西哥双语—双文化教育的起步阶段，应当承认在"国民一体化"政策之下，政府的一系列改革措施确实让印第安人的双语教育规模得以扩大，教学点、教师、教材都有明显的数量增长，为今后的双语教育奠定了基础。但是它在实施中缺乏对印第安人真实需求的考虑、缺乏科学合理的教学安排和实践。加之此时印第安人的自我意识已经觉醒，双语—双文化教育在后期反而招致印第安人反感，认为自己的文化受到排挤，导致教育质量和印第安人的参与程度并不高。

四　文化多样性与印第安人双语教育

20世纪70年代起，全世界范围内兴起多元文化思想，对于此时的墨西哥而言，面对印第安族群自我意识的觉醒，"国民一体化"思想越来越不符合社会发展的实际。到了80年代末期，在针对印第安人的政策上，包括墨西哥在内的拉丁美洲大多数国家已经渐渐放弃原先的"国民一体化"思想，转而向文化多元主义靠近，提倡尊重印第安差异、包容印第安文化。[1]

原先的"国民一体化"思想虽然承认印第安族群语言文化的存在，却并不将其作为该族群的集体人权加以保护和推动，而是单方面地在印第安族群中套用主流社会的评价标准和发展模式，将其看待成社会发展的被动接受者和配合者。又因为对印第安族群语言文化的认识不到位，很容易过度强调西班牙语族群的文化，政策在实施中很难摆脱同化之嫌。文化多元主义不仅仅尊重印第安族群的语言文化特征，而且对其采取包容的态度，承认多元文化是国家的精神财富，值得保护和提倡。让印第安族群参与到政策制定中，结合他们的实际需求实施政策，提高印第安人的文化和社会地位。

---

[1] 朱伦：《民族问题的内涵与民族政策的功能—上》，《世界民族》2014年第2期。

五 多元文化思想下政府的双语教育政策和成绩

在多元文化思想的影响下，连续几届墨西哥政府从教育立法和教育规划两方面提高了印第安族群的社会地位，为新时期的双语教育提供了政策保障。主要可以归纳成两次修改宪法和两份教育规划。萨利纳斯总统（Carlos Salinas）于 1992 年修改墨西哥宪法，第一次承认印第安社区的合法存在，承认墨西哥的多元文化特征，并将其根源追溯到印第安文化。克萨达总统（Vicente Fox Quesada）于 2001 年再次修订宪法，进一步明确印第安人对自身社区活动的参与权、接受双语教育的权利和政府对印第安文化的保护政策。① 克萨达总统 2000 年出台《2001—2006 国家教育计划》，卡尔德龙总统（Juan Manuel Santos Calderón）任期内出台了《教育中长期发展规划（2007—2012）》，明确加强跨文化双语教学。与此前不同的是，此时除了印第安人学习西班牙语，西班牙语社群也开始学习当地的印第安文化——这种"相互性"与之前的"过渡性"双语教育有着根本不同，它真正做到了将印第安人作为国家组成的重要部分去认识和尊重。

值得一提的是，2003 年《印第安民族语言权利基本法》通过，这是墨西哥有关双语教育和印第安土著语言保护的专门立法，从语言规划角度看，其内容涉及语言地位规划、习得规划和本体规划。第一，该法案明确了印第安土著语言的地位，承认它是墨西哥多元文化的组成部分，与西班牙语拥有同等地位，在公务、法务等场合，印第安语言和西班牙语享有共同的使用权，不受歧视；第二，规定双语教师除了具备双向的语言能力以外，还应当了解、正视和尊重印第安文化，在教学中以正确的姿态面对国家的多元文化；第三，主张建立"国家印第安语言研究院"，致力于研究、保护、复兴和发展印第安语言。② 该语言研究院致力于语言的本体研究，追溯国内印第安语言的历史关系和亲属谱系，为印第安语言建立规范、翻译标准，出版法

---

① Mexican Supreme Court, Constitution of the United Mexican States, Mexico City, 2010, p. 8.
② Roland Terborg, Laura Gracía Landa, Pauline Moore, "The Language Situaion in Mexico [C/OL]", Tanfonline, 2006.

律和政策的印第安语言版本，保持它们在实际使用中的可见性和时代性，也从事保护印第安人语言权利、增加印第安语言在社会中使用度和可见度的工作。

总结这一时期的双语教育，我们看到墨西哥政府对印第安政策的核心思想从"国民一体化"向"多元文化"转型，并从立法上保障印第安人语言和文化的合法地位，政府从印第安人的需求出发，鼓励他们参与自身社区的语言教育，保障语言文化的传承和科学的语言教学，同时向西班牙语社群介绍当地印第安文化，力求双向了解和尊重。

六　培尼亚·涅托政府的教育改革新举措

（一）培尼亚·涅托总统发布改革举措

由于国内西裔教育和印第安族群教育起步和发展程度相差太大，墨西哥的教育现状是教育基础整体薄弱、教育资源地区性失衡，印第安人居住区的教学条件远远落后于其他地区。2010年关于人口和住房的统计数据显示，印第安人集中的恰帕斯、格雷罗地区文盲率高达17.8%和16.7%，远远高于墨西哥城（2.1%）。[1] 墨西哥整体教育水平也比较低下，经合组织（OECD）统计过历年PISA[2]考试情况，墨西哥学生在科学、数学和阅读上都处于所有参与国里的中低档水平。[3]

针对国内的教育落后问题，2012年12月1日，革命制度党领导人培尼亚·涅托在总统就职演说中宣布将进行教育改革，主要包括三项措施：（1）教师上岗和晋升要根据业务水平和业绩决定，由国家教育评估委员会替代教师工会（SNTE）为教师定薪；（2）全体教师参加考核决定去留（后于2013年9月明确教师有3次考核机会，不通过则失业）；（3）建立教育信息

---

[1] 2010年关于人口和住房统计报告，参见INEGI网站：http://www.beta.inegi.org.mx/proyectos/ccpv/2010/。

[2] PISA考试全称Programme for International Student Assessment，由经合组织（OECD）组织、测试全球各国15岁青少年在数学、科学和阅读三方面的学习成就，后加入协作解决问题的能力和金融素养。参见官网http://www.oecd.org/pisa/aboutpisa/。

[3] 参见OECD历年PISA考试分国别统计结果：http://www.compareyourcountry.org/pisa/country/MEX?lg=en。

和管理制度，统计和管理国内学校和师生人数。后于 2013 年起出台系列法律保障改革的实施，针对的均是墨西哥教育中师资力量薄弱、师生管理混乱等问题，其目的是提高教育质量和优化教育资源。

(二) 改革的实施情况和评论

虽然教育改革并不针对双语教育，但是双语教育地区却是墨西哥教育落后的重灾区，因此改革内容宣布后立即遭到了印第安人集中地区师生的强烈抵制。在三项改革内容中，反对声最激烈的是关于教师考核与职业资格挂钩的内容。在印第安人集中的格雷罗、米却肯和恰帕斯州，抗议教师和学生甚至上街示威、罢课罢学、焚烧公共设施、围堵政府办公场所，甚至干扰地方选举……反对者认为教育改革是"通过惩罚性的考核措施逼得大量教师走人"[1]。针对这些抗议行动，国内学者认为涅托政府的做法过于"一刀切"，应当出台弹性化政策让教师接受培训后再进行考核，以保障教育的稳定走向。[2]

2017 年 9 月 1 日，距教育改革宣布五年后，涅托总统在国会发表第五个国情咨文（Quinto Informe de Gobierno），其中第二章和第五章分别提到了执政五年来在印第安政策和教育改革方面的进展。[3] 在印第安政策方面，政府重申了鼓励印第安族群参与规划自己的未来、保护族群权益和生活方式的主张，以推动印第安族群经济发展为目标，总结了涅托总统执政五年来开展的促进印第安人食品健康、农业生产、文化传承、劳动就业和教育方面的成果。在教育上特别提到政府鼓励学校教育和族群社区生活需求相结合，基础教育阶段学生享有使用自己族群语言的受教育权等。第五份国情咨文的统计数据中提到[4]，2016 年和 2017 年，国内开展语言文化多样性教育项目的教学机构以每年 17 所的速度增加；小学 2015—2016 学年学业完成率从 2011—2012 学年的 88.9% 上升到 97%；编写成教材的印第安语言从 2013—2014 学

---

[1] 北京晨报：《墨教师武装"叫板"政府》，http://bjcb.morningpost.com.cn/html/2015-07/07/content_356162.htm，2017.1.20。

[2] 徐世澄：《改革绝不会是一帆风顺的——对"墨西哥协定"中重大改革举措的分析》，《中国战略》2014 年 9 月，第 72 页。

[3] Quinto Informe de Gobierno, https://datos.gob.mx/busca/group/quinto-informe-de-gobierno, 2017.10.10.

[4] Anexo Estadístico del Quinto Informe de Gobierno, pp. 145–146.

年的 32 种上升到了 2016—2017 学年的 58 种；使用印第安语言的免费教材发放量也从 2012—2013 学年的 160 多万本增加到 2015—2016 学年的 710 多万本；在中学和大学中，各服务部门说印第安语言的学生仅 2016 年一年就增长了 15.8% 和 26.4%。

在教育改革方面，第五个国情咨文就汇报了"师资专业化体系"（Sistema de Profesionalización Docente）的建立情况，该体系包含师资培养、挑选、进修和评估项目，也包含教学技术支持。例如"国家继续教育体系"（Sistema Nacional de Formación Continua）下，国家高等教育评估中心（Centro Nacional de Evaluación para la Educación Superior）组成工作组对印第安小学教育和学前教育考试重新审核，启用教师评估工具；在全国基础教育领域鼓励教师考取专业学位，2016—2017 学年已经发起两次专业学位考试，来自全国 22 个州的 1438 位教师参加；在中等教育中号召教师继续进修并对进修情况进行追踪监督；在高等教育中开展教师表现评估计划（Programa de Estímulos al Desempeño del Personal Docente），2016 年服务 3963 名教师。

结合第五个国情咨文中的印第安政策和教育改革两方面进展分析，不难发现培尼亚·涅托政府的印第安政策核心并没有变，仍然坚持多元文化思想，虽然大方向以促进印第安族群的经济发展为重，但是在教育上仍然重视印第安族群的语言权利，鼓励学校教育与族群生活相结合。在具体实施方案上则显得比改革刚提出时柔和了不少。刚出台时宣布了一套考核机制为统一标准来衡量全国的教师，不考虑各地区的教育现实和教师失业后可能产生的教学停滞问题，未免太过激进，对印第安人居住区的双语教师也非常不公平。而在具体执行中，则根据不同学段出台一系列教师培训项目和培训课程，为教师提供提升能力的路径。这就让强硬的改革内容在一定程度上得到了弹性化实施，教师通过参加培训课程能够提高教学能力，提高教学质量，同时教师自己也能通过考核，保留工作，缓解从业焦虑。

虽然在墨西哥薄弱的教育基础和教育大环境下，这些培训项目的成效需要经过更长时间才能体现，如何进一步实施也仍需在理论和实践研究中进一步探索，但至少教育改革的推进再次证明保持多元政策、立足教育现实、兼顾各方利益的改革措施才能保障双语教育的健康发展，这也为今后深化教育改革与维护双语教育顺利发展指明了方向。

（三）结语

墨西哥国内印第安语言和西班牙语的教育问题从殖民时期就是印第安人政策中的突出问题之一，在墨西哥"民族—国家"构建的历史进程中，双语教育伴随印第安政策的几度转型，终于在 20 世纪 90 年代进入与西班牙语教育和谐发展的局面。纵观历史，不难发现印第安政策的核心思想对双语教育的定位起着根本作用。而涅托政府的教育改革虽然不针对双语教育，但是对印第安人聚集区的教育影响很大，其实施再次证明只有基于教育现实和师生需求而制定的改革措施才能赢得民众认可和参与。可以说在双语教育中，印第安政策核心思想与结合现实的举措就像两股互相推动的力量，必须二者协同作用才能保障双语教育稳定和健康发展。

（李思渊，上海外国语大学语言研究院语言政策与语言战略专业博士生）

现世的三重解放
——古铁雷斯《解放神学》对马克思宗教批判的回应

奚 望 张 航

内容提要 "解放神学"通常被视为一种激进的革命思潮，它是马克思主义在拉美逐渐进入宗教领域的产物。但马克思本人对宗教持有强烈的批判态度，宗教要想吸收和运用马克思主义，就必须解决其自身与这种批判的矛盾。秘鲁天主教神父古铁雷斯对马克思主义采用了一种宗教化的诠释，将马克思的宗教批判转化为政治和历史批判，在其所著《解放神学》一书中，他并不把马克思的宗教批判放在天主教的对立面上，而是通过现实、历史和属灵三个维度的解放对马克思的宗教批判进行一种认同的回应。宗教本身则将因此而成为斗争的起点和动力。

菲德尔·卡斯特罗领导的古巴革命的胜利，在20世纪50年代末为拉美马克思主义注入了新的活力和希望。受此鼓舞，拉美意识形态的主要载体之一——天主教会也发出了社会变革的呼声。60年代，拉美天主教召开了多次会议，在对贫穷、正义、社会压迫、教会责任等现实议题的讨论中，逐渐形成了被称为"解放神学"（la teología de la liberación）的思想。秘鲁天主教神父古斯塔夫·古铁雷斯（Gustavo Gutiérrez）1971年出版的著作《解放神学》（Teología de la liberación），被普遍认为是解放神学的总纲领。他认为教会应该积极投身于革命事业，摧毁不合理的制度而建立新社会，将天国带到人间；即使某些马克思主义者有消灭宗教的倾向，但马克思（也包括恩格斯）本人并没有直接消灭宗教的意思，而是要通过宗教批判来改造现实和历史；如果将宗教当作现世和历史批判的武器，那么宗教完全可以达到解放的目的。因此，他抓住马克思社会和历史批判的实质，站在天主教信仰立场，主张在圣言（la palabra de Dios）的引领下，通过阶级斗争消灭异化的罪，使人能脱离异己力量而得以在完全开放的历史中实现自由创造，达到人类互爱一体的终极解放，使天主教的"拯救"与马克思的"解放"二者完全统一。为此，古铁雷斯首先对马克思的宗教批判作出回应，试图把马克思的宗教批判，转变为对拉美社会和历史批判的起点和动力。

一 现实层面的回应：用阶级斗争消灭罪

马克思认为宗教产生于人因无法自我觉醒而依赖于宗教主体，是现实世界中人的自我异化反过来导致的自我崇拜，是一种颠倒的世界观。因此，他把宗教看作社会存在的一种反映，"宗教是那些还没有获得自己或是再度丧失了自己的人的自我意识和自我感觉"①。如同劳动异化那样，工人通过创造产品时，产品成了主体，而劳动本身则变成产品的附属物，使工人失去现实性。"宗教方面的情况也是如此，人奉献给宗教的越多，他留给自身的就越少。"② 可见，马克思认为产生异化最根本的原因是私有制，而私有制又起源于原始的资本积累。所以马克思认为，"这种原始积累在政治经济学中所起的作用，同原罪在神学中所起的作用几乎是一样的。亚当吃了苹果，人类就有罪了"③。这个对罪的解释把偷吃禁果看作亚当在并不缺乏物质资料的情况下，背着上帝把禁果当作私人之物而偷吃。

古铁雷斯觉察到的则是这个故事中的罪性：亚当因为私欲背叛了上帝。因此人离开了上帝，私欲也就产生了异化。古铁雷斯更多认为罪产生于制度化的私欲，即社会的罪。"上帝按自己的形象创造了人，并让人类治理大地。人只在转化自然和与他人的联系中实现自身，通过劳动成为自由创造的、拥有完整自我意识的人。贫困中的压迫和剥削使劳动成为屈从和非人化的。异化劳动代替了自由人，奴役着他。"④ 如果人只在原始状态中改造自然，所有人都处于对自然当家做主的地位，那也无所谓异化。问

---

① 马克思：《黑格尔法哲学批判》，人民出版社1963年版，第1页。
② 《马克思恩格斯全集》第22卷，人民出版社1998年版，第91页。
③ 《马克思恩格斯全集》第23卷，第91页。
④ Gustavo Gutiérrez, *Teología de la liberación*, Salamanca: Ediciones Sígueme, Salamanca, 1971, p. 295.

题在于产生了剥削和压迫，一部分人夺走了另一部分人对自然的主宰，而将其奴役。这就是人违反了上帝的旨意，古铁雷斯将其视为罪。"罪是压迫结构的证据……作为根本的异化，罪是不公正和剥削的开始。"① 可以看出，古铁雷斯更多把罪界定在社会的不平等、制度的不公正导致的异化上面，正因为私欲导致社会不公正的制度把上帝与人隔离。因此，异化就是一种有罪的状态。站在神义论的角度，上帝给予人的都是善好的，罪并不源于上帝。因此，穷人物质匮乏却拥有富裕的心灵，而富人物质充裕却只有贫乏的心灵。罪阻碍了人和上帝、人和人之间的关系，罪也是一切属灵和物质贫穷的原因。

人的贫穷使人丧失自我意识而依附于产品；国家的贫穷使国家丧失自我意识而依附于发达国家。这种依附使国家社会丧失稳定、政治缺乏自主、经济缺乏独立性。这种依附造成了国家间的不平等和异化：庞大的国际资本市场又咀嚼了这些贫穷国家，使其成为能控制资本市场的发达国家的附庸，这也就是马克思所谓"半殖民地"："外部统治体系，从依附框架切入而渗透到一个又一个国家。在这种程度上，外部结构的效果等同于内部结构"②；实际上是，穷国国民跟自己的国家一起受到发达国家的奴役。基于神义论，上帝赋予人一切善好，但罪导致贫富不均，贫穷就是一种罪带来的耻辱，是"侵害人类尊严的可耻情形，因此与上帝的意志相抵触"③。拉美不可否认的残酷现实是，"六百万社会金字塔顶层人口与1.5亿底层人口分享相同的收入。每天收入只有25美分的农民有六千万人"④。在天主教徒占人口绝对多数的拉美，这一现实带来的问题是：如何告诉穷人，上帝爱他们？

古铁雷斯认为，要消灭罪，就要将上述颠倒的关系重新恢复；解决罪的问题就是要获得现实解放，而这种解放要建立在通过斗争消灭罪的根基之上；只有消灭了不合理制度下的异化，人才能重获尊严，人的创造工作

---

① Gustavo Gutiérrez, *Teología de la liberación*, Salamanca: Ediciones Sígueme, Salamanca, p. 237.
② Ibid., p. 120.
③ Ibid., p. 369.
④ Eduardo H. Galeano, *Las venas abiertas de América Latina*, Madrid: Siglo XXI de España Editores, 1971, p. 17.

才能成为真正进行改造的劳动。有鉴于此，他认为马克思是将单纯的宗教批判（也就是对与世俗分离的彼岸世界的批判），进一步发展为以此世歪曲的现实为基础，对社会政治法律制度本身进行批判。而古铁雷斯则将天主教信仰本身作为实现消灭异化的途径，主张教会必须"主动而有意识地参与阶级斗争"[1]，以在当下建立一个公正的社会；如果教会拒绝进行阶级斗争，它就会堕落为马克思所谓的鸦片，麻痹人民的统治工具。因此，宗教不能再是无声的叹息，也不能再剥夺人的现实性；宗教应成为"人民的警号，起到把被压迫者从沉睡、被动和宿命论中唤醒，从而使他们意识到自己的权利、力量和前途的作用"[2]。古铁雷斯甚至在某种程度上认可马克思所指的宗教异化。他认为，拉美教会从拉美政治中获得了支持，因此教会就成为拉美占支配地位的意识形态的一部分，也就成了维系拉美社会秩序的工具。[3] 同时，国家也需要从发达国家的半殖民统治下解放出来，"只有通过斗争打碎富国的统治后，穷国自身的发展才会到来"。丹尼斯·P. 麦卡恩认为，解放被古铁雷斯通过斗争而赋予了现实意义，因此解放神学有政治批判的一面："福音的政治解释学……其包含的'传报'与'揭露'的策略既提供乌托邦视角，又提供意识形态批判。"[4] 这正对应《圣经》中两个天使揭露罪和传报讯息的工作一样：解放神学对于上帝解放的讯息，要像加俾额尔（Gabriel，又译米迦勒）一样传报（anuncio）；对于社会的不公，又要像弥额尔（Michael，又译加百利）一样揭露（denuncia）。这样，古铁雷斯就为解放神学赋予了政治批判性质。但古铁雷斯将贫穷的原因仅归于剥削制度，似乎有点狭隘。

阶级斗争是一种敌对关系，天主教的博爱精神如何能在敌对关系中得到显现？古铁雷斯认为，阶级斗争要努力使剥削者懂得什么是爱，最终目的是用爱消灭罪，而不是消灭剥削者本身，也并不将阶级斗争当作目的。这种认识包含的解放对象更广泛：不仅解放穷人，还解放富人，因为富人

---

[1] Gutiérrez, *Teología de la liberación*, ob. cit., p. 356.
[2] M. 路埃：《马克思主义与解放神学（六）》，张全鉴译，《马克思主义研究》1997年第1期。
[3] 同上。
[4] Dennis P. McCann, *Christian Realism and Liberation Theology: Practical Theologies in Creative Conflict*, Oregon: Wipf and Stock Publisher, 2001, p. 164.

也是被罪蒙蔽的人。"活在罪恶的客观状态中的人，我们因为爱的要求而努力对他们进行解放。穷人和富人的解放，是同时进行的。"① 这种表述是《解放神学》不同于《资本论》之处，它合乎耶稣"爱一切人"的高度。与罪作斗争，而不是与罪人做斗争。古铁雷斯的阶级斗争主张一种博爱，这是《解放神学》最具宗教人性的一面。但是，古铁雷斯在这个问题上也赋予暴力革命以道德大棒，导致斗争泛滥。罗纳德·H. 纳斯比认为，"古铁雷斯使几乎所有的斗争都跟风称自己是为基督的工作提供道德保证而进行的解放斗争"②。当时拉美各种游击队、暴动、反政府武装泛滥，似乎印证了这个观点。

但问题是，消灭异化是否跟消灭罪等同？对于天主教传统来说，罪更多是指个人之罪，即使是社会之罪，也是源于个人堕落。拉辛格认为，"罪是最大的恶，因为它从内心中驾驭了人的本性。解放的第一要素，作为其他解放的参照，就是从罪中解放"③。因此，把消灭罪看作消灭社会异化的观念，与传统教会有很大不同。昆廷·奎德认为，古铁雷斯更多把罪归结于制度而非人性，罪与私欲将随着资本主义的消失而消失。④ 但即使能把罪解释为异化，在消灭罪时仍限于制度的罪，而不涉及个人的道德。考察个体人性难免触及人本身的个体私欲，这不是通过消灭制度能解决的，因此古铁雷斯这种观点也有些难以自圆其说。另外，认为如果将救恩赐予通过革命而得解放的穷人，那么拯救似乎会超出教会而与是否信教联系不大，这也与传统天主教救恩理论不一致：一般认为教会有赦罪的权柄，"你们赦免谁的罪，就给谁赦免"⑤，而非信徒是难以获得这种神恩的。不过，在皮特·C. 霍其森看来，《解放神学》不分天主教徒与异教徒或不信教者，而只以被压迫者和压迫者来区分，这种解放具有更普遍的意义。⑥

---

① Gutiérrez, *Teología de la liberación*, ob. cit., p. 357.
② Ronald H. Nasb, *on Theology of Liberation*, Michigan: Mott Media, 1984, p. 239.
③ 转引自 Derek R. Nelson, *What's Wrong with Sin: Sin in Individual and Social Perspective from Schleiermacher to Theologies of Liberation*, London: Bloomsbury Publishing, 2009, p. 112.
④ Ibid., p. 240.
⑤ 《圣经》（思高版），若望福音 23：20。
⑥ Peter C., Hodgson, *Liberation Theology: A Radical Vision*, Minneapolis: Fortress Press, 2006, p. 71。

二 历史层面的回应:以耶稣为终向的拯救史

马克思将资本主义制度下的抽象共同体看作一个无所不包、无法逃脱的形而上学牢笼,它将人与人的关系异化为物与物的关系。因此,共同体成为最高统治集团,政治、经济、文化、宗教等各种社会单元,都必须成为共同体的奴隶,原有体系将被摧毁:"那些成为共同体基础的经济条件,那些与共同体相适应的共同体不同组成部分的政治关系,以理想的方式来对共同体进行直观的宗教,个人的性格、观点等等,也都解体了。"① 人完全依赖于货币共同体,无法取得人本身的独立、自由,也丧失了创造性和历史性。同样,传统宗教的神的超验安慰、彼岸式的光芒,都是一种静态的形而上学,是从天国降到人间的,这只会将眼光放到永恒的来世而把现世看作偶然、转瞬即逝的,也缺乏存在的意义。静态的形而上学没有历史,也不符合社会发展规律。历史的创造力必须从形而上学的牢笼中挣脱,并且重新获得创造和发展的力量。马克思认为,任何一种解放都是把人的世界和人的关系还给自己。这就要求人打破形而上学的桎梏,消除异化,在历史规律中寻求创造和发展,以自由人的身份实现"将世界和关系还给自己"。通过第一阶段的现实解放后,不合理的制度和异化状态得以消除,人从形而上学中解脱,就有了动态创造的机遇。

对于真实的苦难,古铁雷斯不能无动于衷。他的信仰并不仅仅是每日按时诵大日课或玫瑰经,还要为拉美找到通往"真正祈祷"(una oración auténtica)② 的路径。从福音角度反思人们的信仰,人们要"在拉美受剥削与压迫的土地上将自己交付给解放的进程……思考在这改变本质的展望,和关注这种交付的新问题的基督徒生命的伟大主题"③。他认为神学是为人类共同体实现解放的批判和反思,而这种批判和反思是"圣言在信仰、历史和实践中的实现"④。把神学界定为圣言训导下信仰与历史实践的批判性

---

① 《马克思恩格斯全集》第 30 卷,第 539 页。
② Gustavo Gutiérrez, *Teología de la liberación: perspectivas*, p. 272.
③ Ibid., p. 17.
④ Ibid., p. 34.

拉美国情研究

反思，这似乎是在神学中也加入了一种历史性因素；而历史唯物主义，首先是"社会的历史性解释"①。

要建立历史的人，必须着眼于人的现实性，人是开放的、未完的历史创造者。古铁雷斯认为，上帝并非仅仅是超越理性的存在，而是活在人类现实中；因此，彼岸思辨的神学必须转换为现世实践的神学。历史的解放意味着"人被视为拥有能对自己命运负责的意识"②，这是人类对成为自己命运的工匠的渴望。③ 而上帝通过历史启示人类，人类对上帝的回应也在历史中。整个人类历史就是拯救史：当劳动的人类没有得到与上帝的真正合一，罪仍然随时可能割裂人神的联系；因此，历史的最后导向是"基督终向的拯救"（una historia cristofinalizada）④。这包括创造与拯救，以及末世承诺两个层次。

第一个层次，将解放理解为创造和拯救。依撒意亚的歌咏中，上帝创造和拯救的面孔同时出现："因为你的夫君是你的造主，他的名字是'万军的上主'你的救主是以色列的圣者，他将称为'全世界的天主'。"⑤ 古铁雷斯认为拯救并非仅仅等待来世的审判，同时也在现世的历史中，创造和拯救构成历史的跨越幅度；通过创造和拯救，上帝也在历史中显明了自身。更为重要的是，人还有自我创造的过程，人的特性是劳动创造，通过劳动对社会的改造即在拯救进程中。"劳动，改造这世界，因而成为人、建立人类社会；这同时也是拯救。同样，与贫困和剥削斗争而建立一个公正的社会，也是朝向完满拯救的一部分。"⑥ 古铁雷斯从梅瑟出埃及的历史中找到上帝消灭异化的依据，犹太人"迁徙是朝向应许之地的漫长征程，在那里能建立摆脱了贫困和异化的社会"⑦。人们用劳动改造社会，但埃及被剥削者的劳动被异化了，因此，梅瑟率领以色列人走出埃及，即打破了这种异化，从社会的罪中得到解放。人类在历史中的自我拯救也就是创造

---

① Gustavo Gutiérrez, *Teología de la liberación*, perspectivas, p. 130.
② Ibid., p. 68.
③ Daniel M. Bell, *Liberation Theology After the End of History*, London, Routledge, 2001, p. 56.
④ Gutiérrez, *Teología de la liberación*, ob. cit., p. 200.
⑤ 《圣经》（思高版），依撒意亚 54：5。
⑥ Gutiérrez, *Teología de la liberación*, ob. cit., p. 10.
⑦ Ibid., p. 206.

过程，"历史是人类奋斗的长征，是不断地出离埃及，向应许之地进发"①。最终，上帝将人类召回自己的怀抱，来实现拯救工程的完成。梅瑟出埃及为人类在圣言带领下自我拯救与解放提供了一种范式：在上帝的带领下，人类自我实现历史创造从而得到解放。犹太复国运动、马丁·路德·金的黑人解放、曼德拉的漫漫自由路，无一不是在这种范式之下进行。所以上帝的创造与人的自我创造，形成拯救中的协同。

第二个层次，既然基督的救恩是上帝许诺给世人的永恒保障，并且尚未完成，那它将继续在历史中不断呈现。"它不断把自身映射向未来，创造一个持续的、历史的流动性"②，永不停止的创造是人得以成为人的方式，也是一种"持续的文化革命"（una revolución cultural permanente）③。因此，历史是开放的历史，末世承诺既在历史，又在未来；这种开放性甚至不受历史唯物主义所主张的历史规律所限制。"救恩只能来自上主的一个新的历史行动，这将以人所不知的方式重启以前对他子民的干预。"④ 先知的预言是末世论，先知仅仅是上帝预言救恩的基础，真正的拯救却是"未知"的，因为必须靠新的历史来完成。救恩并不受限于任何历史规律或预言，"末世论思想的魄力在于这种紧张指向将要到来的东西，指向上帝新的行动"⑤。上帝的意志是纯然自由的，未来也就充满了可能性。这种可能性由上帝赋予人类，人有充足的空间去创造未来。

古铁雷斯认为，并不存在一个神圣历史和一个世俗历史，"上帝的拯救带来人类的存在"⑥，一切的历史都是同一个拯救史。《旧约》之后，历史已经在耶稣诞生之日被革新而翻开新的一页；《新约》的历史正在期待耶稣再临。所以，可以认为历史是以耶稣基督为终向的拯救史。人与耶稣一样将经历死亡与复活，这既是一种危险又是一种希望。因此，只有对末世拯救的希望能战胜死亡，而这种希望的意义则是引领当下。所以，"一种超越式的基督宗教不能替换另一种未来的基督宗教，因为前者将遗忘世

---

① 叶健辉：《乌托邦——拉美解放神学研究初步》，中央编译出版社2015年版，第80页。
② Gutiérrez, *Teología de la liberación*, ob. cit., p. 213.
③ Ibid., p. 62.
④ Ibid., p. 216.
⑤ Ibid., p. 217.
⑥ Ibid., p. 200.

界，而后者有忽略苦难不公的现实和忽略为自由的斗争的风险"①。历史的终极意义赋予现世以价值，直到基督再临；耶稣基督为终向的历史拯救也只有在现实中不断实践才有意义。这里，古铁雷斯的历史观已经是一元论了。丹尼尔·贝尔认为，古铁雷斯还取消了世俗—神圣二分论，将世俗世界看作全部的世界。因此，上帝对历史的引领就要求世俗化，历史和拯救要通过世俗过程来完成。② 拯救并非必须在彼岸世界才能被赐予世人，天国就降临在现世中："天国没有到来，解放的进程就不能战胜人对人的剥削和压迫。"③ 这其实与"圣言成血肉"（道成肉身）是一回事。逻各斯凝结为血肉以使不可见的上帝成为现世可见的耶稣④，并且从上往下撕裂了上帝与人之间的帐幔⑤。所以，古铁雷斯是用历史的方法打破形而上学的二元对立，以形成"一"的历史和"一"的现实。

历史解放是《解放神学》对传统天主教思想最大的区别。通过历史解放，古铁雷斯试图打破马克思的敌人——资本拜物教、货币共同体，进而打破思想牢笼，而这将从根本上抽掉现实批判对象的基础，使现实中的不公正源头消失；人将在这里获得身体的解放，并且走向最高的属灵解放。

三　属灵层面的回应：爱神爱人

经过现实与历史解放的铺垫后，古铁雷斯最终要进入作为人的本质的解放，也就是属灵的解放。斗争是为了获得更大的、彻底的自由和解放。根据罗伯特·麦卡菲·布朗的观点，新的社会结构并不是解放的全部，而内部（自身）的解放与外部（社会、历史）的解放需要同时进行。⑥ 因此，解放也就意味着除了阶级斗争和历史革命外，还要重新审视和改造灵魂。这种解放成为属灵的、最高的解放，即"真正和完全的"解放（una

---

① Gutiérrez, *Teología de la liberación*, ob. cit., p. 284.
② Daniel M. Bell, *Liberation Theology After the End of History*, London, Routledge, 2001, p. 58.
③ Gutiérrez, *Teología de la liberación*, ob. cit., p. 240.
④ 《圣经》（思高版），若望福音 1：9—14。
⑤ 《圣经》（思高版），马尔谷福音 15：38。
⑥ Robert McAfee Brown, *Gustavo Gutierrez: An Introduction to Liberation Theology*, Oregon: Wipf and Stock Publishers, 2013, p. 153.

现世的三重解放

liberación *verdadera y plena*)①。在这个问题上，古铁雷斯持一种弗洛伊德式的马克思主义（Marxismo Freudiano）：人拥有自我本能，而资本拜物教剥削框架的压迫使人丧失自主性，也就失去本能。解放就是使人恢复本能，这就是古铁雷斯所谓的属灵解放。什么是人的本能？马尔库塞将其界定为"爱欲"，这种爱欲的解放要求一种非压抑文明；人以快乐的原则生活，劳动"完全服从于人和自然的自由发展的潜能"，而成为纯粹的创造力；人们之间因为爱欲而结合，非压抑性秩序借助爱欲自身的本能"在成熟的个体之间形成持久的爱欲联系"。②而古铁雷斯所言的人的本能，则是教会训导中的"爱"。

古铁雷斯引用圣保禄昭示人们基督拯救的进程"从旧人到新人，从罪到恩典，从被奴役到自由"。③他认为罪是一切奴役的根源，从罪中得拯救和解放就能拥有自由，人就可以开放自己走向他人，成为"自我实现"（la realización de sí mismo）④的新人。罪切断人与上帝的纽带，使人变成以自我身体为中心，陷于个人的、身体的奴役，而非属灵的自由。这还是源于私有制导致的人类的异化，这种异化更导致属灵的贫困。但基督并不是单独的个人，而是与众人联系在历史的纽带中。基督有着人类的面容，也有着上帝的神性。古铁雷斯认为这是很重要的：基督通过人重新建立人与上帝的联系，使人成为与他人、与上帝合一的人，以打破罪的桎梏。因此，他认为要"在基督内，通过灵魂，与分离和反对团结作斗争，人在历史的最中心成为一体"⑤。人是历史的核心，在这个意义上，人就成了理性觉醒的、现实的自由人，而历史要求人与他人建立政治关系，走向人类一体。"人的理性已经成为政治的理性"⑥，政治和宗教是相互关联的，如果互不相干，则会将宗教陷入个人化。"一个人的发展取决于和他直接或间接进行交往的其他一切人的发展"⑦，而合一的人类则是最大的

---

① Gutiérrez, *Teología de la liberación*, ob. cit., p. 64.
② 马尔库塞：《爱欲与文明》，黄勇森译，上海译文出版社1987年版，第143、145页。
③ Gutiérrez, *Teología de la liberación*, ob. cit., p. 66.
④ Ibid., p. 52.
⑤ Ibid., p. 210.
⑥ Ibid., p. 76.
⑦ 《马克思恩格斯选集》第3卷，第515页。

发展。

　　人们的本性中善恶并存，人的自我努力即使达到高度文明，也不能取得真正的自我原则和道德概念；其结果只有走向全善的神，与基督合一，才能到达纯然的善；这样，人就可以并且应当从这种合一中迸发出彼此的爱，使整个人类凝结成一体。学生时代的马克思，在自己的宗教论文中也想到通过基督到达人类互爱合一。马克思的思路同样是从人与基督的合一出发，论证人要敞开心扉成为互爱的人。他曾写道"葡萄枝蔓不仅会仰望栽种葡萄的人……它会感觉到自己与葡萄藤和长在藤上的其他葡萄枝蔓最紧密地联结在一起……同基督结合为一体可使人内心变得高尚，在苦难中得到安慰，有镇定的信心和一颗不是出于爱好虚荣，也不是出于渴求名望，而只是为了基督而向博爱和一切高尚而伟大的事物敞开的心"①。马克思在这里虽未论及解放，但从属灵角度将最终的爱至于最高地位，从人性改造到人类凝聚最后到博爱的思想构架，可以说是古铁雷斯所谓属灵解放的思想源头。

　　在古铁雷斯看来，属灵的解放代表着终极关怀意义上的自由，属灵的解放即意味着人可以不受自身或社会的限制，从而真正进入自由王国。古铁雷斯强调"新人"（el hombre nuevo）的概念。新人的概念本身来自《圣经》，"所以谁若在基督内，他就是一个新受造物，旧的已成过去，看，都成了新的"②。马克思关于人的解放，也有精辟论述，马克思说，"解放的目的是为了创造'新人'"③，新人是脱离了束缚而得以自由全面发展的人，并且"各个人自由发展为一切人自由发展的条件"。④

　　怎样成为新人？古铁雷斯认为，内心接受了基督的人必须与遭受苦难与不公正的人们形成真正的团结，而不仅仅是内心的信仰和灵修，人才能成为新人。"人并不真正透彻地知晓上帝的审判已经来临。人的生活也并不是孤立于他人和上帝。人同样不能放置自身于基督之中而又试图避免人类凝聚的历史。"⑤ 也就是说，上帝已经降临，人与上帝在同一个现世。人

---

① 《马克思恩格斯全集》第1卷，第452—453页。
② 《圣经》（思高版），格林多人后书5：17。
③ 同上书，第242页。
④ 《马克思恩格斯全集》第4卷，第491页。
⑤ Gutiérrez, *Teología de la liberación*, ob. cit., p. 205.

们因为上帝而结合为一，一个新人必须是敞开心扉与众人成为一体的人，而这也是博爱的要求。"不求回报的上帝撕光了我，让我赤裸，把我的爱不求回报地普施给众人。"① 这让人想起耶稣在审讯中被撕光衣服的情景：赤裸的耶稣似乎只剩下对全人类的爱。圣言成血肉造成的事实是：人因耶稣的牺牲而赎罪，重新获得成圣的机会；因罪被驱逐的人类重新回到上帝身边，人类也因此与上帝合而为一。属灵的自由不是造成孤立的人；人要敞开自己的心扉走向他人，如同上帝无偿的爱一样。作为回应，人应当通过人而到达上帝。这就是耶稣对诫命的总结："你应当全心、全灵、全意、全力爱上主，你的上帝"和"你应当爱近人如你自己"②，也就是天主教"爱神爱人"的训导。

这种号召人类大同的思想，可看作古铁雷斯对保禄六世《民族发展》通谕（Populorum Progressio por el Papa Paul Ⅵ）的回应。保禄六世认为应当关注穷人所遭受的社会不公，从现实的需求中真正帮助穷人，从而形成"基督内爱的团体，使所有人分享生活的上帝的礼物"③。

根据以上分析，我们可以看到，《解放神学》对马克思宗教批判所作的三个回应，前两个是关于唯物辩证法和唯物史观的，后一个混合了共产主义社会、社会交往等理念，但最终是上帝公义的实现。可以认为，经过一番周折，《解放神学》所言的最高解放还是回到了神义论，即作为至善的上帝为了实现普世公义，它带领人类在历史和现实中实现拯救。如果从这个终点来看，马克思的思想对于《解放神学》来说只是一个过程，而保禄六世的通谕才是古铁雷斯的目标指向。抵达这个终点，也就回到了传统天主教教义。因此，解放神学虽然在社会批判和历史创造层面有历史唯物主义倾向，但它的神义论必然对真正的唯物主义（包括历史唯物主义）是拒绝的。他实现的是黑格尔的目的论式的历史，而不是马克思的唯物史观。

但同样也可以认为，《解放神学》所言的人们之间的社会共同体关系，与马克思所谓自由人共同体如出一辙，二者笔下的人们也将摆脱异己力

---

① Gutiérrez, *Teología de la liberación*, ob. cit., p. 271.
② 《圣经》（思高版），马尔谷福音 12：30—31。
③ 保禄六世：《民族发展》通谕［EB/OL］，第 21 条，http://www.catholic.cd/article/Church_Documents/tongyu/2015/0417/720.html，17/04/2015。

量，国家将成为服务工具。人们为他人服务并不是出于被统治，信仰也不是像游叙弗伦一样仅仅服侍神，而是"用服侍同胞来传播上帝的爱，如同基督一样"①。圣言通过启示带领穷人寻求解放，而贫穷的木匠耶稣在历史的终点将救恩赐给万民，上帝之国降临，终极拯救彻底实现，到达解放神学的最高目标。这就是为什么古铁雷斯认为，属灵的解放是最高的解放。这样的解放，在科耶夫（Alexandre Kojève）看来是历史终结："人本质上不再改造自己，不再有理由改造作为人对世界和自我的认识的（真正）原则。但是，其余的一切会无限地继续存在下去……能使人幸福的一切东西。"② 这不是资本主义自由民主的历史终结，而恰恰是终极的解放。实际上，马克思的人类通过自我解放到达的共产主义，也可以看作是一种终极拯救的历史终结。③ 从这个意义上说，科耶夫、马克思、古铁雷斯的历史终结，虽基于不同的前提，但最终结果类似。

四 结语

古铁雷斯的上帝是一个虚化的本体，它是三重解放的起点和终点，但其中的历史则由人自己努力完成。可以看出，这三重解放都是在上帝指引下的一种人的自我解放，即没有上帝，解放就没有方向；但上帝只会指引这种方向，而其中的内容，《解放神学》采用了马克思的模式。这样，《解放神学》将二者合二为一，用马克思的理论重新构建了教会。

巴特认为，"马克思主义的无神论并不损害基督教活生生的上帝，只是损害到'观念上的偶像'罢了"④；为了消灭成为新偶像的资本拜物教，他甚至提倡"真正的基督徒必须成为马克思主义者……真正的马克思主义者必须成为基督徒"⑤。从思想本质来说，《解放神学》所论证的神义与苏

---

① Fr. Franciszek Blachnicki, "A Theology of Liberation-In the Spirit", Berlin: *Religion in Communist Lands*, 1984, 12 (2), p. 166.
② 科耶夫：《黑格尔导读》，姜志辉译，译林出版社2005年版，第517页。
③ Bertrand Russel, *A History of Western Philosophy*, Simon And Schuster, New York, 1986, p. 363.
④ 转引自刘涛《马克思主义与基督教对话之初探》，《兰州学刊》2005年第1期。
⑤ 转引自 Denis R. Janz, *World Christianity and Marxism*, UK: Oxford University Press, 2008, p. 23.

格拉底或莱布尼茨所论证的神义并无实质区别；但在抵达历史终点之前的现实中，这个空间却采用马克思主义的方式去实践历史。《解放神学》并不是一部原创性很强的著作，而是融合了大量前人思想创造出的新的"实践神学"，将认识转化为实践，正如马克思所言："哲学家们只是用不同的方式解释世界，而问题在于改变世界。"①

进入 20 世纪 80 年代后，解放神学因拉美政治、经济、军事等格局的变动而逐渐走入低谷，甚至有人说"解放神学已经死亡"。再后，从全球政治格局来看，东欧剧变和苏联解体也从大环境上让解放神学更加难以立足。但解放神学本身走向衰落的同时，却影响了世界其他教会，形成了旨在寻求解放的黑人神学、大众神学、妇女神学等。但今天，历史发生了戏剧性的转变。2013 年登基的"人民的教宗"方济各（Papa Francesco）显然对解放神学充满好感。方济各与古铁雷斯同是拉美贫民窟出身，深切知晓最底层人民的苦难。他发布《福音的喜乐》通谕，把资本拜物教当作《圣经》中的金牛犊崇拜而予以痛斥②，邀请古铁雷斯到梵蒂冈参加会议，他甚至在墨西哥接受了一个铁锤镰刀形象的十字架礼物。解放神学在陷入衰落后，似乎又因方济各的上台而重焕青春。方济各成为穷人的教宗，古铁雷斯也再次声名大噪。他旋又提高音调，将方济各看作自己的支持者，声称教廷从未批判解放神学。③

为了实现马克思号召的终极解放，古铁雷斯写出史诗般的《解放神学》，他既要与劳苦大众一起在阶级斗争中失去锁链而获得整个世界；又要走出红海，去向那没有剥削和异化、只有奶和蜜的应许之地。

（奚望，四川外国语大学社会科学部 2015 级硕士研究生；张航，四川外国语大学西班牙语系 2014 级硕士研究生）

---

① 《马克思恩格斯选集》第 3 卷，第 6 页。
② 方济各，"福音的喜乐"通谕 [EB/OL]，二：55 条 https：//w2. vatican. va/content/dam/francesco/pdf/apost_ exhortations/documents/papa‐francesco_ esortazione‐ap_ 20131124_ evangelii‐gaudium_ zh_ cn. pdf, 24/11/2013.
③ Vatican never condemned liberation theology, Gustavo Gutierrez insists [EB/OL]，https：//www. catholicculture. org/news/headlines/index. cfm? storyid = 24898，12/05/2015.

双边关系回顾与展望

葡萄牙人眼中的中葡关系

[葡] 乔治·塔瓦雷斯·席尔瓦
蓝博 译

内容提要 21世纪初期，中国和葡萄牙的经济和政治关系实现重大突破。2003年，建立澳门论坛；2005年，建立全面战略伙伴关系；2008年，世界金融危机后欧洲对中国投资的需求。本文从葡萄牙人的视角观察中葡两国合作的现实情况，让中国人了解葡萄牙人对中国真实的看法。

一 引言

中葡关系史是东西方大陆的交往史上最浓墨重彩的一页。历史上，葡萄牙人是联结欧亚大陆的使者，马克思曾将中葡交往喻为"连接的两端"[1]。数世纪以来，欧洲的商人和旅行者给人们讲述了遥远东方的美好，民间留传下无数关于东西方接触的故事。欧亚大陆交往历史久远，但由于地理障碍，彼此总感觉陌生而神秘。直到1513年，葡萄牙人欧维治（Jorge Álvares）从海路抵达中国，真正意义上开辟了中葡地理互通的路径。

虽然旧时中葡交往难言亲密，但联系从未中断。"中国商品充满魅力"的世纪里，西方人饱含着跨文化的冲动，渴望着与东方接触。19世纪，西方对中国商品的渴求导致了矛盾和战争的爆发。在那段"世界性冲突"的时期，英国人煽动了包括葡萄牙在内的全欧洲东征。20世纪中期，共产主

---

[1] Marx Karl, "Revolution in China and in Europe" [*New York Tribune*, 14 de junho], In Lebetter, James (ed.), *Karl Marx-Dispatches for New York Tribune: Selected Journalism of Karl Marx*, London: Penguin, 1853, pp. 3–11.

双边关系回顾与展望

义浪潮冲断了中葡关系。1980年起,中国调整了经济发展模式,向资本主义国家敞开大门,摇身变成了"世界工厂"。1974年至2004年,中国保持年均9.4%的经济增速,一跃成为世界第三大贸易大国和世界第四大经济体,中国没有辜负"世界工厂"的美誉。1974年,中国出口贸易额仅为1.48亿美元,1992年飙升至1850亿美元,中国的改革开放向世界展示了其强大的对外输出能力。[①] 拥着世界20%人口的东方大国,从封建式的农业社会迅速转变为开放式的工业社会,并逐渐成为外商投资首选国和世界商品的超大供应国。旧时的中国大部分时间都与世隔绝,现如今的中国焕然一新,再次回归世界舞台。奈斯比特夫妇认为,中国是"南环经济带"的领袖,在多极世界体系中,以中国为代表的新兴国家有能力与西方国家共同治理世界。[②] 以民族复兴为目标的国家治理方案放在全球背景中去既是世界治理方案。习近平领导的中国共产党喊出了实现中华民族历史复兴的"中国梦"。不过中国实现梦想并非依靠军事手段,而是通过经济手段。从学理上看,中国尝试通过支配经济资源来实现理查德·罗斯克兰斯(Richard Rosecrance)提出的"贸易强国"理论。

新的国际形势下,中葡两国有必要走得更近。2008年金融危机后,中国资本开始快速进入葡萄牙。为走出经济低谷,葡萄牙以低廉的价格向包括中国在内的国外资本大量抛售资产。新的双边外交关系也在这样的大背景下产生,两国签署了战略伙伴关系,签署了多项经济和文化协议。不过,自古部分葡萄牙人就对中国心存戒备,这些人给双边关系制造了许多噪音。本文将分析当代葡萄牙人的反华心理及其原因。本文前半部分,笔者将简要回顾中葡关系史,重点讲述双方关系最糟糕的那一时期。后半部分,笔者将重点分析习近平执政时代的中国政治形势。通过解读中国政府颁行的政治和经济类文件帮助葡萄牙人理解中国行为。最后,笔者将客观评价两国双边关系,以及葡萄牙主流媒体一些观点。

[①] Zweig David, "China's Political Economy", in Joseph, A. William (ed.), *Politics in China-An Introduction*, Oxford: Oxford University Press, 2014, pp. 254–290.

[②] John Naisbitt; Naisbitt, Doris, *Mudança no Jogo Global-Como a Faixa Sul Irá Transformar o Mundo*, Lisboa: Gradiva, 2016.

二 中葡关系简述

1554年，中葡签署第一份双边协议，一份由莱奥内尔·索萨与时任广东省官员签署的经贸协议。① 自此葡萄牙船队可以在中国海域自由航行，但要支付税银。从此，大量的葡萄牙商船穿梭在中国海域，孜孜不倦地推动着两国海上贸易。之后，一部分葡萄牙人定居澳门，他们坚信自己是联结世界的使者。时至今日，很多葡萄牙人都还感叹，"小"葡萄牙居然曾在著名诗人费尔南多·佩索阿（Fernando Pessoa）惊叹的"大东方"留下过深刻的"足印"。② 西方人对"中国东西"的疯狂迷恋也许是造成18世纪"东西跨文明"冲突的原因之一。还有就是宗教原因，中国皇帝阻挠西方传教士在中国传教，引起了教皇的不满。1759年，庞巴尔事件（el decreto Pombalino）导致中葡关系转冷，这位葡萄牙首相曾将耶稣教会驱逐出葡萄牙，包括中国境内的澳门。1835年1月，他下令焚毁了圣保罗学校和圣保罗教堂。到了19世纪，欧亚关系的主动权由英格兰人掌握。这一时期，欧洲疯传中国移民失控论，即德国末代皇帝普鲁士大帝吉尔莫二世宣扬的"黄种人危机"的言论，这引发了欧洲社会对中国移民失控的担忧。1930年，葡萄牙本土出现了第一个中国移民聚居地，大多数来自中国浙江。早期的中国移民化为游商在葡萄牙的大街小巷兜售领带。"第二共和国"时期（Estado Novo），葡萄牙殖民地莫桑比克出现了规模较大的中国移民聚居区，20世纪70年代，近8000名中国移民涌入莫桑比克。中国移民聚居的区域商业繁荣，他们以经营零售商店和餐馆为生。

1949年，由于葡萄牙政府不承认新中国政府，中葡外交关系曾坠入冰点。当时，葡萄牙主要受美国的影响，"冷战"时期美国迫使盟国们对"敌对"背景国家进行封锁，中国被其划入"敌对"阵营。中国政府屡次要求葡萄牙政府承认其政权，但时任葡政府统治者萨拉查（Salazar）强硬地拒绝，在他看来，葡美关系远胜一切。1963年，中国总理周恩来曾在访

---

① Aresta António, Oliveira, Celina Veiga de, *Macau-Uma História Cultural*, Lisboa: Inquérito, 2009, pp. 13 – 21.
② Ibid.

双边关系回顾与展望

问非洲时提出与时任葡萄牙政府对话（此事未曾有官方报道），但是遭到了拒绝，当时葡萄牙政府答复与法国的戴高乐言论如出一辙："只承认中华民国政府。"萨拉查还曾扬言要调整葡萄牙外交政策，20世纪60年代早期，萨拉查政府曾与埃德加·斯诺（Edgar Snow）接触，试图了解中国对外开放的进展，以及对葡关系的态度变化。1964年，葡萄牙尝试与中国进行非官方接触，时任政府拟派遣"代表团"访问北京，由非洲的葡籍工程师乔治·哈丁（Jorge Jardim）出任团长。但此事被美国驻葡大师乔治·安德森提前知晓，他代表美国政府向葡政府施压，计划被迫搁浅。[①] 实际上，中华人民共和国成立后，中葡两国虽然没有建立官方外交关系，但民间交往不断。1970年后，美国的外交政策突然转向，不仅缓和了同苏联的关系，而且开始尝试与中国交往。1979年是中葡断交30年，这一年两国恢复了官方外交关系。这得益于中国和美国关系的改善，两大外交事件不可不提：1971年基辛格（Kissinger）访华和1972年尼克松（Nixon）访华。这一时期，葡萄牙也为两国复交做出了努力：1974—1975年，葡萄牙过渡政府的外交部长马里奥·索雷斯（Mário Soares）曾公开表示希望中葡重新建立外交关系，中国政府迅速回应，要求葡政府承认新中国政府是合法政府再谈其他。随后，葡萄牙外交部敦促台湾驻葡代表限期离境，以此彰显与中国政府恢复外交对话的决心和态度。1978年起，邓小平领导中国进行改革开放，中国向世界打开国门。改革开放对中国外交影响巨大，尤其是对外经济关系。1979年，若热·德乌斯·拉莫斯被任命为葡驻中国大使，他也推动了两国复交后的一系列正式互访。1984年，时任中国国家主席李先念访问葡萄牙；1985年5月，葡萄牙总统埃亚内斯（Ramalho Eanes）携外交部长哈梅·伽马（Jaime Gama）回访中国，前者也成为葡萄牙历史上第一位访问中国的元首。此次访问中，中国政府向埃亚内斯提出了"澳门归还问题"。之后，两国高层领导人互访频繁，葡方主要领导人有：卡瓦科·席尔瓦（Cavaco Silv）分别于1987年、1994年和2014年到访中国，马里奥·索柯拉特斯（Mário Soare, 1995）、安东尼奥·古铁雷斯（António Guterres, 1998）、豪尔赫·桑帕奥（Jorge Sampaio, 2005）、何塞·索科拉雷斯（José Sócrates, 2007）；中方主要有：李鹏（1992年）、

---

① Jardim Jorge, *Moçambique Terra Queimada*. Lisboa：Editorial Intervenção, 1976.

江泽民（1999年）、胡锦涛（2010年）。实际上，1985年后，两国高层逐年互访。值得一提的是，席尔瓦总统首次访问中国后，时任中国国家主席赵紫阳以"澳门问题特别代表"身份回访葡萄牙。2005年，温家宝访葡期间，中葡建立了"全面战略伙伴"关系。2014年，正值中葡建交35年，两国进一步深化了双边关系。同年的5月12—18日，席尔瓦总统访问中国，7月，副总理保罗·波尔塔斯（Paulo Portas）与中国元首会晤，共同强调葡萄牙是中国与葡语国家贸易的桥梁。2016年，安东尼奥·科斯塔（Antonio Costa）访问中国，开启了新形势下中葡新一轮双边合作洽谈。而所谓的"新形势"，是指习近平领导下的中国对外政策的新变化，下文我们对此展开讨论。

三 新形势下的中葡双边合作

新形势下，中国和葡萄牙开启了新一轮的双边合作，既有官方层面也有民间层面，涉及外交、文化以及经济等领域。例如，2016年，开设中葡经济论坛。论坛由葡中工商会（Câmara de Comércio e Indústria Luso-Chinesa）和葡萄牙工业协会（AIP）共同主办，得到了中葡青年企业家协会、葡萄中华总商会（Associação de Comerciantes e Industriais Luso-Chinesa）、葡华侨联（Liga dos Chineses em Portugal）的大力支持。不过，从改革开放至今，两国关系仍不够活跃。2000年，中国是葡萄牙的第三十四贸易伙伴国，对中出口只占葡萄牙全球出口总量的0.2%。2015年，据葡国家统计局数据显示（INE），在葡中资企业仅占在葡外资企业总量的0.1%。在华葡资企业也仅占在中外资企业总量的0.1%左右。葡萄牙对中国进口仅占其进口总量的0.9%，中国仅是位列十名开外的进口产品供应国。国际贸易赤字一直困扰着葡萄牙，从2005年起，葡对外贸易赤字一度达到7.84亿欧元。在购买中国商品方面，葡萄牙仅列全球第75位，远远落后于美国、日本等主要国家。葡对中出口仅占其总出口的1.4%左右，中国也仅是葡萄牙的第12出口对象国。但是，据中国海关总署统计，2014年，中国自葡萄牙进口同比上升18.8%，总值首次达到16.6亿美元，这是一个

双边关系回顾与展望

积极的信号。① 贸易产品种类方面，2015 年，葡萄牙对中国进口产品主要有设备及工具类（34.1%）、钢铁类（11.9%）、化学品类（7.1%）、各种制成品（6.9%）以及纺织品类（6.4%）。在投资方面，中国企业注资了葡萄牙电力公司（EDP）和葡萄牙国家能源公司（REN），这也使得中国在葡萄牙外商投资的排名从第 39 位跃升至第 12 位，这项数据非常重要。② 尽管葡萄牙的外交策略总是以欧洲、大西洋以及葡语世界为中心，但是，中葡 2005 年起建立的"战略伙伴"关系无疑会成为双边关系的发展的重要引擎。③ 发展对中关系显然在葡传统的外交框架外，但却在欧洲发展对中关系大战略框架之中。欧洲各国正在逐步加强对中国的关系，例如德中关系，最明显的是 2005 年至 2015 年，德国总理默克尔 8 次访问中国。默克尔还指出了德中经济关系发展的两大核心领域：钢铁制造业和光伏产业，中国目前是前者的世界工厂。多家德国企业和中国签署了数千亿欧元的订单，例如德国大众。葡萄牙没有特别吸引中国的高技术产业，虽然到中国开发市场的葡萄牙企业越来越多，但是结果似乎总是不尽人意。更多的是政策层面表现出强烈的意愿，但是企业能力往往没有跟上。2008 年的金融危机后，葡萄牙国内不仅银行业出现倒闭潮，许多大型企业也遭受严重打击，中国对这些企业抛出了橄榄枝。笔者认为，在当今世界经济相互依存的格局中，没有任何人可以忽视中国机遇。

尽管葡萄牙企业实力偏弱，但是中国不妨从政治角度去看待中葡关系。葡萄牙是欧盟成员国，中国若想与欧盟发展深层次的关系，葡萄牙无疑是一个需要争取的潜在伙伴。葡萄牙对于中国突破欧盟的一些外交封锁具有重要意义。葡萄牙驻中国大使何塞·索阿雷斯（José Tadeu Soares）就曾主张，葡萄牙应该主动促成欧盟解除对中国的武器禁运。2005 年，时任葡萄牙总统豪尔赫·桑帕奥就曾在北京公开发表言论称，欧盟未来应解除对中国的武器禁运。④

---

① AICEP, *Ficha de Mercado*, Portugal Global, 2016.
② Ibid.
③ Moreira de Sá, Tiago, *Política Externa Portuguesa*, Lisboa: FFMS, 2015, pp. 11 – 12.
④ RTP, "Pequim quer apoio de Lisboa a estatuto de "economia de mercado", 2005, http://www.rtp.pt/noticias/pais/pequim – quer – apoio – de – lisboa – a – estatuto – de – economia – de – mercado_ n21869 [7 de maio de 2017].

欧盟对于中国的市场经济地位承认问题，主要在于人们担心中国通过降低制造业的成本进而使得低价商品倾销欧洲市场，这样会破坏欧洲的工业体系。同时还涉及了市场竞争的公平性、知识产权等问题。上文笔者已经提过，德国已经和中国建立了非常活跃的经济和外交关系，因此，德国已在行动上承认了中国市场经济地位，也让中国商品更为便捷地进入欧洲市场。

资料显示，1990年后，葡萄牙的中国移民逐年增长，这波移民主要流向服务业。实际上，这是第二波移民流入，第一波是在1970年，受到葡萄牙去殖民化政策的鼓舞，大批中国移民从葡前殖民地尤其是莫桑比克流入宗主国。时间再往前推十年，也有一批来自中国浙江省的中国移民从本土来到葡萄牙，这批移民来葡的目的是寻找商机和谋求更好的生存环境。前两波移民有"关联"性，后来者受到先到者的吸引和拉动。90年代末的中国移民大幅增长还因为，中国政府收回了香港和澳门的领土主权，部分原先在澳门居住的中国人对主权变更后的社会前景心存担忧，于是纷纷移民葡萄牙。移民局资料显示，截至2009年，葡萄牙拥有近1.4万的中国移民，比2006年增长了4000多人。20世纪八九十年代，在葡华人产业以餐饮业为主，随后被零售和批发业取代。现如今，经济实惠的"中国商店"已经开遍葡萄牙的大街小巷，成为一道亮丽的商业风景线。时至今日，近6000名中国移民将商店开在葡萄牙全国各地，不过有趣的是，他们销售的商品基本都是"葡萄牙制造"。葡萄牙的中国移民主要聚居在波尔图、里斯本以及北部的孔迪镇（Vila do Conde）。

葡萄牙政府发放的"投资居留许可"（俗称"黄金居留签证"计划）成为推动中国移民涌向的本国的重要原因。这是一个提供给第三方国家（社区空间的角度）人群的特殊签证，需要申请者满足一些特定条件：资产转移、创造就业或者购置房产。2012年至2014年，该计划为葡萄牙吸引了超过12亿欧元的投资。政府共发放了2971份投资居留许可，其中1629份由中国公民获得。从2012年末至2015年3月，该项计划为葡萄牙带来了约9.1亿欧元的中国公民投资。不过，葡萄牙移民局的腐败问题给该政策的后续发展带来了很大的负面影响。从目前来看，由于政府加强了行政（新政频出）和法律监管（限制条例增多），该签证审核速度明显放慢。这也导致许多中国投资者不得不放弃葡萄牙转而将目光投向欧洲其他国家（例如西班牙）。计划初期，投资居留许可每月发放180—200份，到了2014年，骤然减少至80—90份。①

从社群的角度来看，上述投资移民群体有"相互关系"支撑的稳固社群。社群人际关系活跃，换句话说，社群内部有着独立、活跃的交互关系网。人和人之间有着"关系"的纽带，也就意味着人们在处理事情的时候，可以仅通过人际合作来获取帮助。社群互助系统的好处在于，一旦涉及共同利益，整个社群会产生出共同的责任、意愿和情感。大多数人认为在葡中国商人（非企业）的成功，主要得益于人情而非体系。很多时候，绝大多数的投资并非来源于金融体系，而是来源于上述人情关系网络体系，该体系是基于一个清晰的集体商业运营模式，而非个体商业模式。2008年的金融危机为中国对葡萄牙投资创造了有利条件，也是造就如今中葡良好关系的因素之一。2011年和2014年，葡萄牙政府均提出要让本国变成欧盟最大吸引中国投资的目标国之一。2014年，葡萄牙吸收外商直接投资总额约为16.5亿欧元，比2013年高出50%。截至2014年，中国对葡直接投资约占葡国内生产总值的1.06%（18.39亿欧元），超过了对德国德投资（14.71亿欧元），但是不及英国（46.9亿欧元）。2017年，投资总额首次达到近30亿欧元。受益产业包括能源、不动产、农副产品以及农业。葡萄牙受欧元危机影响，再加上国内企业普遍流动资金不足，许多产业不得不以相对低廉的报价吸引外商投资，例如，圣灵银行（Grupo Espírito Santo）和葡萄牙电信（Portugal Telecom.）。2011年，三峡集团斥资近27亿欧元购买葡萄牙电力21.35%的股权，2012年，国家电网亿3.87亿欧元收购葡萄牙国家电力25%的股份；2013年，复星集团收购葡萄牙国家银行（la Caixa Geral de Depósitos）签署协议，以总价约10亿欧元收购后者旗下Fidelidade（忠诚保险）、Multicare和Cares三家保险公司80%的股份。中国媒体第一时间对三峡集团与葡萄牙电力的股权合作进行了报导，因为这是深陷主权债务危机后欧洲国家第一笔大额外商投资。三峡通过资本并购成为葡萄牙电力的第一大股东，也使得葡萄牙一跃成为中

---

① Público, "*Vistos gold：investimento chega pela primeira vez aos 3000 milhões*", 2017, https：//www.publico.pt/2017/04/07/economia/noticia/vistos - gold - investimento - total - atinge - pela - primeira - vez - 3000 - me - em - marco - 1768049 [7 de maio de 2017].

国对欧投资的主要目标国之一。从 2012 年至今，中国已对葡投资近 100 亿美元。然而，2015 年的沪深股灾使得投资势头骤然放缓，投资速度和数量都有所回落。2016 年，海南航空与大西洋门户财团（Atlantic Gateway）达成协议，入股葡萄牙航空（TAP）。值得一提的是，澳门赌场老板何鸿燊是大西洋门户财团的股东。复星集团有意收购诺沃银行（Novo Banco），同时还在旅游业和农副产品业寻求投资机会。此外，2012 年，北京威立雅水务公司全资收购了葡萄牙威立雅水务公司，2014 年，海通证券收购了葡萄牙圣灵投资银行（BESI），同年，中国工商银行里斯本分行开业。2015 年，中国银行和华为先后进驻葡萄牙。复星集团创始人兼董事长郭广昌称葡萄牙为欧洲最优投资目标国，是西欧他最感兴趣的投资目标国。2016 年 9 月，复星集团入股葡萄牙商业银行（BCP）持股 16.7%，成为该银行第一大股东，并计划未来增持股份比例至 30%。

中国不仅致力于加强与葡萄牙的经济领域合作，同时也加强文化和媒体领域合作。例如在 2015 年，时任中宣部部长刘奇葆率领 21 人团访问葡萄牙，在里斯本与葡政府总理科埃略（Passos Coelho）和社会党总书记科斯塔（Antonio Costa）进行了会晤，刘奇葆就提出希望加强两国人文交流。关于推广文化，实际上，中国从 2004 年起就注重加强"软实力"，通过全球范围开设孔子学院来推动中国文化和汉语走向世界，这样的做法类似于英国文化教育协会（British Council）。之后 3 年时间，中国在全球 36 个国家开设了 140 所孔子学院，截至 2015 年，这组数字增加至 120 个国家和 150 所，其中有 100 所开在美国。葡萄牙共有 3 所孔子学院，分别在里斯本大学（la Universidad de Lisboa）、米尼奥大学（Universidad do Minho），以及阿威罗大学（Universidad de Aveiro）。所有的孔子学院的管理权都归属中国国家汉语国际推广领导小组办公室，简称汉办。孔子学院在国外的合作方一般选择当地大学，大学负责提供场所，而汉办则负责培训教师和提供资金。汉办的资助不仅让中国学生获得了国外学习的机会，也让外国学生获得了前往中国学习的机会。对于中国政府来说，孔子学院是国家的名片，同时也是中国进一步强化对外联系的契机，从而更多了解各国文化、政治和社会。

对于中国政府来说，教育层面的国际交流非常重要，吸引越来越多的外国学生来中国学习，同时送出更多的中国学生去国外学习。目前，美国

双边关系回顾与展望

有超过5万的中小学生学习普通话。中国教育部资估计，目前全球有超过1亿人在学习中文。在葡萄牙，学习中文的学生呈几何数级增长。值得一提的是，圣若昂达马德拉市（São João da Madeira）教育部门将中文设为当地小学的必修课，五年级学生必须学一个学年的中文课。学习中文的目的是让学生们掌握向中国出售高档皮鞋的语言敲门砖，有超过700名学生从五年级开始一直学习到中学毕业。这项举措于2012—2013年正式启动，得到国家教育科学部和阿威罗大学的大力支持。法新社、BBC等知名媒体对此事进行了报导。许多葡萄牙的年轻人抱着"逐利"（follow the money）的梦想和野心积极学习中文，希望有朝一日能够到中国去旅行和中国人做生意。以小见大，可见中国经济对于全球的影响力究竟有多大。

在中国的葡萄牙人的数量呈逐年缓慢增长的趋势。葡萄牙领事区事务司资料显示，如果除去澳门地区，生活在中国的葡萄牙人数量很少，不超过400人。2003年，据葡萄牙驻中国使馆的数据，只有150个葡萄牙人（包括葡籍华裔）在中国生活，到了2004年，人数增加了一倍多，但也仅只有350人。大部分在中国的葡萄牙人集中在北京市，主要是使馆工作人员、留学生、企业家以及分公司代表。尽管人数不多，但是他们也形成了一个利益相关的社群，他们在北京和上海等大城市组织开展了丰富多彩的葡萄牙文化活动。目前在北京的葡萄牙人约有120人，他们与葡语世界其他国家的人建立了友好联系。在中国的葡萄牙人多为不满40岁的年轻人，大多从事自由职业，例如律师、建筑师、教育工作者等。

随着澳门主权回归中国政府，2003年，中国—葡语国家经贸合作论坛成立，也称澳门论坛。这个论坛就好比一个多边平台，提供对话、整合、合作的长效机制，为中国与葡语国家相互之间建立了良好的经贸合作关系。中国政府的目的在于拉近与世界各国关系，尤其是葡萄牙、安哥拉和巴西，因为这三个国家对于中国进入欧盟、南共市和非洲有着战略意义。葡语国家遍布四大洲，总人口约有2.4亿，葡语也是世界第五大语言。因此，中国学习葡语的学生数量不断增加，这也给人感觉中国正在不断走近葡语世界。2000年，中国传媒大学率先开设了葡语专业，这也给其他高校起到了引领示范作用。到2010年，共有10所中国大学开设了葡语专业，2012年至2015年，这个数字则从19所上升到28所。

中国对于中葡互通如此感兴趣的另一个原因在于海洋战略,葡萄牙的亚速尔群岛可以充当欧亚大陆的出海港口,打通其大西洋运输路线。2016年,科斯塔访问中国时开启了新一轮中葡合作,也将吸引中国投资提上了政府日程。能源、保险、医疗和金融也从众多行业中脱颖而出,成为投资热点。此外,欧盟与美国的自由贸易以及开凿新的巴拿马运河,这些都是中国投资的兴趣点。葡萄牙是欧盟第三大、世界第十一海洋专属经济区(ZEE),而且,随着大陆架的扩大,区域面积还将扩大18—40倍,这也意味着葡萄牙将有97%的领土位于海洋之中。中国资本进入葡萄牙海洋产业将会极大促进双边海洋经济的发展。

四 习近平与民族伟大复兴

从1978年的改革开放开始,中国的命运往往会随着中共最高领导的更迭有着深刻的变化。十八大大约70%的政治局委员、国务委员和军委委员被更换,意味着整个核心圈的更新换代。中国问题专家凯里·布朗(Kerry Brown)把此前十年的中国称为"静默的中国"。但是,习近平领导的新政府则表现不同,对国内外事务反应非常的迅速。不仅如此,习近平给公众的印象是一个亲民且饱含热情的领导人,他对外展示很多个人生活照片,有全家福,有推着轮椅的家庭照,还有下乡扶贫的工作照。[1] 这些照片无不彰显习近平是一个非常亲民的领导人,与人民群众一道同社会不公、房地产投机、环境污染、腐败、滥用公权力等社会乱象作斗争。习近平对外发表演讲,讲述了他的中国梦,这是一个唤起中华民族历史记忆的梦想,也是一种推动新型大国关系的设想。后一点也引起了某些国家的担忧,认为这是中国民族主义扩张的征兆。关于这一点,皮特·马蒂斯(Peter Mattis)认为,中国在尝试建立一个"能容纳中国社会主义特色的国际环境"。这位学者的表述似乎是认为中国政府是在"购买时间和空间",目的是稳定其国内。实际上,中国政府确实面临巨大的国内经济和

---

[1] Xinhua-Agência Noticiosa Nova China (2013), "人物特稿:'人民群众是我们力量的源泉'——记中共中央总书记习近平". Disponível em:http://www.xinhuanet.com/politics/zgldrxdt/index.htm [7 maio de 2017]

双边关系回顾与展望

社会挑战，这让新一代领导集体的执政重心都集中在社会问题上，其中包括反腐败。所谓的中国民族主义，无非是用来调解国内矛盾以及激发人民共同目标的一种情感，而党似乎是在扮演与过去缺乏思想纪律告别、引领改革的角色。与此密切相关的是，政府强力发展对外关系可增强民族凝聚力，有利于国内的稳定团结，换句话说，将压力释放在国际环境中。中国问题专家沈大伟指出，中国新一代领导人在民族复兴问题上的表达，已经清楚地向国际社会表明，中国是一个世界大国而非仅是一个区域性的或"边缘性"的国家。[1] 于是，这引起了周边国家的担忧，包括一系列的领土边界问题。

经济增长的可持续性是中国共产党生存和执政的根基，前提是要有足够的资源用于生产。20世纪80年代初期，中国经济飞速增长，推动能源消费持续走高。尽管中国本土不乏大型油田，但仍旧无法满足其经济增长的需求。1993年起，中国正式告别资源自给自足型国家，开始大量进口油气资源，绝大部分通过海洋渠道。事实证明，中国很早开始就将海洋作为其对外发展的窗口，现如今中国的海洋优先战略不难理解。2006年，时任中国国家主席胡锦涛在讲话中首次提出建设"海洋强国"，他指出，建设"强大的海军"是新时代背景下中国人民解放军新的历史使命。他同时强调，必须确保中国在印度洋的能源供给线路的安全。总的来说，印度洋是中国地缘战略不变的重心，艾佛雷德·塞耶·马汉（Alfred Thayer Mahan）将印度洋比作"克劳塞维茨海洋"（Clausewitz del mar），即这片海域是世界各国角力的海上战场。[2] 马汉曾这样形容："印度洋资源丰富，是重要的海洋'公域'，是人类历史上最重要的商业和军事力量流通的媒介。"同时他还有一句名言："谁控制了印度洋，谁就控制了亚洲。印度洋是通向7个海域的要冲，21世纪世界的命运将在印度洋上见分晓。"[3] 中国现任总理李克强也公开表示坚持中国建设"海洋强国"

---

[1] Shambaugh David, *China Goes Global-The Partial Power*, Oxford: Oxford University Press, 2013.
[2] Defarges Philippe Moreau, *Introdução à Geopolítica*, Lisboa: Gradiva, 2012, pp. 43–45.
[3] Ibid., p. 43.

的战略目标。① 因此，中国政府以及相关政府文件中均反复提及海军现代化战略。配备了歼 15 和 FL - 3000N 舰艇自卫防御导弹武器系统的航母"辽宁舰"，是中国海军现代化的标识。② 同时，中国军方还公开了一系列的军工业采购和研发计划，包括新型核潜艇、多功能弹道导弹、鱼雷、载人机、无人机、驱逐舰、巡逻舰、两栖攻击舰、医疗船、C4ISR③ 系统舰队等。中国政府非常重视 200 海里范围内经济海域，尤其重视"南海九段线"。现任中国政府的地缘战略着眼于周边区域，尤其是连接欧亚的一些国家，并在此基础上提出了建设新丝绸之路经济带的倡议，以此作为东西方沟通与合作的桥梁。所谓的新丝绸之路经济带倡议，也就是我们熟知的"一带一路"倡议（One Belt, One Road），其目标是将远东和欧洲的陆路和海路连接贯通。当然，大西洋资源也随之进入远东国家的视线。

中国政府一系列海军现代化、海上军演、巡逻以及侦察动作，使得南海周边恢复平静。2011 年度中国的国防预算约 915 亿美元，同比增长 12.7%，高居世界第二。④ 目前来说，中国与周边国家之间的领土主权纠纷不断，中国北部海域和南部海域诸岛屿的主权归属一直矛盾重重，主要集中在钓鱼岛、南沙群岛以及西沙群岛，此外，还有一个争议的焦点是黄岩岛。中国政府简称上述岛屿海域是国家固有领土，这里有储量可观的自然资源。中国对于自身领土的话语权日渐增强，得益于其军事、商贸以及金融的强势，以及"软实力"的积极影响。葡萄牙也是受到上述因素影响而不断努力拉近两国关系。

---

① International Crisis Group, "Dangerous Waters: China-Japan Relations on the Rocks", *Asia Report n° 245*, 8 de Abril, 2013, 1 - 59; Taipei Times, "Hu Jintao Calls for More Powerful Navy", 29 de Dezembro, 2006, 1; Yoshihara, Toshi; Holmes, James R., *Red Star over the Pacific: China's Rise and the Challenge to U. S. Maritime Strategy*, Maryland: Naval Institute Press, 2010.
② Jane's Defence Weelky, "Annual Defence Report 2012", 12 de Dezembro, 2012, pp. 1 - 50.
③ C4ISR 系统包括指挥（command）、控制（control）、通信（communication）、计算机（computer）、情报（intelligence）、监视（surveillance）、侦察（reconnaissance），综合起来称为 C4ISR 系统。
④ Arthur Gordon, "Taiwan Island Defence", *Asian Military Review No. 5*, 2011, pp. 48 - 49.

双边关系回顾与展望

五　葡萄牙人眼中的中国

尽管葡萄牙人一直感觉中国很陌生，但又对其非常着迷。从历史进程来看，中葡两国从早期的相互发现，随之开始密切交往，不久后相互萌生"他者"意识，进而相互排斥，进入一段互不信任的漫长时期。因索曾说道："中国在西方人眼里是一个大大问号。"不可否认，两国之间有着巨大的文化、地域和政治鸿沟。过去的数个世纪，中国在欧洲人眼里是那样的陌生，但又魅力无限。衡量一个国家是否伟大，最重要的一点就是看这个国家是否能对别国产生非军事吸引力，换句话说，就是是否有国家魅力。约瑟夫·奈尔（Joseph Nye）将此称为"软实力"（soft power），用西班牙语或葡萄牙语表述即为"poder suave"（软实力）。从社会学和心理学的角度来说，国家"软实力"是本国对外民族形象构建的重要方式，也是衡量本国国际关系战略是否有效最重要的标准之一。无疑，这也可以用于解析中葡关系。前提是摒除历史冲突、价值观以及"他者"意识，将两国关系放在简单的和平共处、经济互利的背景下去解析。

我们简单回顾一下17、18世纪时期的中葡交往。这两个时期的中葡交往相对稳定，主要是通过耶稣会、多明我会和奥古斯丁会的传教士建立起来的。澳门的圣·何塞学校就是耶稣会传教士建立的，主要用于培养神职人员，同时也是中葡交往的媒介。它就是葡萄牙对中国进行经济、政治、文化以及宗教输出的窗口。葡萄牙人通过它开始逐渐对"中国世界"产生兴趣，而葡萄牙的宗教输出同样引起了时任中国封建统治者的注意。

耶稣会传教士打着"神圣信仰"的名义，将文化知识和科学技术取道澳门传入中国内地。比较著名的有：曼努埃尔·萨达尼亚（Manuel Saldanha）1667—1670年来华、麦德乐（Alexandre Metelo）1725—1728年来华、弗朗西斯科·桑帕约（Francisco Sampaio）1752—1753年来华。此外，有一人值得一提，那就是被康熙皇帝派往葡萄牙的中国特使：安文思（Pe. Antonio Magalhães）1721—1725年来华。也许是受特使们的影响，从这时起，中国皇帝开始有意加强与葡萄牙联系，并开始接纳葡萄牙人的"cosas"（东西/事情）。

19世纪是英格兰人的世纪，他们试图在世界每个角落都留下本民族的印记。这时期的中国遭受了外国入侵，大量的中国人以难民的身份涌入欧洲大陆，欧洲人感到前所未有的恐慌。难民主要以为俄罗斯和美国修建铁路为生，从而获得了一定的经济自由，进而形成了一批活跃世界的中国侨民。历史上，德国向来是外来文化进入欧洲的入口，"'黄祸'入侵"正是出自德意志第二帝国末代皇帝吉列尔莫二世（Guillermo II）之口。值得一提的是，"黄祸论"生逢一个反亚裔情绪的时代，它迎合了那个时代政治的需要。埃里克·伊兹拉莱维奇（Erik Izraelewitz）在他的著作《当中国改变世界》（*Quand la Chine change le Monde*）中言道："纵观20世纪，世界一直在宣扬所谓的'红色'（黑色）威胁。"从开始的人口威胁逐渐变为意识形态威胁，即所谓的共产主义最高理想。意识形态的传播渠道很少通过大众传媒，更多是通过民间小报和海外华人群体。

当前葡萄牙对中国形象持两种截然不同的观点：一种是中国在和平崛起，而另一种则是中国是个威胁，认为中国对世界既有军事威胁也有商贸投资威胁。持后一种观点的人对于中国的投资并购行为十分反感，尤其是对中国资本介入葡萄牙大型企业尤为敏感。宣扬中国威胁的著作和文献非常多，主导着当前葡萄牙对中关系研究领域。不过，笔者认为，这些观点对于中国恰是一面镜子，侧面反映出很多有意义的问题。中国是一个人口和领土大国，文化独特而悠久，与葡萄牙相距甚远，多数葡萄牙人都是通过自我想象在理解中国。众所周知，科学研究如若没有实地性的观察和接触，主观情感和臆想往往会严重干扰结论客观性。实际上，仅通过言语和书面形式的跨文化交流，然后结合历史经验去推导的结论，往往只能触及研究目标的"表象"，而非"真象"。综上所述，我们可以从多角度去理解所谓的"他者"形象构建，既指我们自己构建"自我形象"，也指如何影响他人的潜意识构建关于我们的"形象"。

20世纪的移民潮在一定程度上建立了各国的对外形象。例如，葡萄牙的对外形象主要建立在20世纪中叶的巴西和中欧移民身上。同理，日益增多的葡籍华人不断聚居在一起，进而形成一个封闭的商圈，无怪乎中国形象会引起葡萄牙人的担忧。2005年，马德拉群岛自治区主席阿尔贝托·若昂·哈丁曾对外宣称："葡萄牙在与非欧国家竞争，中国人来了，印度人也来了，他们在葡萄牙的领土上与葡萄牙人争抢饭碗。"尽管之后官方出来澄清说，主席的言论被好事媒体恶意"曲解"并非本意（*Público*,

2005），但造成的负面影响已无可挽回。2006年，葡萄牙《快报》(*Expresso*) 曾刊登过一则新闻《中国人不死在葡萄牙》，文章内容如下："2000年至2004年间，查阅政府官方记录，在葡华人竟无一人死亡，而实际呢？在隐瞒葡当局的情况下，死亡华人的遗体已经由中国使馆偷运回国埋葬了。这样做的目的是为了将死者的工作和居住签证转移给那些非法移民。"这则毫无根据的消息被众多新闻媒体转载，也让华人群体遭到当地人的质疑、讽刺和挖苦，形象一落千丈。葡萄牙的互联网和社交网络随之掀起排华潮，谣传华商偷税、涉黑等。近段时间，虽然对中国的负面舆论有所减少，但是随着中国投资的飙升和"黄金签证"的出台，人们隐隐有所担忧。

中国在葡萄牙的形象多少有点保守，尤其在科教领域。2013年的一项调查发现，约58%的葡萄牙人对中国持负面看法，与2010年相比上升了4%。但是，正如巴斯·平托分析的那样，人们对于某个事物的看法并非线性的，而是会与相关变量组合进而形成波动。[①] 尽管从全球范围来看，各地区、各国对于中国形象的看法不一，葡萄牙人也并非个案，但皮尤中心2015年的一项调查显示，当今世界对中国形象的看法在总体上是向正面的和积极方向发展的。一个国家的国际形象非常重要，它不仅会影响国际舆论导向，而且会影响国家外交战略的实施。值得一提的是，欧洲地区对中国形象看法最积极的国家是希腊，约有57%的希腊人喜欢中国，而世界范围内日本人对中国形象的看法最消极，只有不到9%的人持正面看法。大多数国家都认为，中国经济的持续增长是其国家形象提升的一个积极的因素，但是这也让一些国家将其视为威胁。

六 总结

从历史维度看，中葡关系虽然时近时远，但总体上呈现出亲近大于疏远的走势。"中国东西"曾让欧洲着迷，随后相互产生矛盾和摩擦，关系急转直下。20世纪80年代，随着中国改革开放，中欧开启了新一轮的合作浪潮。中国以亚洲大国的身份成为世界经济增长的中心，它不仅成为世

[①] Vaz-Pinto Raquel, *Os Portugueses e o Mundo*, Lisboa: FFMS, 2013.

界经济提新的投资热土,也使自身逐步融入世界。换言之,中国的崛起意味着"冷战"结束后国际秩序的重建,也意味着葡萄牙等传统发达国家的地位受到挑战。世界秩序的中心正在从西方转向其他地区,这一现象是从去殖民化开始至今逐步形成的。这一背景下,葡萄牙也失去了其海洋和工业霸主地位,势力逐步淡出东方大陆;在澳门主权回归中国后,葡萄牙完全收缩回了欧洲大陆。在欧洲一体化时代,德国肩负起了欧洲与中国交往的重任。

2008年的金融危机引发了葡萄牙国内巨大的社会动荡,国际地位也岌岌可危,这迫使葡萄牙政府寻求外界援助。不过,中葡关系呈现出一种新形式。中国对葡投资是近年来两国关系不断加强的催化剂之一,但是也为两国带来了文化、语言和外交的碰撞。值得一提的是,如果细细了解两国交往史,会发现中葡两国仅靠经济交往是不可能建立真正的亲密关系的。因此,两国政府如试图进一步提升双边关系的水平,应从社会文明层面着手。

事实证明,现如今的葡萄牙急需重新建构其外部关系,摆脱过往对欧洲大陆的依赖性和局限性,需摘下有色眼镜,重新审视与新兴国家之间的关系,并利用它们提供的机遇推动葡萄牙自身的发展。实际需求与历史价值观之间的矛盾是葡萄牙社会经常攻击和质疑中国的根本原因之一,但不得不说,中国确实是葡萄牙摆脱当前困境的最好选择。

(乔治·塔瓦雷斯·席尔瓦,科英布拉大学国际关系博士。阿威罗大学教授,江苏师范大学伊比利亚美洲研究中心特约研究员)

西班牙和中国交往中的城市公共外交

[西] 伊格纳西奥·尼诺

孙铭晨 译 朱伦 校

内容提要 随着全球化的蓬勃发展，城市成为各国参与国际活动的重要行为体。本文首先分别研究了中国和西班牙的城市公共外交。然后总结了西中两国城市交往的成功案例，如亚太计划、亚洲之家、上海世博会和西班牙——中国基金理事会。尽管西班牙在发展对中关系时，加入了城市元素，但是两国城市参与国际活动的积极性和程度不对等。中国想要借助友好城市关系等手段寻求与西班牙更大程度的合作，但西班牙没能合理利用这些。只有巴塞罗那和马德里在一定程度上制定了对中国和中国城市的积极且持续的合作战略。西班牙应该利用与中国建交40周年这个契机，像其他欧洲国家一样，将更多城市元素纳入两国双边合作机制，不断探寻深化两国关系，扩展两国交往领域的策略。

一 引言

本文旨在观察中国的国际活动以及在国际活动中城市所起的突出作用，总的来看，所有这些都是与都市相关。

若对中国的外交行为及其具体活动做持续观察，可以得出，中国的主要城市实际上是中国国际行为的扮演者；此外，这些城市的一切活动都是中国对外总政策的一部分，也就是说，城市是中国整体对外行为的扮演者之一。

因此，研究这一现象是很有意义的。既然主要城市是中国外交行为的重要力量，那么，其他国家在与中国打交道时，对此应该如何回应呢？

总的来说，这个问题不能一概而论，需要深入分析各国与中国的双边关系如何，然后再看本国城市在双边关系中能发挥什么作用。

西班牙与中国已有40多年的外交关系，因此本文将重点研究西班牙的情况。也就是说，本文的目的在于分析城市和都市区在西中双边关系中所起的作用。

为此，我们首先要谈一下与城市有关的"公共外交"概念（一些专家将其命名为城市公共外交）。其次，我们再分别回顾一下在国家对外活动中双方城市的参与情况；再次，我们将重点放在西班牙城市和都市区在西中双边关系中所起的作用上；最后，我们得出一些有意义的结论。

西班牙这个案例十分突出。早在1973年西班牙就与中国建立了外交关系。人们在总结两国关系状况时，总是大讲政治关系及其所面临的挑战或障碍，主张应建立更加紧密的经贸关系，多采取有助于推动双方关系的实际行动。

因此，西中关系面临的挑战之一，就是在双边关系中多采取行动多讲究实效。本文的意义也就在此，中国非常强调城市和都市区在双边关系中的作用，而在西班牙却并非如此。因此，本文将有助于我们重视起这个问题。

在西中建交40周年时，徐利奥·里奥斯先生写过一篇回顾文章，他也强调过这一点；他指出：双方建交40周年之际，正是"面向未来提出新思想"的好时机，探寻新思想，要求西班牙外交界"规划和推动地区和地方参与对华交往的战略"。

本文的目的正在于此，通过回顾城市和都市区的作为分析西中关系的现状以及继续深化的可能。

二 城市外交的概念

与当今蓬勃发展的全球化密切相关的一个现象是，城市的重要性不断增强。由此人们认为城市既是经济主体，也是问题集中的场所和解决问题的地方。

这一点也体现在国际政治领域。在国际政治领域城市的作用越来越积极也越来越活跃。然而，并非所有国家都承认这一点，因为种种因素的作

双边关系回顾与展望

用各国城市参与国际行为的程度不同。

可以明确的是，不论是城市自身还是在国家的国际政治大框架下城市都越来越普遍成为国际关系的行为体。

城市成为国际行为的主体，这个事实与人们对"公共外交"① 的认识密切相关，并与这一概念包含着城市这些"新角色"② 参与国家的国际行为有关，而在此之前国际行为是被国家垄断的。"公共外交"的概念，一直受到国际关系学者的强烈关注，包括中国学者。③

的确，公共外交的显著特点之一，就是在国际舞台上出现了一些新角色（除国家之外）。这些新角色之一就是地方政府，其中城市，尤其是大城市举足轻重。

两位专家罗吉尔·范·德·普拉伊吉姆和简·梅利森④对城市这一国际新角色所起的作用进行了总结并将其称为"城市外交"⑤（或"都市外交"），他们对"城市外交"的定义是："城市外交是城市或地方政府代表自身及其利益，在国际政治舞台上发展与其他行为体的关系的制度和过程。"

城市出现在国际舞台上的原因以及它们开展国际活动的手段，我们当然应该研究，但我们更应该关注城市外交在国际舞台上日趋活跃，不断走向专业化，与一开始的理想主义相比，现在更趋向于实际的目标。

总之，城市在国际舞台上日益活跃要求我们重新认识"城市公共外交"这一概念，并且要特别注意每个国家的具体情况。本文将对西中两个国家的具体情况进行分析。

---

① 曼海姆对"公共外交"的定义为："公共外交是一个国家的政府为了顺利实现对外政策的目标而采取的旨在影响大众舆论和另一国家精英的活动的总和。"

② 雅格布森和诺克斯已经研究了有关"国际政治新行为体"的概念。"国际政治新行为体"参见雅格布森和诺克斯的论述。

③ 关于中国如何运用公共外交来改善国际声望和有效发挥软实力的研究中国有许多。例如 Jinwei 和 Qingan 的著作：*How 21st-century China Sees Public Diplomacy as a Path to Soft Power*。此外，如同其他国家一样，中国也有公共外交办公室，它隶属于外交部新闻司。

④ Van Der Pluijm y Melissen J. "*City Diplomacy*: *The Expanding Role of Cities in International Politics*"，2007. Netherlands Institute of International Relations. Clingendael.

⑤ 阿库托称城市外交为"都市外交"，参见：*Urban Diplomacy*，*Local Readers*，*Global Challenges*。

三 中国的城市外交

在中国的国际活动中城市的参与是很突出的一个方面,如上文所指出的那样,这与许多国家是同步发展的,而且这种参与过程近来不断深入。

要想准确理解城市外交在中国的重要性,我们应该牢记源于中国具体国情所产生的一些特点,例如:

中国已成为(或是重新成为)世界强国[1],这促使中国努力确立(或重新确立)自己的国际地位,并十分强调自己的"公共外交"思想。在中国增长与发展的现阶段,以及在新领导层的政治日程中,国家目前的城市化进程加快,城市问题突出。[2] 中国主要城市的规模和重要地位以及不断受到世人的关注,使这些城市活力四射,参与国际活动的意愿不断增强。

鉴于上述情况,中国城市完全合乎雅格布森和诺克森所定义的"国际关系新行为体"之一。因此,卡贝斯唐在《中国的国际政治》一书中明确地说:

> 中国的省份和大城市,与欧洲中等国家的体量大体相等;随着改革开放的发展,这些省份和大城市的国际交往越来越多;这些交往起初体现在经济和文化方面;之后发展到各个方面,现已形成自己的外交。

中国城市的一个突出特点是,它们越来越多地出现在国际舞台上,这不仅是出于城市自己的动机,还有一个让我们感兴趣的原因是,中央政府明确支持城市参与国际活动,支持都市成为国际合作的主体。[3]

---

[1] 中国"重新"成为世界强国的观点是针对其在古代被视作大国的历史而言的。现在,中西方的学者普遍接受了这个观点。其实,早在 1997 年,约瑟夫·奈就曾在自己的著作 *Chinese re-emergence and the future of the Asia-Pacific* 中使用过这一概念。
[2] 关于中国目前的都市化计划可参见 2014 年 3 月发布的《国家新型城镇化规划(2014—2020)》。
[3] 例如,在中国政府的睦邻政策中,城市发挥着先锋作用。都市合作现已变为中国与印度和欧盟双边合作的基石;2012 年,中国与欧盟签署了《中欧城镇化伙伴关系共同宣言》。

双边关系回顾与展望

大城市开展国际活动依托的是各自的外事办公室，尽管后者要听从中国共产党及其各省各地委员会的指示和领导。在中国城市的国际活动中，中国人民对外友好协会及其各省各地的协会，也发挥着指导作用，各城市与这些协会保持着密切的合作。①

在国际交往中，城市的职能有严格的规定，这些规定是由外事办做出的。城市的职能有的是中央授权②的，有的是省或市授权的；而授权机关既有政府机关，也有党的机关。

中国城市开展国际活动的基本方式主要有以下几种：

第一，缔结友好城市与签订合作协议。在中国，缔结友好城市是体现两个城市关系的最常见的形式。在缔结友好城市之前，双方通常经过了一段富有成效的合作期，这个合作期往往是从签署一项具体合作协议（大多名为《谅解备忘录》）开始的。

中国城市与外国城市缔结友好城市始于1973年，这个开始阶段主要是与一些日本城市签署友好城市协议。③ 这样做的目的是借助一种非官方非正式的政府渠道拉近这两个过去敌对国家的距离。④

到2016年，通过这种做法，全世界有131个国家的2000多个城市与中国城市签订了友好城市协议。⑤

与西班牙的情况相比，中国缔结友好城市不仅数量特别多，更加令人瞩目的是中国对缔结友好城市的重视程度；这样做，不仅城市特别重视缔结友好城市，特别关注和正视与友好城市的关系，而且这种机制日益成为中央政府外交关系的一部分，是支持和加强国家外交的柱石。⑥

第二，在中国最高领导人的出访中，加入了都市化或城际交往的协

---

① 该协会在政府领导下的明确使命之一就是："协调、管理我国各地同外国建立和发展友好城市关系的工作，并推动地方和城市的国际交流与合作。"
② 陈志敏在《沿海省份与中国外交政策》一文中，介绍了中央政府赋予地方政府的各项国际交往职权，中央政府在保持政治领导的同时也清楚这样做的好处。
③ 中国第一个友好城市是天津，1973年天津与神户（日本）结成友好城市。
④ 这与欧洲开始缔结友好城市是从法德两国城市开始的情况类似。
⑤ 参见中国国际友好城市联合会的统计资料，该联合会拥有400多个会员城市，遍布全国31个省市自治区。
⑥ 例如，中国在与欧盟、印度、中东欧国家的谈判中都包含了城市合作与建立友好城市的内容。

议。最近几年，我们都看到，为了加强双边关系和民间团体的交流，在中国最高领导人的出访中，特别是在习近平总书记的出访中，都包含了商签城际协议和友好城市协议的内容。①

第三，加入城市网。在主要的城市网中，中国的表现十分积极。在这些城市网络中，可以找到与其他城市开展国际合作的空间。中国城市加入的主要是一些综合城市网（如世界城市和地方政府联盟），参加者都是一些大都市，如北京、上海、广州，或者加入其他主题城市网，如"世界旅游城市联合会"和"世界奥林匹克城市联盟"等。在所有这些网络中，中国城市发挥的作用越来越大，参与越来越广。

第四，举办大型活动。像2008年北京奥运会和2010年上海世博会这样的大型活动，对举办城市来说是非常重要的。这些活动都是由中国政府推动的，但城市的作用无疑是成功举办这些活动的关键。

第五，其他方式。这里我们指的是中国城市举办的大型庆典活动，以及一些颁奖和比赛活动，这些活动广受欢迎，被认为可以增强主办城市与国际社会的密切联系。②

由此我们得出的主要结论是：目前，中国城市已完全成为国家外交机制的一部分；而且，中国外交已彻底认识到城市支持的重要性，这种支持主要体现在两个方面。其一，国家通过将城市纳入自己的对外战略，获得城市的组织能力，进而提升自身行动力③；其二，中国政府将城市化明确为自己政治议程的首要任务之一，由此，城市化成为中国在双边和多边框架下开展工作与合作的支柱。

还有一个加强城市外交的新方式值得一提，即在新丝绸之路（"一带一路"）这样的国家大规划中确立城市策略。无论从目标（"一带一路"倡议的主要目标之一是实现中西部城市的更大发展和经济一体化）还是实施（该规划对所涉及的省份和大城市都赋予了更多行动力）上看，该规划无疑

---

① 印度就是一个很有代表性的例子。2013年，中印两国主要领导人重启互访，并首次签署了友好城市协议（北京和新德里、成都和班加罗尔、昆明和加尔各答）。而在此之前，两国间从未有过任何城际协议。
② 一个成功的例子是上海政府举办的"白玉兰奖"。
③ 例如那些负责国际大型活动（如2008年北京奥运会和2010年上海世博会）的主办城市就是国家外交的重要组成部分。

会加强中央政府赋予地方政府的职能。事实上，中国的不少省份都制定了自己与"一带一路"倡议相关的发展计划，并向国际合作完全开放自己。[1]

因此，我们看到，城市在国家的国际活动中起着非常重要的作用（而且是越来越大的作用）。城市参与到如"一带一路"这样具有国家代表性的规划中来，确保城市在未来几年将继续参与国际活动。

四　西班牙的城市外交

在西班牙，城市的外交活动纳入国家法[2]，该法律旨在确保城市的外交活动与国家的整体外交保持连贯性和一致性。

该法律中与本文研究内容相关的条款指出："地方行政部门是国家对外行动的主体。"城市为开展国际活动，通过西班牙外交与合作部，与国家建立沟通与信息渠道。该法律确保区域与地方政府尊重中央的对外政策和国家的外交规划。

城市越来越多的活跃在全球化的国际舞台上，而近年来，西班牙的城市（尤其是大城市）已成为这其中的典范。

城市开展国际活动的职责与能力，显然与它的体量和影响力密切相关。因此，在西班牙，只有那些主要城市才能保持在国际舞台上开展连续的活动。这些城市的对外活动不是偶尔一次的活动，而是放在一个明确的战略框架下，列在城市常设的活动议程里；是国家对外活动的一部分，也是城市大发展战略的一部分。从这个意义上来说，在国际上积极开展活动的西班牙城市只有马德里和巴塞罗那这样的一线城市，或是那些面积略小却在对外活动方面有着明确战略规划的城市，如瓦伦西亚、毕尔巴鄂，还有前几年的萨拉戈萨。此外，应当指出，自2008年起遭受经济危机，西班牙城市的国际活动受到严重影响。

关于西班牙城市参与国际活动的方式，这里我们列举一些最常见的，以便就西班牙与中国的交往情况做具体分析。

---

[1] 新规划文件《推动共建丝绸之路经济带和21世纪海上丝绸之路的愿景与行动》的出台，明确了中央赋予各地方各省份的作用。文件第六章"中国各地方开放态势"详细介绍了各地方的对外合作方针，这是它们根据自己的地理位置制定的。

[2] 见《第2/2014号国家对外服务和行动法》，3月25日。

缔结友好城市：与西班牙缔结友好城市的多来自欧盟。目前，全世界有 1200 多个城市和 1000 多个政府与西班牙城市缔结了友好关系。①

加入城市网：西班牙加入的城市网络中，欧洲城市网最为活跃（例如，欧洲城市联盟），尽管还加入了其他全球性城市网（例如，世界城市和地方政府联盟或世界大都市协会）。我们还应当突出主题城市网，有些已取得了突出成绩，例如 40 城市集团，这是一个应对气候变化的国家城市联合组织，巴塞罗那和马德里都是其成员。

参与欧洲基金和项目以及其他组织的项目：绝大多数西班牙城市都参与了由欧盟国家共同出资的项目。大城市还参与了其他类型组织的项目（例如世界银行、经合组织、联合国人居署、联合国教科文组织等）。

参与跨国项目：欧盟内部鼓励参与跨国项目，无论是与欧盟国家（法国、葡萄牙、大西洋地区等）还是与第三世界国家合作（摩洛哥）。

竞争欧洲和国际奖项：西班牙城市通过这种方式，寻求国际上对其项目或战略的认可。②

竞选欧洲文化之都：萨拉曼卡、圣地亚哥-德-孔波斯特、马德里和圣塞瓦斯蒂安（2016）当选欧洲文化之都。

举办大型活动和讲座：这些活动对于大城市来说十分重要，活动主题也很广泛。从 1992 年的巴塞罗那奥运会和塞维利亚世博会，到那些规模略小但国际影响力很大的活动。③

关于西班牙城市开展国际活动所需的条件，这里做部分总结：

第一，成立对外活动机构。为改善城市定位和开展城市推广活动，除了市政府那些传统的国际关系办公室④，所有的大城市都成立了特设

---

① 这些数据来自西班牙省市联盟，它是西班牙推动缔结友好城市的一个机构。
② 毕尔巴鄂在竞争欧洲和国际奖项方面一直表现积极。在全球城市更新的宏大背景下，2010 年，毕尔巴鄂凭借全球城市再生规划获得李光耀世界城市奖。马德里和巴塞罗那也努力争取这些奖项，马德里获得了世界领袖论坛奖。
③ 例如巴塞罗那举办的世界移动通信大会，通过这次大会巴塞罗那受到了全世界的广泛关注。
④ 例如马德里的国际战略与行动办公室（"马德里全球"），虽然现在已被撤销，但在其他城市还有类似的机构，例如塞维利亚（"塞维利亚全球"）、萨拉戈萨（"萨拉戈萨全球"）、毕尔巴鄂（"21 世纪议程毕尔巴鄂"）；而在巴塞罗那（"巴塞罗那全球"），私营机构也参与和推动对外活动，有些小城市复制了这一做法，如巴利亚多利德（巴利亚多利德国际）。

行政机构。这类机构通过提升城市的国际化水平等手段增强城市竞争力。

第二，制定对外活动战略。设计和制定城市的对外活动规划是一个好方法，这类规划至少可作为城市战略规划的一个重要支柱，例如巴塞罗那及其大都市战略规划。为观察此类规划和战略，相关城市要设立国际事务委员会来监督执行情况。

第三，与私营部门合作。城市设置了越来越多的机构来对接与私营部门的合作，以此加强城市的对外活动。从具体项目中的赞助计划或金融合作计划（例如，竞选申办奥运会或参加世博会）到与享有盛名的商学院①或足球俱乐部②合作，城市借此巩固其国际定位。

正如我们所见，西班牙城市参与国际活动的方式十分多样。以上的分析都是针对城市在自身机制下所开展的国际活动。但是，有些时候，城市外交机制是国家公共外交机制的一部分，所以应该补充上城市在国家公共外交机制下参与对外活动的情况。这点在与中国的交往中尤为值得注意。因为除了城际交往，西班牙还有一些城市在国家双边关系的框架下参与同中国的合作。这个方面将在下一节做更详细的阐释。

五 从城市外交的角度看西中交往

回顾过两国城市在对外活动中的作用，接下来我们谈中西交往中的城市外交，也就是要从城市参与对外活动的角度看两国的交往。因此，现在需要对西中两国交往中存在的都市元素做一个总结。

西中两国城市合作的基础在于城市之间的关系。一些学者将此放在"城市外交"的框架下，其定义在前文有过阐释。

1985年，马德里是第一个与北京缔结友好城市的西班牙城市。2001年，巴塞罗那与上海缔结友好城市。之后西中两国还建立了其他友好城市关系。但这些友好城市关系的发展通常都停滞不前了。因为，在西班牙，

---

① 西班牙IESE、IE、ESADE三所商学院在国际排名中名列前茅（这个排名来自《金融时报》或《经济学人》）。
② 马德里和巴塞罗那的城市推广依赖于几个主要的足球俱乐部，因为这些俱乐部享有国际盛誉。

西中友好城市所开展的活动影响较小,对这种友好城市关系也缺乏专业经营。这对于我们国家来说意味着机会的丧失,因为中国城市一直在为两国的友好城市关系努力,它们投资经济和企业,但西班牙及其城市却不懂得合理利用这些。

无论如何,西班牙的当务之急是在城市化方面与中国开展合作,而西班牙的大城市应当在其中起到关键作用。就这方面而言,可以看看巴塞罗那这几年的经验(在中国与欧盟城市合作的框架下,巴塞罗那最近与深圳等城市开展了科技合作,尽管还处在起步阶段)并以此作为西中两国交往中继续巩固城市合作的基础。

考虑到西班牙城市在中国优先推动的国家规划中可能起到的作用,需要对城市化合作的潜在可能性做战略分析。例如,对中国来说,与西班牙港口城市的合作对中国恢复海上丝绸之路的承诺意义重大。

除了地方政府间的直接合作(这种合作十分重要,因为它占西中城市合作的主体),还应当强调那些包含城市元素的合作。为寻求与中国更大程度的合作,西班牙将城市元素视作国家开展公共外交的手段。下面回顾一下西中两国合作中有城市元素参与的双边交往工具。

(一)亚太计划

西班牙制订"亚太计划"(西班牙与亚太地区国家进行交往的主要手段)的出发点应该在于将城市元素和城市纳入国际交往。该计划始于2000年,止于2012年。

在亚太计划中,与中国相关的各类活动和计划十分清楚(中国在亚太计划中发挥核心作用);此外,在这些计划中,西班牙明确了所有角色在加强与中国关系中的作用,包括城市角色。

总结过2004—2008年亚太计划的成果后,该计划加入了马德里和巴塞罗那的城市活动,之后随着这两个城市的政府参与了2008—2012年亚太行动计划,城市参与的趋势得以加强。

通过亚太计划,能源效率、社会住房、城市卫生、地方税收、遗产保护、城市规划、城市环境、大城市交通和城市管理被确定为西班牙与中国的合作项目。

我们应当积极评价亚太计划,因为这些合作项目都是中国政府议程中的首要任务,也是中国大城市急需要解决的问题。

（二）"亚洲之家"

在这方面，还应当看看巴塞罗那和马德里积极加入"亚洲之家"的例子。亚洲之家由西班牙政府和其他机构联合创立，目的是让西班牙能更好地了解亚洲以及亚洲的主要国家，并与它们展开合作。亚洲之家是西班牙加强与亚洲，尤其是与中国关系的重要工具。

亚洲之家自2001年成立以来，巴塞罗那就是其创始成员，而马德里在2007年才加入。尽管近几年紧缩的财政预算限制了亚洲之家开展活动的能力，也限制了组成亚洲之家的地方政府和机构的能力。但是，在与中国的合作中，当城市变得越来越重要，巴塞罗那和马德里的参与明显加强了亚洲之家中的城市角色。

亚洲之家为不同城市的政府机构和企业提供交流的场所，也是它们互相了解和开展活动的平台。亚洲之家的这个特点使之成为西中两国加强城市合作的重要机构。最近几年，因为受到经济危机的影响，亚洲之家的活动能力受到一定限制，为了亚洲之家能够起到应有的作用，需要加强该机构建设。

（三）2010年上海世界博览会

2010年，西班牙参加上海世博会，这也是西中两国交往中纳入城市元素的一个重要例子。这次盛会表明，中国承诺建立以城市化为主线的国际交往，对此西班牙积极回应。这是一次国家与地方政府间的合作，西班牙展馆成为上海世博会中最大放异彩的展馆之一。

西班牙中央政府联合三个城市的努力（巴塞罗那、毕尔巴鄂和马德里），它们前往上海展示各自的城市成就，并在此次世博会上展示它们城市发展的过程。

遗憾的是，就在上海世博会开幕那年，西班牙受经济危机影响，削减了其在世博会上的预算，由此，限制了西班牙在世博会上继续大放异彩。

（四）西班牙—中国基金理事会和西班牙—中国论坛

在对西中两国交往中存在的城市元素和城市化作回顾时，有必要提到两国合作的一个重要媒介：西班牙—中国基金理事会。

西—中基金理事会是一个研究都市问题的开放平台，欢迎城市加入。马德里和巴塞罗那是其董事会成员，并积极开展合作活动。此外，在基金理事会的主要行动框架下，特别是在西—中论坛里，都有对都市化问题的关注。

2006年，在上海召开的第三届西—中论坛上，在中国的倡议下，成立了"城市和地区"部门委员会。除了开展讨论以及鼓励两国加深认识并开展更多的城市合作，该委员会鼓励西班牙和中国的地方政府也出席论坛。

该部门委员会的建立是出于中方的倡议，这一点很重要。它再一次证明，在与西班牙的交往中，中国更想加强城市元素。近年来，中国在与许多国家的双边交往中都是如此。能看出西中两国在这方面对城市交往的重视程度不同，西班牙应当坚定态度予以回应。

毫无疑问，从2006年在上海召开的西—中论坛算起，对于城市应当在双边合作中发挥何等作用的问题，各届论坛的总结文件为我们提供了更多的思路。

在2006年西—中论坛的总结文件中，有一条再次指出西中城市合作对于加强两国全面战略合作关系的重要性。此外，文件还强调，西中两国当下存在的城市合作机制没有得到充分深化。基于此，文件中指出必须为两国的合作提供务实内容，尤其是社会经济领域的合作。

值得注意的是，西—中论坛有几年并没有涉及城市方面的合作[①]，直到2013年在北京召开的那一届，基于某种原因，才恢复了这个主题。那届论坛两次全体大会中的一次专门讨论了城市发展问题，不仅如此，还举办了一场有关"地方合作与城市可持续发展"的圆桌会议。会议坚定了西班牙城市在中国城市化进程中可能发挥的作用和两国围绕"智慧城市"[②]开展合作的可能性。

2013年的那届西—中论坛通过复制中国同多个国家的合作模式，即成立"市长论坛"，加强了对城市方面的重视，因为该合作模式能加强非中央政府间的合作。随着西班牙省市联邦政府与中国人民对外友好协会签订协议，"西班牙—中国市长论坛"正式成立。

该协议使成立于2010年的"西班牙—中国市长对话论坛"官方化，此论坛旨在鼓励西中两国地方政府开展更多合作。

---

① 例如，2011年在巴塞罗那召开的那届西—中论坛就没有涉及城市合作的问题。
② "智慧城市"在中国越来越受关注。目前，中国推出了一个"智慧城市国家计划"，正如我们所见，建设智慧城市是中国与各个国家开展合作的首要目标。

双边关系回顾与展望

西—中市长对话论坛的前两届分别于 2010 年和 2012 年在西班牙省市联邦政府的总部召开。而第三届迈出了意义重大的一步,因为在这次会议上它被纳入西—中论坛的发展框架下。

西—中市长论坛这个倡议很好,尽管还没有达到预期的效果。这是因为在西—中市长论坛中起核心作用的是西班牙省市联邦政府,但这个论坛复制的却是一个中国常用模式,适合中国与其他国家开展城市合作。①

回到西—中论坛重要性的问题上来,2015 年 4 月 21 日,在马德里召开的第八届西—中论坛上,城市的作用被加强。在该届论坛上,都市化是圆桌大会的主题,大会名为"规划城市更加可持续发展的未来:西班牙和中国的都市经验与成功实践"。这表明两国清楚地认识到,在双边关系中,确定都市化主题是十分重要的。②

分析中国代表团成员在这届论坛上的发言,我们得出以下几点结论:

- 中国代表团成员的发言与"2014—2020 年新型城镇化规划"的方针一致,尤其是在城镇化以人为核心的需求方面。
- 中国发展城镇化优先要解决的问题有:饮用水供给、废水处理、能源效率、文化遗产保护、生态城市再生,"智慧城市"建设,尤其是最后这点。
- 中国愿意学习西班牙城市的建设之法,也看重自己城市的经验所得,并将两者相结合以便进行技术输出。因此,中国的代表们向西班牙城市展示了他们是如何将最新的技术应用在城市发展上的。

总之,基于上述总结,在与中国的交往中,尽管西班牙对城市元素有一定的考虑,但西中双边交往中明显缺乏城市和都市区的参与。西班牙仍旧需要提升对城市元素的重视程度,至少应该做到与中国同等的态度。

在与中国的合作中,西班牙没有给予城市更多的发挥空间,从而一次次失去完善两国双边关系的机会,所以,西班牙应当立即采取措施,考虑

---

① 在大多数情况下,市长论坛这种合作模式的负责部门是中方的中国人民对外友好协会。
② 事实上,中方发言人的表现恰如其分,他们是中国住房和城乡建设部的高级官员,正是这个部门,在城镇化的进程中,起到最积极的作用,并承担最大的责任,也补充了国家发改委作为规划师的作用。

让城市更多地参与同中国的交往。①

六 结语

通过这些分析，我们总结出西班牙城市与中国的交往现状，现概括如下：

在与中国的交往中，西班牙始终没能以积极的方式加入城市元素。因此，既没有系统化的城市合作，也不知道该如何将城市作为战略手段纳入双边交往。虽偶尔有城市合作，其目标的实现更多的是依赖城市的组织力，而不是把城市作为合作主体。然而，在与中国这种要求城市合作的国家交往时，城市才是合适的行为体。

上述总结不包括这样几个有城市参与的项目，如亚洲之家、西班牙—中国基金理事会，以及上海世博会，国家—城市间的合作使西班牙成为这届世博会最大放异彩的场馆之一。

这与中国的情况相反，中国已将都市区作为国家合作的首选，并且从几年前起，城市合作已被纳入国家的双边交往。中国对待西班牙便是如此。在两国合作中，西班牙的城市参与很大程度上归功于中方的倡议。

结合上述内容我们得出结论：在与中国的交往中，西班牙不断错失机会，这至少可以从两方面来看：一方面，西班牙没能回应中国确定的优先合作领域；另一方面，西班牙在城市方面有相当的资本（可以作为优秀合作对象的城市、城市领军企业、代表性项目等），足以用具体的行动来回应中方的合作意图。

面对中国城市，西班牙城市所做的努力远不及欧洲其他城市，哪怕是比自己面积小的欧洲城市。

在西班牙，只有巴塞罗那和马德里两个城市，在同中国和中国城市的交往中制定积极且持续的战略计划。但也不能否认有其他西班牙城市开展了更具体的合作（例如毕尔巴鄂）。现在还不能高兴，因为如前文所说，

---

① 埃尔卡诺皇家学院提出，在西中交往中加入更多城市方面的合作。参见马里奥·埃斯特万和伊格纳西奥·尼诺的文章"Las ciudades y la urbanización como ámbito de cooperación en las relaciones España-China"。

双边关系回顾与展望

西班牙城市直到今天都没有表现出如其他欧洲城市一般的合作兴趣和力度。

在西班牙，巴塞罗那是参与国际活动最多的城市，这得益于巴塞罗那政府领导人的眼光和作为。为保证城市的国际影响力，他们积极开展同亚洲和中国的合作。过去几年，马德里曾针对中国制订积极的工作计划，但是这几年，两国的合作减少减慢。一方面是因为预算危机；另一方面是因为在马德里的城市战略中，国际活动失去重要地位，因此，马德里在国际舞台上的地位有所下滑。

总之，我们看到，两国对城市合作的兴趣不对等①，西班牙应该改进不积极的合作态度。城市是国家展示实力的地方，西班牙正在失去借由城市与中国巩固关系的机会。为了发挥与中国巨大的合作潜力，西班牙未来所要面临的挑战基本有两个：

第一，同许多欧洲国家一样，西班牙应采取主动，将城市元素纳入西中两国的双边交往，并且和包括企业在内的所有相关行为体一起，全力发展两国的双边关系。

第二，在努力发展同中国的双边关系时，力求让西班牙城市更多地参与同中国的双边交往，鼓励它们与中国城市发展更加深入的城际交往。

（伊格纳西奥·尼诺，西班牙加利西亚政治观察中心研究员，江苏师范大学伊比利亚美洲研究中心特约研究员）

---

① 我们认为，这种表述准确的定义了中国与欧盟的城市交往，尤其是与西班牙的城市交往。因此，西中两国面临的挑战是要尽快平衡这种不对等的合作意图。

不断走近的中国巴西关系

蓝 博

内容提要 本文从历史进程的角度回顾44年不断走近的中巴关系,从巴西殖民时期到中国的封建时期,再从中华人民共和国成立到现如今。第一部分概述中巴双边关系的当前状况;第二部分以1500年为起点,综述中巴关系史。1974年是中巴建立近代外交关系的起点,至2018年正好44年。文化"软实力"深刻影响着中巴关系的进程,以及两国高层互访和双边协议的签署。在双边交往中,最值得彼此关注的两个问题是:环境保护和理解互信。多年交往中,两国一直存在着诸如经贸摩擦、欠缺了解、文化差异和相隔遥远等问题,但是,毫无疑问,双边关系的发展前景是美好的。

中国和巴西历经各自的殖民时期和封建时期,现如今两国已建交44年。本文尝试概述中巴两国近半个世纪的双边发展历程。首先,简述中拉区域关系发展的大背景,中拉从原材料和能源供求关系转向互利共赢的"发展伙伴"关系;其次,从巴西的角度概述中巴两国关系发展的历史渊源。1500年,葡萄牙人来到巴西开启殖民时代;1822—1889年的巴西帝国;1889年后的联邦共和国;20世纪初期的"冷战"导致中巴关系一度疏远,1974年中巴复交后,双边关系快速发展。

一 中巴是相互需要的合作伙伴

拉美市场对于中国而言至关重要。中国的现代进程飞速发展,对原材料的需求不断增长,拉美自然而然成为中国的原料供给来源地。首先是粮食,与拉美任何一个国家相比,中国的人口基数无疑非常庞大,相较而言，农用地则略显不足。中国现在是用世界上7%的土地，养活着世界上20%的人口。仅从粮食需求量的角度看，拉美大陆对于中国发展的重要性。即便是中国经济进入新常态，经济增速放缓，中国市场对各种原材料的需求量对于拉美各国来说仍然非常巨大。举个实例，中国国内钢铁年产值为2亿吨，需求则为2.3亿吨，需进口钢材0.3亿吨，而巴西国内钢铁的年生产总量则刚好是3000万吨。接下来，我们具体看看巴西，巴西的国内发展有两大瓶颈：交通和能源。交通问题的实质是基础设施建设问题，这是拉美国家通病；而能源问题，主要在于巴西国内虽然拥有丰富的能源储量，但设计、建造、安装能源设施的技术和能力不足。所以，中国需求对巴西而言，既是机遇，也是挑战，由于产能跟不上中国需求，但是又为了赚取中国红利，许多巴西企业会根据中国的需求来调整年度生产目标。

  不可否认，中国对拉美地区的政治和经济格局是有一定影响，但是中国并无意取代美国，将拉美变成自己的"后院"。首先，中国对美国的西半球霸权地位毫无兴趣；其次，因地缘政治优势，美国在中国很早之前已是拉美最大的合作伙伴，且地位稳固，时至今日，美国仍是拉美最大的贸易伙伴、最大投资国和技术来源国，还是许多国家的军事盟国。可以说，中国进入拉美并不排斥包括美国在内的任何一个第三方国家。如果非要说中国的政治影响，那就是"一个中国"原则在拉美得到了新的广泛认同。

  2012年中拉双边贸易总额达到2612亿美元，中国成为拉美及加勒比地区的第二大贸易伙伴。2013年中国对拉美的投资占对外直接投资总量的13%，约合800亿美元，大部分资金用于基础设施建设。[①] 中拉经贸高速发展的大潮流同样惠及巴西，与此同时，中巴贸易也在不断向多样化发展。一直以来，巴西对中国的出口多以高附加值产品、发电技术和航天飞机技术等为主，未来巴西可以往钢铁、矿石、油气和粮食等产业发展和转移。实际上，中巴双边合作与其他拉美国家略有不同，两国在高端科技领域交往频繁，2013年中巴签署十年航天合作计划，2016年巴西向有中国

---

① "习近平接受拉美三国媒体联合书面采访"，提及2012年中拉双边贸易总额达到2612亿美元，中国成为拉美及加勒比地区的第二大贸易伙伴。2013年中国对拉美的投资占对外直接投资总量的13%，大部分资金用于基础设施建设。人民网，2013年6月1日。http://politics.people.com.cn/n/2013/0601/c1024-21697048.html。

背景的阿根廷阿图查核电站出口铀,此前中国曾帮助巴西建造核潜艇等。

二 中巴关系的简要回顾

中巴关系的建立既非一日之功,也非出于商品交换这样的简单利益需求。两国关系的建立从历史的角度看来,存在着许多深层次的原因。中巴两国早在明清时期就建立了密切的联系,中国明清时期巴西正值殖民地时期,因葡萄牙人的缘故中巴在这一时期建立了文化联系。巴西有约200万华人,这些华人的移民史要追溯到1812年,当时一批中国内地茶农被葡萄牙殖民者招募经澳门遣往巴西里约热内卢。殖民时期,巴西的港口是葡萄牙人"里斯本—澳门"贸易线的中转站,以此建立起了一个两洋三角贸易。葡萄牙以特殊的身份游走于中国和巴西之间,也让两国人民在直接交往前就有了一种间接的联系。巴西社会学与人类学家吉尔贝托·弗雷雷(Gilberto Freyre)指出:东方文化随着肩负西方教化使命的传教士来到巴西,自此东方文化就一直影响着巴西,巴西的建筑风格、风俗习惯、艺术、食物、科学无不带有浓厚的东方色彩。16—18世纪,东方文化逐渐与当地文化融合,成为巴西民族文化的一部分。[①]

早在19世纪中巴两国便建立了直接联系,这一时期,两国同遭西方列强殖民统治。1808年,巴西对友好国家开放港口,1810年,时任巴西国王胡安六世宣布优先同英国人开展贸易。两次鸦片战争(分别于1839—1842年和1856—1860年)后,英国人强迫中国进行鸦片贸易并强占香港。战后的中国一蹶不振,此时的巴西则被西方的不平等贸易彻底摧毁。19世纪末种族主义盛行,巴西的社会精英曾试图废除奴隶制,但因受殖民者阻挠未能成功,当时在巴的中国及亚裔苦力被迫出逃。帝国时期的巴西(1822—1889年)和中国关系疏远。联邦共和国时期(从佩德罗二世垮台算起),巴西政府曾遣使到华招募劳工。实际上,鸦片战争时期,巴西对中国并无多少外交自决权。唯一值得一提的是,第一次鸦片战争结束,1843年前后,巴西在中国广州设立了领事馆。

[①] Freyre Gilberto, "O Oriente e o Ocidente", In: *China Tropical*. IMESP-UnB, São Paulo/Brasília, 2003.

双边关系回顾与展望

1909 年,处于帝国时代末期的巴西与中国签署了仲裁公约。1912 年,中国结束封建帝制,中华民国成立。1943 年,中巴签署了《中巴友好通商条约》,巴西首设立驻华使馆。之后第二次世界大战爆发,中国饱受战乱之苦,直到 1949 年中华人民共和国成立,和平降临华夏大地,改革开放后中国才再次崛起。

1949 年中华人民共和国成立,此时的巴西外交受美国影响,不承认中华人民共和国政府,只承认国民党政府。"冷战"初期,巴西站在美国一方,当时的巴西政府甚至对其国内的共产党进行了镇压和迫害。直到 1951 年,瓦加斯当选巴西总统,巴西开始限制进口贸易和外国公司的利润汇款,开展石油和电力国有化运动,巴西的经济和政治方才逐渐摆脱美国的控制,外交自主,此时的中巴关系才开始有真正实质性的发展。1961 年,巴西副总统若昂·古拉特(João Goulart)应时任国家副主席董必武的邀请,率领巴西政府贸易代表团访华。这是巴西国家领导人首次访华,也是中华人民共和国成立后第一位来访的拉丁美洲国家领导人,此时的中巴关系迎来了第一个高潮点。1964 年,巴西国内发生军事政变,之后巴西右派开始了长达 20 余年的独裁统治,中巴关系也因此中断。

20 世纪中叶,因"冷战"的缘故,中巴关系冷淡。1971 年,基辛格秘密访华,中美关系解冻,巴西政府也随即发表声明,承认与中国建交的必要性和重要性。1972 年美国总统尼克松正式访华,之后中华人民共和国正式获得联合国合法席位,美国同时解除了对中国的贸易封锁。1974 年正值巴西军事政变 10 年,因中苏美三角关系的急剧变化,时任巴西总统兼陆军上将埃内斯托·盖泽尔(Ernesto Geisel)主动提出同中国建立外交关系。1972 年以前,中国通过第三方国购买巴西产品,如通过英国的公司购买巴西的糖。1978 年,巴西出口商协会主席率团访华,在北京签署了《中巴贸易协定》,随后,中国购买 3000 吨巴西棉花,巴西企业进入中国市场的大门由此敞开。1974 年建交后,中巴两国交流日益紧密,双边在外贸、科技、工业和文化等领域不断签署条约,外交互动频繁,双方在第三世界的各类国际峰会上也密切合作。20 世纪 70 年代,在文化领域,中国国内电视台播放了巴西连续剧《女奴伊索拉》(Esclava Isaura)[1],这部影视作

---

[1] *Esclava Isaura*, Brasil, Rede Globo, 1976.

品改编自19世纪贝尔纳多·吉马良斯（Bernardo Guimarães）的废奴主义小说。该剧一经播出便广受好评，时任国家领导人邓小平更是亲切接见了剧中女主角圣卢赛利亚（Lucélia Santos），这也是中巴文化关系史上值得记录的精彩一笔。①

20世纪七八十年代，世界的发展中国家掀起"第三波"民主化浪潮，巴西参与其中，这个时期的中巴关系在政治、经济、外交等领域都产生了新的飞跃。1974—2000年间，中巴两国在经贸、交通、航空、科技、核能以及文教等领域都展开了广泛的合作。不过，双边在这一时期的合作虽称得上"广泛"二字，但是前25年双边贸易总额很低，科学技术合作成果也乏善可陈。下表是笔者梳理的这一期间的两国交流大事件。

表1　　　　中巴交流大事件一览（1974—2000年）

时间	事件
1974年8月15日	中巴建立外交关系的联合公报
1978年1月7日	两国政府贸易协定
1979年5月22日	中巴海运协定
1982年3月25日	两国政府科学技术合作协定
1984年5月29日	两国政府贸易协定补充议定书
1984年10月11日	两国政府和平利用核能合作协定
1985年11月1日	两国政府文化教育合作协定
1985年11月1日	两国政府地质科学合作的议定书
1985年11月1日	两国政府关于钢铁工业合作的议定书
1988年7月6日	两国政府关于核准研制地球资源卫星的议定书
1988年7月6日	两国政府技术合作议定书
1988年7月6日	两国政府关于在防治严重流行病药物领域的科技合作协定
1988年7月6日	两国政府关于在传统医药医学领域合作的协定
1988年7月6日	两国政府关于电力（包括水电）科技合作协定
1988年7月	两国政府工业合作议定书

---

① Trevisan Cláudia, "Presidente chinês vem pedir apoio na OMC", *Jornal Folha de São Paulo*, 10 de novembro de 2004, p. B1.

续表

时间	事件
1990年5月18日	两国政府经济技术合作协定
1991年8月5日	两国政府关于对所得避免双重征税和防止偷漏税的协定
1994年11月8日	两国政府关于和平利用外层空间科学技术合作协定
1995年12月13日	两国政府关于植物检疫的协定
1995年12月13日	两国政府关于科技合作协定和经济技术合作协定的补充协议
1996年2月8日	两国政府关于动物检疫和动物卫生合作的协议
1996年11月8日	两国政府关于巴西在中国香港特别行政区保留总领事馆的协定
2000年9月21日	两国政府关于空间技术合作的议定书

数据来源：https://baike.baidu.com。

从表中不难看出，1988年是中巴在这一时期合作最为活跃的一年。20世纪90年代，两国领导人频繁互访，中巴关系进一步提升。1993年，时任国家领导人江泽民和朱镕基先后出访巴西，两国建立了战略伙伴关系。

三 21世纪：多极化背景下的新型双边关系

21世纪的世界形势与20世纪90年代大不相同，在开始"冷战"时期受到资本主义和社会主义两大对立意识形态抑制的民族主义重新崛起，也称为新民族主义，新民族主义有着明显的宗教和民族诉求背景，强调"原教旨主义"和"巴尔干化"。这个时期的美国为了自身利益，向联合国、八国集团和其他国际组织施压，并在持续的国际冲突中获益，成为唯一的超级大国。美国创建了国际货币基金组织和世界银行，用于影响国际金融和贸易，为美国企业的世界扩张提供便利。但是，21世纪注定是一个多极化的世纪，各国都在寻找适合自身发展的多极化平台，寻求新的地缘战略盟友。尤其在"9·11"事件、阿富汗战争、伊拉克战争后，恐怖主义的蔓延，让美国本土安全遭受重创，联合反恐成为当时的国际共识，这也为新兴国家崛起和世界多极化创造了条件，二十国集团和金砖国家应时而生，作为东西半球最大的两个发展中国家——中国和巴西，两国关系的发展对世界秩序的影响愈发重要。21世纪头10年，中巴贸易交流和对外直接投资持续稳定增长。2001年起，中巴政治和经济合作开始从双边范围扩展到世界范围。在各类国际会议上，中国和巴西在各种表决中态度高度一致，如2003年，中国、巴西、印度一起反对美国、加拿大和欧盟的贸易保护主义政策。2004年，时任国家主席胡锦涛和巴西总统卢拉成功互访。2006年，中国—巴西高层合作与协调委员会成立。该委员会是两国政府间最高级别的合作机制，旨在制定和推动双方在贸易、金融、科教和文化等领域的方针政策和战略计划。同一年，两国领导人还共同确立了双边关系发展的四项原则：（一）坚持平等协商，增强政治互信；（二）坚持互惠互利，扩大经贸往来；（三）保持磋商协调，加强国际合作；（四）推动民间交往，增进相互了解。[1]

　　卢拉曾言："从古至今，中巴两国无任何历史重大分歧，两国人民会随时间推移越走越近。"[2] 2004年，时任国家主席胡锦涛在访问巴西时曾提出，希望巴方尽早承认中国市场经济地位，进一步加强双边贸易发展，巴西也对外承认中国作为市场经济大国的地位。随后中国进一步加强对了对巴西肉制品和大豆的进口。不过，巴西对中国市场经济地位的承认，曾引起过巴西国内部分学者的担忧，他们认为，巴西很难在自由市场经济环境中与中国竞争，巴西孱弱的工业基础将受到打击。2008年，中国发布首份拉美政策白皮书，提出建立和发展中拉平等互利、共同发展的全面合作伙伴关系，将中拉关系提升至新的战略高度。受此鼓舞，尽管2009年全球爆发金融危机，但中国仍超越美国成为巴西第一大贸易伙伴，而在2000年，中国仅是巴西第12大出口目的国和第11位进口来源国。此期间中国向巴西出口的商品有：建筑、纺织、冶金工业设备、玩具、鞋等；中国从巴西进口的商品有：铁矿砂、大豆、石油、大豆油、纸浆、去毛皮革、烟叶等。自2003年起，巴西从中国进口占其进口总额从4.4%跃至2012年的15.34%，10年间巴西从中国进口额增长了15倍。2013年，中国又超过欧盟成为巴西最大出口市场，不过这并不意外。2011年，中国一跃成为巴西外商投资第一来源国：

---

[1] "中华人民共和国和巴西联邦共和国联合公报"，中国政府网，2004年5月24日。http://www.gov.cn/gongbao/content/2004/content_62822.htm。

[2] "卢拉：20年后，中巴会成为非常重要的国家"，凤凰网，2009年5月21日。http://finance.ifeng.com/roll/20090521/689197.shtml。

表2 中巴两国在对方的主要公司

在华的巴西企业	Itaú BB, Mercantil &Futuros（BM&F）, Coteminas, Odebrecht Construcción, Embraco, Embraer, Oficina Noronha Abogados, Vale do Rio Doce, Gauchos Calzado, Marcopolo, Petrobras, Apex Brasil, Banco de Brasil, Comexport, Brazilfoods, Suzano Papel e Celulose, Weg, Sertrading
在巴西有分公司的中资企业	格力空调公司（仅在巴西和巴基斯坦建厂）、华为、江淮汽车、中国银行、中兴、海尔、奇瑞汽车、东方航空、中国石化、中国重汽、联想集团
在巴西有投资的中资企业	中化集团、国家电网、武汉钢铁、中国建材集团、奇瑞汽车、洪桥集团、重庆食品集团、三一集团、徐工集团、中国银行

数据来源：https：//baike.baidu.com 和 https：//www.ibge.gov.br。

1974年中巴正式建交后，两国政府一直致力于建立双边或多边平台沟通。如通过中巴国家委员会、联合国、G5、金砖国家峰会和G20等。中国是美洲国家组织观察员国，美洲开发银行的第四十八个成员国，以及里约集团优先对话国，中国还与南方共同市场保持着长期对话机制。巴西则是亚太经合组织的观察员国。中巴两国政府对话不断，双边机制活力十足。

四 两国关系中的文化交流

1990年，约瑟夫·奈尔在哈佛大学介绍其《注定领导：变化中的美国力量的本质》一书时提出了文化"软实力"概念。简言之，"软实力"就是一国通过文化和意识形态等非武力和经济方面的魅力吸引他国的能力。[1] 20

---

[1] 约瑟夫·S.奈（Joseph S. Nye）1990年出版的著作《注定领导：变化中的美国力量的本质》（*The Changing Nature of American Power*）；2005年12月29日，他刊登在《华尔街日报》上的文章《中国软实力的崛起》，http：//belfercenter.ksg.harvard.edu/publication/1499/rise_of_chinas_soft_power.html；以及2006年2月23日，他发表在《外国政治》上的文章《软实力的再思考》，http：//foreignpolicy.com/2006/02/23/think-again-soft-power/。沃尔特·拉塞尔·米德（Walter Russell Mead）于2009年10月29日发表在《外国政治》上的《美国的黏性权利》，http：//foreignpolicy.com/2009/10/29/americas-sticky-power/。

世纪，世界格局相对单一，美国凭借其强大的军事力量称霸世界，而当今世界，世界格局呈现多极化，中国更多通过文化"软实力"寻求与世界对话。两种变化的力量本质区别在于后者更多强调相互理解而非武力威胁。近几年，中巴两国都致力于通过文化领域推动和加强双边关系。例如，2008年圣保罗州立大学孔子学院成立，为中巴文化学术交流提供了高层次的平台，为巴西青年一代打开了了解中国文化的窗口。文化学术交流促进了中巴两国在经济和政治领域的交往和相互理解，也让巴西有更多机会了解中国。此外，自2010年起北京开始举办巴西电影节〔此电影节由北京巴西人组织（BRAPEQ）发起〕，旨在传播巴西文化，让更多的中国人能够领略到巴西独特的魅力。其后，自2015年起，"圣保罗中国电影节"在巴西圣保罗市文化中心开幕。电影展由圣保罗州立大学孔子学院与圣保罗市文化局联合举办，旨在展示当代中国、传播中国文化。值得一提的是，北京巴西人这个组织，是一个由在北京的巴西人组建的非营利性组织，其目的是在中国传播巴西文化，并帮助在京巴西人与其祖国保持联系，每年都会在巴西驻华大使馆和中巴志愿者们的协助下举办像巴西电影节这样的盛会，给中国观众呈现丰富多彩的巴西本土电影。此外，2013年起，中巴两国每年相互举办文化月，旨在让两国人民更加全面深入地了解对方国家的文化。

除开展文化交流活动外，两国翻译家翻译了大量对方的文学著作，这无疑进一步推动了双边文化交流。现如今的巴西书店里随处可见葡语版的《鱼玄机》和《中国唐诗集》，而中国书店则不难找到巴西作家利马·巴雷托（Lima Barreto）和若热·亚马多（Jorge Amado）的书，其中若泽·毛罗·德瓦斯康塞洛斯（José Mauro de Vasconcelos）的作品《我亲爱的甜橙树》广受中国读者的喜爱。文学是文化交流的重要载体，但两国文学领域的重视程度显然不够，缺少对口政策支持。"一带一路"倡议的实施，习近平总书记提出加强"五通"，即政策沟通、道路联通、贸易畅通、货币流通和民心相通，相信将会仅进一步增加双方人员来往和增强双边文化交流。据调查数据显示，近年来，巴西学生到中国学习的人数逐年增长，但中国学生去往巴西留学的人数现状虽然不多，将来势必增加。众所周知，文化交流对于商业贸易发展非常重要。前智利驻华大使费尔南多·雷耶斯·马塔（Fernando Reyes Matta）认为，双边文化如能从交流层面上升至融合层面,双边所有领域合作都将升至新高度。① 当今国际关系体系中,文化的传播与融合占有举足轻重的地位,巴西民族文化本身就是一种混合文化,因此巴西人民从根性上来说热爱文化交流,这也让中巴文化交融成为可能。对此,我们不妨通过一部电影给中巴文化交流提供一个新思路。2011 年一部阿根廷电影《一丝偶然》(西语名为 Un Cuento Chino,直译应为"一个中国人的故事")荣获了该年戈雅奖。故事背景是一位来自中国福建的年轻人只身来到阿根廷寻亲,途中被一位好心阿根廷中年人救助,两位主人公由于语言阻碍彼此经历了恐惧、怀疑、厌烦、焦虑等所有"人性"负面情绪,最后他们一一克服后发现彼此竟然冥冥之中有着二十年的缘分,两个看似完全无关的世界紧密地联系在一起。这部带着些许中西哲学意味的电影,给中巴文化合作带来的启示是:价值观碰撞的作品不仅能吸引两国人民的目光,也会引起世界的注意,这也是目前中巴文化领域合作中有待加强的方面。②

五 结语

过去 40 余年间,在欧美发达国家和一些国际机构的质疑声中,中国特色社会主义模式推动着中国政治、经济和文化快速发展。中国的发展模式对"南南合作"有着积极的影响,如果说 20 世纪的国际关系是美苏两极对立,苏联解体后是美国独大,那么,21 世纪中国和金砖国家的崛起则意味着国际关系向多极化发展。当美国看到自己的霸权地位受到威胁,就会试图压制"南南合作"。中国对拉美地区的影响力日益增长,尽管双方关系存在这样那样的问题,但是中国巨大的需求市场对拉美有着天然的经济吸引力。

由于中国处于现代化发展的攻坚阶段,发展对拉美的关系非常必要。拉美各国对中国的出口的产品主要是粮食、农副产品和原材料,近些年,开始寻求合作多样化,高附加值产品开始增多,同时吸引中国投资加快本

---

① MATTA, Fernando Reyes "China-América Latina y las industrias culturales en el siglo XXI", en: PAULINO, Luís Antonio; PIRES, Marcos Cordeiro (orgs.). *Diálogos China e Anérica Latina*. LCTE, São Paulo, 2014, pp. 101 – 121.

② *Un cuento chino*, Argentina/ China, dirigido por Sebastián Borensztein, 2011.

不断走近的中国巴西关系

国的基础设施建设。因拉美的出口属于原材料导向型,所以中国对原材料的需求变化会直接影响拉美的经济,这需要中拉双边进一步加强沟通,协调双边的发展规划。中国综合国力的提升无论从哪一方面来说对拉美地区都不是坏事。中国强调中拉经济应发展更多的互补性,这主要源于中国的发展经验。经贸关系既是双边合作的契机,也是双边冲突的主要原因。因此,中国和巴西需要共同监督双方关系发展中的重大事务,努力让双边发展更有明确性和指向性,力争为两国发展共赢创造条件。

中巴同为发展中国家,除了经济利益外还有着许多其他的共同利益,两国应在复杂的国际金融体系和全球化过程中携手共进。如前文所述,中巴关系紧密,不仅得益于两国近几十年的努力,还得益于深厚历史渊源。两国可在经贸、外交、政治、科技、文化和教育等领域开展全方位的合作。

然而,任何双边关系都无法摆脱国际大环境的影响,中巴关系也不例外。拉美殖民时期,中巴关系是由葡萄牙主导;19世纪,中巴关系主要受英国影响;20世纪,两国关系因"冷战"而一度疏远;20世纪70年代,中美关系改善,中巴关系开始走近;21世纪,美国领导力衰退后国际格局多极化形成,发展中国家地位直线上升,金砖国家、G20等应时而生,中巴关系步入新的发展阶段。

巴西是西半球最大的发展中国家,中国是东半球最大的发展中国家,在国际社会中,两个国家有着相似的角色,相同的立场,双边关系有再进一步加强的动机和空间,以期实现彼此利益更大化。虽然中国与巴西的关系存在一些问题,如经贸摩擦、相互了解不足、文化差异巨大加之地理上相隔遥远,但是中国与巴西关系的发展前景是美好的。[①]

(蓝博,江苏师范大学外国语学院西班牙语系讲师,江苏师范大学伊比利亚美洲研究中心研究人员)

[①] 江时学:《对中国与巴西全面战略伙伴关系的认识》,《江苏师范大学学报(哲学社会科学版)》2016年第4期。

巴西新政府与中巴关系

[巴] 埃尔内斯切·罗德里格斯·阿西恩

蓝博 译

内容提要 中国在数年前超过美国成为巴西最大的经贸合作伙伴,中巴双边可观的贸易额使得两国政府在决策上有意识地亲近,两国外交关系亲密度直线上升。两国投资项目总价值约 475 亿欧元,主要投往经贸、金融,尤其是基础设施领域(矿产、电力、公路等)。近几年,巴西政府深陷政治贪腐丑闻,这严重影响了巴西的稳定发展。巴西陷入政治和经济危机之中,近几年愈发严重,迪尔玛·罗塞夫因丑闻下台,而米歇尔·特梅尔的新政府也备受质疑,与政府信誉挂钩的国际贸易也随之大打折扣。中巴两国致力于在不同领域开展高质量合作,推动经贸合作,促进共同发展。

一 历史回顾

中国和巴西的关系历史悠久,早在 1974 年两国就建立了外交关系,尽管当时的两国关系并非三言两语可以总结,但毫无疑问的是,从那时起中巴两国关系便快速发展。那一年,中国和巴西互设大使馆,标志着两国近代外交正式开启。

以时间为序我们来梳理一下两国关系标志性事件:1993 年,两国建立了战略伙伴关系;2004 年,中巴高层协调与合作委员会成立;2010 年,两国政府签署了《2010 年至 2014 年共同行动计划》,确定双边关系的目标、战略和方向。2012 年,两国政府签署了《中华人民共和国政府和巴西联邦共和国政府十年合作规划(2012—2021)》;2015 年 5 月,中国总理李克强和时任巴西总统罗塞夫签署了《中华人民共和国政府与巴西联邦共和国政府2015年至2021年共同行动计划》。共同行动计划和十年合作规划都是推动双边关系发展的主要协议，后者更是两国在科学、科技创新及太空合作、能源、矿产、基础设施建设、产业及金融投资和合作、经贸合作、文化交流等领域开展合作的保障。其中1998年，中巴两国政府签订了《中华人民共和国政府和巴西联邦共和国政府关于核准研制地球资源卫星的议定书》，这是一份非常重要的协议，开启了两国在高科技领域的合作。

2004年以来，两国高层互访频繁：到访过中国的巴西领导人有卢拉（2004和2009）、迪尔玛·罗塞夫（2011）、荷西·阿兰卡（2006）、米歇尔·特梅尔（2013）。访问过巴西的中国领导人主要有胡锦涛（2004和2010）、习近平（2014）、李源潮（2015）、温家宝（2012）和李克强（2015）。

二 双边贸易

2009年起，中国成为巴西的第一大贸易伙伴和主要外商投资国。中巴贸易总量在2001—2015年间快速增长，从最初32亿美元增长到了663亿美元。2012年，中国取代美国成为巴西最大进口来源国。

2015年，巴西对中国的出口总额为356亿美元，进口总额为307亿美元（2014年同期为406亿美元和373亿美元），巴西在双边贸易中获取近49亿美元的顺差。2009年起，巴西在对中国贸易中所获顺差累计超过460亿美元。

中国是巴西最大的贸易伙伴国，两国贸易数据非常漂亮，两国政府加强了政治互信并表露出更进一步重视彼此的态度。在经贸、金融、基础设施建设（尤其矿业、高压电和公路等）等领域，双边已经达成了价值超过475亿欧元的合作协议。

三 外商直接投资

中国是南美洲外商投资的主要来源国，投资主要流向能源、矿产、钢铁和农业。

中国投资大量涌入巴西能源、矿产、钢铁和农业，中国也一跃成为巴西主要的外商投资来源国。而巴西投资主要流向中国的航空业、矿业、食品业、汽车制造业、汽车零配件业、钢铁、纸、纤维以及银行业。

两洋铁路（太平洋和大西洋）是中拉合作的特大项目。不难预见，特梅尔政府会继续与中国政府携手推进该项目。

近年中国和巴西签署的主要协议有：1.《中国国家开发银行（国开行）向巴西国家石油公司提供贷款协议》：尽管巴西国家石油公司深陷腐败丑闻，仍获得了中国国家开发银行约60亿美元的融资；2.《中国—巴西—秘鲁关于开展两洋铁路合作的声明》：2015年，巴西政府发表了两洋铁路计划声明，即中国、巴西、秘鲁三国一起建设一条连接太平洋和大西洋的铁路；3.《巴西航空工业公司和天津航空公司飞机销售协议》：巴航工业向天津航空出售22架飞机。

四　金融合作

两国金融关系借助双边和多边平台快速发展。举两个例子，第一例子是，2014年5月起，中国多家银行进入巴西，而巴西银行也在上海设立分行，这也是第一个在中国境内设分行的拉美银行。早在2013年，中国人民银行就与巴西中央银行签署过一份双边本币互换协议，旨在保证两国双边贸易流动的平稳发展及增长。

另外一个例子是，2015年，中巴双方同意设立规模为200亿美元的双边共同基金，重点支持产能合作项目。之后，双方就中巴基金运作具体细节在技术层面进行了深入沟通，目前已达成一致，形成了《中巴基金运作规程》。旨在推动基础设施、物流、能源、矿产、制造业、农业等领域的投资。

五　国际关系

中国和巴西已经联手组建了多个国际合作机制，例如：金砖国家组织、G20等。这些国际合作组织拉近了国家间的距离，以及为国际事务磋商（发展、经济、气候变化等）提供平台。

2015年初，巴西成为亚洲基础设施投资银行（英文缩写为AIIB）的创始成员国之一，这对两国关系发展具有重要的意义。

表1　　　　　　　　　　中巴关系发展年表

1974——两国大使馆的建立（8月）

1982——拉米罗·萨拉瓦·格雷罗外交部长访问中国（3月）

1984——费格雷多总统访问中国（5月）

1984——吴学谦外交部长访问巴西

1985——赵紫阳总理访问巴西（9月）

1988——萨尔内总统访问中国（7月）

1988——中巴地球资源卫星计划启动

1990——杨尚昆主席访问巴西（5月）

1992——李鹏总理访问巴西（6月）

1993——国家委员及外交部长钱其琛访问巴西（3月）

1993——江泽民主席访问巴西（11月）

1993——朱镕基总理访问巴西同年成立中巴战略联盟（5月/6月）

1995——费尔南多·恩里克·卡多佐总统访问中国

1995——巴西支持中华人民共和国加入世贸组织

1996——李鹏总理访问巴西（11月）

1998——路易斯·兰普雷亚外交部长访问中国（11月）

1999——中巴地球资源卫星一号发射（10月）

1999——马克·马谢尔副总统访问中国（12月）

2000——外交部长唐家璇访问巴西（9月）

2000——中国成为巴西在亚洲主要的贸易伙伴

2001——江泽民主席访问巴西（4月）

2003——中巴地球资源卫星二号发射（10月）

2004——赛尔索·阿莫林部长访问中国（2月）

2004——卢拉·达·席尔瓦总统访问中国（5月）

2004——中巴高层协调与合作委员会的成立（5月）

2004——胡锦涛主席访问巴西（11月）

2004——签订了一份贸易和投资方面的理解性文件，从中巴西重新认识了中国的市场经济体制（11月）

2006——中巴高层协调与合作委员会第一次会议在北京举行，代表巴西出席的是副总统阿伦卡

尔，代表中方出席的是副总理吴仪女士

2006——十届人大常委会委员长吴邦国访问巴西（8月）

2007——两国外交关系部成立了战略对话（4月）

2007——中巴地球资源卫星2B号发射（9月）

2007——第一次中巴战略对话会议在北京召开（11月）

2008——中央政治局常委贺国强访问巴西（7月）

2008——卢拉总统访问中国并参加北京奥林匹克运动会开幕仪式（8月）

2009——外交部长杨洁篪访问巴西（1月）

2009——中华人民共和国副主席习近平访问巴西（4月）

2009——卢拉总统访问中国（5月）

2009——最高人民法院副部长郝赤勇访问巴西（5月）

2009——最高联邦法院部长希尔马·门内德斯访问中国（9月）

2009——全国政协主席贾庆林访问巴西（11月）

2009——中国成为巴西主要的贸易合作伙伴

2010——胡锦涛主席访问巴西，同时参加了在巴西利亚举办的第二届金砖五国峰会并签署了中巴共同行动计划（4月）

2010——国家理事会主席乔治·费力克斯访问中国（4月）

2010——国防部部长梁光烈访问巴西（9月）

2011——帕里奥塔外交部长访问中国（3月）

2011——罗塞夫总统访问中国并参加在三亚举行的金砖五国峰会（4月）

2011——签订中巴2011年到2014年关于卫生共同行动计划（10月）

2011——罗塞夫总统和胡锦涛主席参加在法国戛纳举办的第六届G20峰会并进行了会晤（12月）

2012——第二届中巴高层协调与合作委员会在巴西利亚召开，特梅尔副总统和王岐山副总理出席本次会议（2月）

2012——十一届全国人大常委会副委员长王兆国访问巴西（3月）

2012——罗塞夫总统和胡锦涛主席参加在印度新德里召开的第四届金砖五国峰会（3月）

2012——温家宝总理参加在里约热内卢举办的里约+20会议，签署十年全球战略合作规划并成立了政府首脑间的全球战略对话（6月）

2012——罗塞夫总统和胡锦涛主席出席了在墨西哥洛斯卡波举办的第七次G20峰会（6月）

2012——众议院代表马克·麦亚访问中国（6月）

2012——全国政协副主席张梅颖访问巴西（12月）

2012——中国成为巴西商品的主要进口国

续表

2013——两国最高领导人出席了在南非德班举办的第五届金砖五国峰会（3月）

2013——中共政委、北京市委书记郭金龙访问巴西（6月）

2013——格雷西·霍夫曼总书记和发展、工业与外贸部部长费南多访问中国（8月）

2013——两国最高领导人出席了于圣彼得堡举行的G20峰会，习近平主席与巴西总统于峰会会晤（9月）

2013——于中举行巴西文化月（9月），于巴举行中国文化月（10月）

2013——巴西副总统米歇尔特梅尔正式访问中国，出席了国家经贸合作论坛（澳门）第四届部长级会议开幕仪式，并出席第三届中巴高层协调与合作委员会，与习近平主席、李源潮副主席举行会晤（9月）

2013——中巴地球资源卫星3号发射（12月）

2014——中国外交部长王毅正式访问巴西利亚，并出席第一届环球战略对话会议（4月）

2014——众议院代表恩里克·阿尔维斯正式访问中国（4月）

2014——习近平主席访问巴西并出席第六届金砖国家峰会（6月，于福塔雷萨和巴西利亚）

2014——习近平主席与罗塞夫总统共同出席第九届澳大利亚布里斯班G20峰会开幕式并举行会晤（9月）

2014——中巴地球资源卫星4号发射（12月）

2015——中国副主席李源潮正式访问巴西并出席巴西新总统就职仪式（1月）

2015——巴西外交部长毛罗·维埃拉访问中国并出席与北京举行的第一届中拉论坛部长级会议（1月）

2015——巴西联邦最高法院部长里卡多访问中国（3月/4月）

2015——中国总理李克强访问巴西并签订2015—2021中巴共同行动计划（5月）

2015——中国副总理汪洋访问巴西并出席第四届中巴高层协调与合作委员会第四次全体会议（6月）

2015——中国国家主席习近平与巴西总统罗塞夫于第七届金砖国家峰会举行会晤（7月）

2015——金砖国家外交部长相聚纽约，共同出席第七十届联合国大会开幕仪式（9月29日）

2015——最高法院弗朗西斯科部长访问中国（10月/11月）

2015——金砖国家首脑于土耳其安塔利亚出席G20峰会（11月15日）

2015——中国国家主席习近平与巴西总统罗塞夫共同出席第21届联合国气象变化大会（9月）

2016——巴西财政部长巴尔博萨访问中国（2月）

六　双边政府关系

尽管巴西政权的更迭初期让大家对中巴政府之间能否保持之前的友好关系产生过疑虑，不过从现在看来，担心有点多余了，政府关系仍然保持良好运转。巴西前总统罗塞夫在任期内与中国签署过35个经济合作协议，涉及领域从巴西基础设施的建设到巴西北部钢铁工业区的建设。

当前世界经济发展受阻，中国和巴西合作将助推新兴经济体崛起，同时推动国际经济的发展。

19世纪以来，中巴两国取长补短，建立了重要的双边贸易联盟。总的来说，巴西是拉美国家中为数不多能够满足中国日益增长的粮食与原材料需求的国家，未来10年，也将可能成长为能够满足亚洲需求的国家之一。对巴西而言，需要重视铁路、港口、机场以及电力网络等诸如此类的基础设施的建设。对中国而言，助力巴西基础设施建设符合其国内经济发展的利益需要。中巴两国合作可以实现优势互补。巴西应减少官僚主义，积极吸引中国企业来巴投资，中国市场也应进一步对巴西开放。

七　中巴经贸关系紧密的原因

一个原因是，巴西总统卢拉任职期间（2003—2010年）的国际贸易战略：鼓励农业和石油（巴西国家石油公司）出口；另一个原因是，中巴两国建立的战略外交关系，拉美地区是中国发展战略要地之一。两国同属"金砖国家"、从20世纪90年代起巴西就已经是中国在拉美的主要战略伙伴之一。

2009年初，中国一跃成为巴西最大的贸易合作伙伴，中国对巴西投资以及出口贸易额增长了近三倍。中国在拉美有诸多合作伙伴国，例如：阿根廷、秘鲁、智利、委内瑞拉、哥伦比亚、墨西哥和哥斯达黎加等，不过，笔者认为同属"金砖国家"的巴西将一直会是中国的优先合作伙伴国。

综合层面来看，中国、巴西两个大国之间在货币兑换、反倾销手段、进出口产品种类等方面的关系错综复杂，巴西与拉美其他国家一样，主要对中国出口初级产品,而中国则对巴西出口科技产品。

巴西对中国出口最多的产品是铁矿、大豆和石油,总体而言,原材料出口占巴西对中出口总量的84%。此外,中国和巴西国际贸易领域既是伙伴也是对手。两国在自然资源和投资空间上存在竞争。

八 巴西新政府的执政思路及其对中国战略

近年来,巴西政府被曝出一系列的政治丑闻和腐败,这严重影响了巴西的国际形象,国家信誉度不断下降,这也是罗塞夫下台的主要原因。全世界都非常关注巴西发生的一系列政治事件,这些事件损坏了政府的形象和信誉度,直接打击了外商对巴西投资的信心。

2016年9月2日,中国国家主席习近平与巴西新任总统特梅尔共同出席杭州的G20峰会,并进行了会晤。两国首脑以实际行动向世界表明,中巴深厚的双边友谊不受任何外部因素影响,无论巴西目前政治如何艰难,中巴关系依旧坚不可摧,这也为两国关系进一步发展提供了政治契机。

显而易见,中国政府相信巴西的未来、中巴合作以及特梅尔领导下中巴关系的发展。两国在多领域的高水平合作、推动经贸合作以及两国关系发展等方面有着很多的共识。

笔者列举一些需要两国进一步合作的事项:
- 需进一步加强联系与产业合作;
- 尽快推动一些重大项目,如两洋铁路项目;
- 鼓励科技革新,为两国合作注入新活力;
- 深化节能等领域的合作;
- 坚持环境保护和可再生能源的发展;
- 拓展金融领域合作;
- 加强文化、青少年交流以及体育领域交流;
- 在全球治理、可持续发展、多哈回合谈判、气候变化等问题以及"金砖国家"和G20峰会等国际多边平台上共同发声。

近年来,中国政府看好拉美的发展并表现出与巴西乃至拉美发展互通友好的决心。另外,巴西总统特梅尔也欲继续深化与中国的全面战略合作,以及全方位加强中巴合作。

双边关系回顾与展望

九　总结

　　中国和巴西有着悠久的历史联系，且关系良好。1974年后，两国除了保持着大使级外交关系外，还保持着经贸、投资等领域的友好关系。尽管巴西近年来身陷政治丑闻，但在此期间，中国超越了美国成为巴西最大的贸易伙伴。巴西政府更替毫无疑问会调整经济、金融等政策，但中巴两国关系依旧稳定且不断发展。中国和巴西彼此需要，两国合作有利于推动双边投资和经济增长。巴西是中国在拉美最大的投资目标国之一，中国则是巴西科技产品主要输出目标国之一，两国合作彼此受益。

　　总的来说，中巴关系不管是过去、现在还是将来，都非常美好，许多重大投资项目的落实是双边未来进一步发展的保障。

（埃尔内斯切·罗德里格斯·阿西恩，巴西伊比利亚美洲及亚太经济社会观察研究中心主任，江苏师范大学伊比利亚美洲研究中心特约研究员）

战略接近:2007—2016年中厄关系的发展

[厄] 密尔顿·雷耶斯·埃雷拉

孙铭晨 译　朱伦 校

内容提要　本文基于国际政治经济背景和结构主义历史分析法，认为2007—2016年中国和厄瓜多尔两国关系在走向战略靠近；聚焦于国家间关系，同时考察双方的物力和观念（形象和看法）。而且，这种战略靠近将触及方方面面：世界秩序下的中厄互动关系，双方互利互惠的关系以及巩固两国关系的障碍与前景。

中国同厄瓜多尔的关系如同中国同拉美其他国家的关系一样，自21世纪开始获得了突飞猛进的发展，特别在2002年中国腾飞之时得到了巩固，这一年中国从世界第八大经济体一跃成为第六大经济体，也是从这个时候开始，拉美地区一些进步主义政党开始上台执政。

但是，就厄瓜多尔来说，中厄经济和政治关系直到2007年厄瓜多尔总统拉斐尔·科雷亚上台之后才得到加强和深化，并形成了一种战略性的联合关系。

然而，要想了解中厄双边关系的发展，我们需要回顾一下历史，回顾一下中国对拉美特别是对厄瓜多尔的政策规划。

一　1949—2006年的中厄关系[①]

在20世纪五六十年代期间，中厄关系受到美国在拉美地区的霸权影

---

① 这部分内容是以本文第一作者的两篇论文为依据写成的，第一篇是他在巴西里约热内卢联邦大学召开的第一届国际政治经济学会议上的论文；第二篇是他在利马太平洋大学召开的第二届拉美与亚太关系国际研讨会上的论文。

双边关系回顾与展望

响,因此两国没有政府性质的官方往来。这归因于在"冷战"① 或"冷和"② 期间,南美国家没有正式承认中华人民共和国。由此,中厄两国的交流和发展无足轻重而且有限,例如:交往仅限于艺术团体、工会和商贸代表团的交往。③

20 世纪 60 年代,中拉之间除了建立一些诸如中拉友好协会这样的合作机构外,④ 在依据毛泽东三个世界理论提出的战略规划背景下,中华人民共和国还与南美共产主义政党和革命政党及运动的代表和成员建立了联系,这其中自然包括了厄瓜多尔相关政党的代表和成员。这些共产主义和革命运动都不是站在苏联一边的,特别是 1962 年中苏关系破裂以后是如此;中苏关系的破裂,导致了世界共产主义政党的分裂,这在南美洲尤其突出。此外,这些运动还受到了 1959 年古巴革命的影响。在 20 世纪 60 年代,南美上述左派力量基于政治意识形态的相似还不时到中国访问,他们重视革命的武装斗争,并把中国当作夺取政权的榜样。⑤

20 世纪 70 年代,中国和南美国家开始正式建立外交关系。智利是南美第一个与中国建交的国家(在阿连德执政一个月之后)。厄瓜多尔本可在 1971 年成为第二个与中国建交的南美国家,因为它已经在联合国大会上宣布支持恢复新中国在联合国的合法席位,⑥ 但是因为国内的政治原因和国外的压力,厄瓜多尔在 1980 年 1 月 2 日才与中国最终确立外交关系。

---

① 在"冷战"的背景下,20 世纪 50 年代中国的政治强音是中苏联盟,70 年代是中美建交,这中间受"文化大革命"的影响还经历了一段孤立外交阶段。
② Hobsbawn Erick, *Historia del Siglo XX*, Editorial Crítica, Barcelona, 2003.
③ Xu Shicheng, *Las diferentes etapas de las relaciones sino-americanas*, Nueva Sociedad, v. 203, 2006, pp. 102 – 113.
④ Jiang Shixue, *Una mirada china a las relaciones con América Latina*, Nueva Sociedad, v. 203, 2006, pp. 62 – 78.
⑤ *Entrevistas a ex militantes de movimientos maoístas sudamericanos*, 2010 – 2012, Diario de campo Milton Reyes Herrera.
⑥ Borja Juan, *35 Años De Las Relaciones Ecuador-China*, Discurso Inauguración del Centro Latinoamericano, Universidad de Lengua y Cultura de Beijing, Beijing China, 22 abril 2015, disponible en: http://china.embajada.gob.ec/wp – content/uploads/2015/04/discurso – embajador – jose – m – borja – en – blcu.pdf, visitada el 29 de abril de 2015, visitado el 2 de mayo de 2015.

在中国改革开放和厄瓜多尔回归民主的大背景下，为了"签署一项经济技术合作协议和另一项中国向厄瓜多尔提供 1500 万人民币无息贷款的信贷协议"，① 厄瓜多尔前总统奥斯瓦尔多·乌尔塔多于 1985 年 5 月访问了中国。

20 世纪 90 年代，厄瓜多尔多位总统访问了中国。

西斯托·杜兰·拜伦总统的访问（1994）。他"达成了厄瓜多尔国家石油公司与中国石油天然气集团公司的一项合作协议，该协议涉及为期两年的原油运输和存储；中国为厄瓜多尔的一些社会项目捐款 100 万人民币（约合 12 万美元）"。②

哈米尔·马瓦德总统的访问（1999 年 8 月）。他签署了两国"科学技术和商贸合作协议，并获得了 650 万美元的无息出口贷款"。③

21 世纪的前十年，厄瓜多尔共有三位总统访华。古斯塔沃·诺沃亚是第一位（2002），据新闻报道，"他从中国人民银行获得了 4000 万美元的贷款用于建筑桥梁。此外，中国还许诺支持厄瓜多尔加入亚太经合组织"。④

这里需要着重强调，从达成的这些贷款数额和协议来看，中厄两国的关系依然不太紧密，这可能归因于厄瓜多尔历届政府的外交传统。在世界范围内，厄瓜多尔特别借助与华盛顿的亲密关系来考虑其利益。

2003 年 8 月（中国作为世界经济大国开始全面腾飞），继古斯塔沃·诺沃亚之后，卢西奥·古铁雷斯总统访问了中国。与他的一些前任相比，他试图更加接近中国，但他主要是从商贸关系上考虑问题，先是提出了几项石油投资项目，一项旅游项目，还有一些更深入的合作项目。于是，古铁雷斯宣布两国已经"签署了非常重要的协议，例如允许厄瓜多尔农副产品出口中国的植物检疫协议，以及其他中国石油公司在厄瓜多尔进行投资

---

① El Universo, 24 de agosto de 2003: *Cuatro mandatarios visitaron China desde 1984*, disponible en: http://www.eluniverso.com/2003/08/24/0001/8/381223D99C114782A2CCF4874FCCF7E4.html, visitada el 15 de diciembre de 2016.
② Ibid.
③ Ibid.
④ Ibid.

双边关系回顾与展望

的协议"。① 有关报纸报道说：

> 厄瓜多尔总统访华的目的之一是平衡贸易逆差；古铁雷斯总统还说厄瓜多尔已"对多个油田的开采进行招标，同时对炼油厂的现代化改造和新炼油厂建设进行招标，并邀请中国企业家投资石油产品运输和液化气管道建设。总统出访的另一个目的是寻求经济建设的经验（对外资开放方面），吸引外资是我们正在做的……"此外，古铁雷斯总统力求让北京宣布厄瓜多尔成为中国官方认可的旅游目的地。②

尽管这位总统宣称在石油领域对中国资本开放，并且开展具体领域里的合作（例如体育），然而事实上，与厄瓜多尔的往届政府一样，古铁雷斯政府把与他国的交往也只看作获利的工具（"生意就是生意"，没有旨在加强互信和深化合作的战略眼光）。他所做的一切最终只让厄瓜多尔的权力阶层获利，尤其是贸易进口商获利。因此，中国提供的更广泛的经济合作与交流机会被浪费了，同时也降低了厄瓜多尔通过与中国的交往走上靠自我发展实现经济可持续增长的可能性，以及对国家财富资源进行有效的再分配的可能性。

最后，在21世纪的第一个十年里，第三位访问中国的厄瓜多尔总统是拉斐尔·科雷亚总统（2007年9月）。随着这次访问，厄中两国关系开始走向深入，其间，厄瓜多尔产生了新的政治气象，与此同时，中国政治也开启了一个新局面。接下来，是本文对2007—2016年间中厄关系的分析研究。

二 2007—2016年的中厄关系

要想了解这十年的中厄关系，我们首先要谈一谈两国关系中的观念、

---

① La Hora, 27 de Agosto de 2003：*Presidente Gutiérrez firma convenios con China* disponible en：http：//lahora. com. ec/index. php/noticias/show/1000187191/ - 1/Presidente_ Guti% C3% A9rrez_ firma_ convenios_ _ con_ China. html#. WHlmNebhDIU，visitada el 15 de diciembre de 2016.
② 在拉丁美洲，当时只有古巴是中国官方指定的旅游目的地。

· 186 ·

形象与看法，然后再谈一谈涉及物质领域的交往包括合作项目，最后再谈一谈这些合作项目对厄瓜多尔实力的影响，以及厄瓜多尔对世界秩序所持的立场。本节集中谈一谈厄瓜多尔人对中国的观念、形象和看法。

这里我们需要指出厄中两国相互理解还不够，概括起来有两点：

第一点，中国自20世纪90年代末就试图通过文化和学术交流来了解拉美[①]，在2008年中国政府的白皮书[②]和2015年中国—拉美加勒比共同体论坛[③]的官方文件中都提到要增进相互了解。与此同时，出于了解和决策的需要，中国政府和学术界通过政治对话、学术交流、新闻报道和文学研究，开始了解南美地区和厄瓜多尔。另外，作为加强合作的一部分，同时也旨在加强相互理解，中国大大增加了厄瓜多尔的奖学金名额，特别是在科雷亚总统第一次访问中国之后。中国还在厄瓜多尔开设了孔子学院并设置多种学科课程，以及开展各领域的研讨会和讲座。

第二点，厄瓜多尔研究中国的专家很少，特别缺乏研究中国文化和文明的专家，因此厄瓜多尔很少有人懂得中国的政策和交往方式，这限制了双方关系的深入发展（增进相互理解—增进相互信任—扩大共同利益）；厄方也不充分了解基于共同利益和情感，建立长期关系的重要性，而只是追求一种基于眼前利益的工具型关系，例如与西方交往时就是如此。

这里我们应当指出，作为所谓西方末端的一个国家，厄瓜多尔复制并扩大了西方世界对中国的印象、观念和看法[④]，其特征是：

（一）社会主导势力眼中的中国

在厄瓜多尔，一种宣扬少数人实用主义需求的观点一再重复，即厄瓜多尔应该遵循美国和"自由文明世界"的原则（即自由市场和自由民主的经济体）。厄瓜多尔的政治意识形态立场应该以维护社会秩序为目标，尽管这种立场不能脱离世界形势。

---

① 这有助于中国学者以新视角研究拉美地区，研究的项目有：依赖理论、利用外资、农业发展、中拉关系、拉美与美国的关系、社会问题、教育、政治体制和发展战略等（Jiang Shixue, *Una mirada china a las relaciones con América Latina*, Nueva Sociedad, v. 203, 2006, pp. 62 – 78）。
② "关于中国对拉美和加勒比地区政策"的文件。
③ 2015年1月9日，中国—拉美和加勒比国家共同体论坛第一届部长级会议北京宣言。
④ 这里总结的三个特点 Reyes 在 2012 年写的 "Comprendiendo China: Elementos Fundamentales para una Agenda de Beneficios Mutuos" 一文中有过阐释。

双边关系回顾与展望

　　这些传统势力继承了寡头政治，与私人传媒联系密切，重复和夸大美国的看法，"把美国视为战略盟友和主要的贸易伙伴，并视美国为国际秩序的合法调解者"。① 尽管坚持和重复这些论调的是少数人，但在国家和产业结构改革的问题上，他们与其他社会力量相互较量；在这个过程中，"对立集团的冲突表明有不同的可供选择的发展道路，并提出了改革发展可能涉及的制度性物质基础的问题"。②

　　由此，在厄瓜多尔的自由主义经济分析家中间，对中国形成了一种强烈的流行印象，这种印象产生于国际上的社会主导势力及其地方盟友，并且通过传媒传播开来。他们所描述的中国形象是："中国是一个贪婪的崛起大国，见利就上，不值得信任。"这种形象与中国的下述良好形象形成了鲜明对照：中国想与世界资本主义中心和国际银行保持良好的合作关系，是国际社会和文明世界的组成部分。由此，人们认为厄瓜多尔与中国的关系是这样的："厄瓜多尔受到财政抵押，它的战略资源因接受贷款而被卖掉。"

　　这种看法助长了一种简单的推理：与西方国家做生意是"明智和有利的"，而与中国做生意则是不明智的，起码是有问题的，完全无利可图。由于缺乏了解，由于政治目的不同，甚至由于种族偏见，人们看不到甚至否认西方商业道德的最高准则，说到底就是"买卖就是买卖"，而中国的商业道德则是："这是生意，有钱大家赚"；挣钱不多，人人有份。

　　从这里我们可以看到，尽管中厄关系可能有利于社会主导势力的利益，但有关中国的消极形象却一再产生。这种看法可能源于人们一再夸大如下各种形象："要警惕与一个专制国家和社会扩大交往可能有的危险，警惕共产主义威胁，中国是资本主义中心的低端生产者，是世界资本主义文明中心不忠的竞争者。"这种看法引起了人们对中国投资和融资的疑问，

---

① Reyes, Milton, *Relaciones China-América Latina: encuentros y desencuentros*, En Jaramillo Grace (comp.), *Relaciones Internacionales: Los Nuevos Horizontes*, Facultad Latinoamericana de Ciencias Sociales, Quito, 2009.

② COX Robert W., *Fuerzas Sociales, Estado y Ordenes Mundiales: Más allá de las Relaciones Internacionales*, en MORALES, Abelardo, *El Poder y el Orden Mundial*, FLACSO, Costa Rica, 1996.

这种疑问依据的是一种所谓的双边关系技术和道义的分析。根据一些后自由主义分析家的观点，这种分析的背后隐藏着这样的担心：发展中国家间不断增长的交往，将会对世界经济秩序形成一种新的联系方式；发展中国家间交往关系的成功，有可能进一步巩固新自由主义的观点。

（二）正统左派和社会悲观主义运动眼中的中国

正统左派和非正统的社会运动也对中国有自己的看法。他们的看法是一种基于乌托邦的看法，既没有战略行动指南，也不思考战术问题，而这两点对于推动现行秩序进行结构性改革至关重要。现行秩序越来越依靠国际金融体系的支持，有时还要借助全球性力量。正统左派和非正统的社会运动持一种简单的观念，这种观念在理论上对国际关系持有一种理想主义、自由主义和多元主义的观点，这些观点实际上有利于西方超级大国的现实利益。依据这些简单化的观点，我们大体可以看到他们对中国的一些看法：

第一种观点是，中国抛弃了世界共产主义革命这种地道的乌托邦思想，现在是一个复制了资本主义所有弊端的国家与社会，其中包括在国际社会，甚至是对发展中国家进行掠夺的欲望。

第二种观点是，在一定程度上也是社会主导势力的观点，根据这种观点，中国"在第三世界只想寻求自己的利益，损害其他发展中国家的经济"。

第三个观点是，随着中国的崛起，中国将会是一个具有排他和专横特点的强国，这种特点是近代一些帝国，特别是具有资本主义性质的帝国所共有的特点。

撇开这些观点的理想主义色彩不说，它们都是在重复一种纯粹是"权力实用主义"的分析方法和话语，不懂得如下道理：首先，尽管每个国家都有自己的利益，但并非所有国家都以同样的方式对待这种利益；其次，世上没有什么本质的东西（esencialidades）能指导每个国家的决定，而是要根据本国与国际秩序的相互影响，应势而为，此外还要综合考虑到许多历史因素、思想、实力和制度，并无一定之规。[1]

还有一些人把中国视为帝国主义国家。但何谓帝国主义？这里，让我们引述赛义德·道尔的观点：帝国主义就是一个居统治地位的宗主国统治一片

---

[1] COX Robert W., *Fuerzas Sociales, Estado y Ordenes Mundiales: Más allá de las Relaciones Internacionales*, en MORALES, Abelardo, *El Poder y el Orden Mundial*, FLACSO, Costa Rica, 1996.

遥远领土的行为、理论和态度。米歇尔·道尔所认为：帝国就是一种由一个国家控制另一个政治体实际政治主权的正式和非正式的关系，这种关系可以通过武力、政治合作和经济社会或文化依附的方式来确立。简单来说，帝国主义就是建立和维护帝国的过程。①

将帝国主义的这种形象与中国的现实和中国对经济发展的特殊需求做比较，我们可以得出这样的看法：中国提出合作领域、对外关系和经济联系的原则，绝非仅限于商业目的（具体可见与古巴、委内瑞拉、巴西、墨西哥或秘鲁的交往）；除了商业目的外，我们应该实事求是地承认，中国向来尊重（不仅是表面尊重）其他国家的内政，承认国际行为体的特殊作用，并据此制定双边关系的具体政策。这些政策的制定依据的是各国对中国利益的重要性，以及国家间亲近或是互惠的情况而定。②

(三) 发展派和乐观派眼中的中国

这两派的观点都是从中厄双方发展和加强关系所取得的好处来评论中国的，但他们的立场还是有所区别的：

第一种观点是谨慎的乐观观点。这种观点承认中国是一个机会，但认为中国对当事国的生产也是一种威胁，与此同时，对一种不对称的双边关系所产生的结果和影响持某种疑虑：鉴于中国的经济资源以及在世界秩序中的地位，中国具有巨大的商贸能力。这种观点没有考虑到，厄瓜多尔的商贸能力实际上是很小的，这种不对称实际上是大小国家发生交往时的客观情形。

持这种观点的人，都是在两国间进行具体的进出口贸易的商业人士，他们认为这种不对称是由厄瓜多尔当前的政府造成的，现政府不允许签订自由贸易协定。这些商贸人士不理解国家经济政策的战略方针，也不理解中国的两个突出现实：一是签署自由贸易协定不是两国进行贸易和结成战略同盟的先决条件；二是签不签自由贸易协定，国家都是双边贸易的主角，包括中厄私营经济部门的贸易。

第二种观点是务实的乐观观点。这种观点认为，中厄关系确实正在产生最大的成果，生产和商业投资也的确处于最好的状态。这种观点认为中

---

① En Said Edward, *Cultura e Imperialismo*, Anagrama: Barcelona, 1996.
② Reyes Milton, *Relaciones China-América Latina: encuentros y desencuentros*, En Jaramillo Grace (comp.), *Relaciones Internacionales: Los Nuevos Horizontes*, Facultad Latinoamericana de Ciencias Sociales, Quito, 2009, p. 55.

国是一个巨大的贸易挑战,鉴于两国的实际条件和不对称,现已取得的协议已经是不可多得的了。因此,在与中国做生意的时候,我们需要采取一种务实的观点,我们要了解中国的文化结构,能够在双边关系中为实现互利共赢原则提供多大的可能性。

以上说的是厄瓜多尔对中国的大致印象。接下来,我们再看一看双方的物力。所谓物力,指的是生产能力和建设能力(经济、贸易和金融),包括双边的比较以及在世界范围内的比较。

三 厄中双方的物力和政治关系

关于这个问题,需要指出,中国与厄瓜多尔的关系是中国与整个拉美地区关系的一部分,尽管中厄两国的关系具有自己的特点。这是因为中国是按照区域来开展自己的政治规划的,但是也不忽视双边关系。具体到厄瓜多尔,我们可以从两个方面来看:从贸易关系和贸易过程到建立政治对话;政治和经济关系的深化,经济关系包括投资与融资,双方合作以及在世界秩序下的制度性前景。

(一) 从贸易关系和贸易过程到建立政治对话

在 21 世纪,中厄两国的双边交往依旧以贸易为重,之前几十年也都是如此。如表 1 所示,以 2000—2006 年为例,我们看到两国的商业交流不断增长:2000 年中厄两国的贸易总额达 1.237 亿美元,而 2006 年增至 9.25 亿美元;但是,厄瓜多尔的贸易逆差也在不断增加,2000—2006 年,厄瓜多尔的出口贸易增长了 496%,而进口则增长了 3491%。

表1　　　　2000—2006 年厄瓜多尔与中国的贸易　　　单位:百万美元

年份	2000	2001	2002	2003	2004	2005	2006
出口	58.2	9.2	14.7	13.7	49.6	7.4	194.0
进口	65.5	128.31	194.65	268.71	400.37	563.54	731.13

数据来源:厄瓜多尔中央银行 2016 年统计。此表由作者制作。

与上述表格相比,在 2007—2016 年间(见表 2),厄中两国的贸易则呈现迅速增长的趋势。

双边关系回顾与展望

表2　　　　　2007—2016年厄瓜多尔从中国的进口统计　　　单位：千美元

年份	进口	占比（％）	增长率（％）
2007	1023.090	4	0
2008	1464.190	6	43
2009	1016.630	4	−31
2010	1438.440	6	41
2011	2129.780	9	48
2012	2609.120	11	23
2013	4254.413	17	63
2014	4346.691	18	2
2015	3871.354	16	−11
2016	2642.131	11	−32
总额	24795.839	100	

数据来源：厄瓜多尔中央银行2016年统计；商品贸易统计数据库2016年统计。此表由作者制作。

如表2所示，2007—2016年，厄瓜多尔自中国进口总额达247.95839亿美元。我们看到，这一时期厄瓜多尔从中国的进口总体呈上升趋势，增长额为146％。

厄瓜多尔自中国进口的主要产品有金属和金属衍生产品，建材、车辆、轮胎、机器和中低技术含量的电子产品（厄瓜多尔出口和投资促进委员会：2014；2016）。下面，再看看厄瓜多尔对中国的出口情况：

表3　　　　　2007—2016年厄瓜多尔对中国的出口统计　　　单位：千美元

年份	出口	占比（％）	增长率（％）
2007	39.136	1	0
2008	387.500	10	890
2009	124.200	3	−68
2010	328.700	9	165
2011	192.300	5	−41
2012	391.700	10	104
2013	563.904	15	44

续表

年份	出口	占比（%）	增长率（%）
2014	485.076	13	-14
2015	722.966	19	49
2016	522.256	14	-28
总额	3757.738	100	

数据来源：厄瓜多尔中央银行2016年统计；厄瓜多尔出口和投资促进局2013—2016年统计。此表由作者制作。

表3显示，2007—2016年，厄瓜多尔对中国的出口总额约为达37.57738亿美元，10年间增长了822%，厄瓜多尔对中国的出口总体呈上升趋势。出口的产品主要有农产品、海鲜、石油、矿物、金属衍生产品、鱼粉和木材。[1] 2009—2016年，厄瓜多尔对中国出口的石油总额达935222美元，[2] 占出口总额的0.03%。

从表2和表3的数据我们可以看出，2007—2016年，厄瓜多尔与中国的贸易逆差约为-210.38101亿美元。

另一方面，应当指出的是，在如今的商品繁荣时期，厄瓜多尔是拉美地区为数不多的贸易逆差国之一。鉴于这个问题十分复杂，涉及许多问题，比如厄瓜多尔生产结构的改变、进口精密仪器、引进资本和原材料来完善工业发展，以及扩大消费包括进口产品消费的重新调整，等等，因而适合更大的研究课题，本文不再展开。

但是，关于贸易逆差问题，这里还需要指出两点：

第一，自2013年起，习近平主席在多个场合表示，需要努力平衡与拉美各国的贸易往来。为此，厄瓜多尔应抓住两国全面战略伙伴关系可能带来的机遇，提出可行的方案。两国全面战略伙伴关系是习近平2016年11月访问厄瓜多尔时确立的，[3] 他是第一位对厄瓜多尔进行国事访问的中国元首。

第二，我们应该认识到，贸易问题长期以来是中国与拉美发展关系的

---

[1] 数据来源于厄瓜多尔出口和投资促进局2013—2016年的数据统计。
[2] 同上。
[3] 厄瓜多尔外交部，2016。

双边关系回顾与展望

中心问题,双方贸易经历了大幅度的增长。尽管如此,"自 2000 年以来,拉美经济社会也在发展,这在经济上吸引中国走近拉美,特别是走近南美洲国家"。① 厄瓜多尔社会经济的发展主要开始于 2007 年。

上述两个因素以及中国参与拉美各种论坛都表明,旨在不断深化双方政治、经济关系(主要通过投资和融资的方式)的政治对话已经建立起来,接下来我们来谈谈这个问题。

(二) 两国政治与经济关系的深化

关于这一点,我们首先从外国直接投资方面分析中厄政治经济关系的深化。

表4　　2007—2016 年中国对厄瓜多尔的直接投资　　单位:美元

年份	外国直接投资	中国占比(%)	增长率(%)
2007	84839960	12	0
2008	46537570	7	-45
2009	56296880	8	21
2010	44959800	7	-20
2011	80128400	12	78
2012	85867050	13	7
2013	94326450	14	10
2014	79032120	12	-16
2015	113877220	17	44
2016	72064	0	-100
总额	685937514	100	

数据来源:厄瓜多尔中央银行 2016 年统计;厄瓜多尔出口和投资促进局 2013—2016 年统计。此表由作者制作。

如表 4 所示,2007—2016 年中国对厄瓜多尔的直接投资,比前几十年有较大幅度的增长,总额达 685937514 美元。但并非直线增长。中国直接

---

① Pinto E. C., Antonio M., Cintra, M., *América Latina e China: Limites econômicos e políticos ao desenvolvimento*, Texto para Discussão 012, Instituto de Economia, UFRJ, 2015. Disponible en: http://www.ie.ufrj.br/index.php/index-publicacoes/textos-para-discussao, Visitado el 29 de junio de 2015.

投资的领域主要有商业地产、金融服务、贸易、采矿、运输、仓储、通讯、建筑、电力和燃气供应、农业、制造业和公司服务等。[①]

表 5　　　　2009—2016 年中国对厄瓜多尔的融资　　　单位：美元

年份	形式	领域	企业	总额
2007	无数据	无数据	无数据	无数据
2008	无数据	无数据	无数据	无数据
2009	石油预付款	能源	中石油	1.000.000.000
2010	CCS 水电站	能源	中国进出口银行	1.700.000.000
2010	80% 可选，20% 石油	能源	国家开发银行	1.000.000.000
2010	Sopladora 水电站	能源	中国进出口银行	571.000.000
2011	发展可再生能源	能源	国家开发银行	2.000.000.000
2012	2013 年预算赤字融资	其他	国家开发银行	2.000.000.000
2013	基多高速路	基础设施	国家开发银行	80.000.000
2013	米纳斯—旧金山水电站	能源	中国进出口银行	312.000.000
2014	科卡科多水电站传输大坝融资	能源	中国进出口银行	509.000.000
2015	2015 年投资计划融资	其他	国家开发银行	1.500.000.000
2015	更换厨具	其他	国家进出口银行	250.000.000
2015	交通，教育和卫生项目	其他	国家进出口银行	5.300.000.000
2016	Yachay 教育中心	其他	国家进出口银行	198.000.000
2016	约束性贷款和基础设施	其他	国家开发银行	2.000.000.000
				总额 18.420.000.000

数据来源：Gallagher, Kevin P. and Margaret Myers (2016)。此表由作者制作。

此外，这一阶段的融资不断深化。[②] 如表 5 所示，2009—2016 年，中国对厄瓜多尔的融资达到历史最高，总金额为 184.2 亿美元。与贸易、外国直接投资和合作相比，中国的融资在两国交往中对厄瓜多尔的经济贡献最大。因此，关于前文说到的信贷问题，我们应该指出，信贷与融资的不同在于后者是纯粹出于经济利益的考虑。

---

① 数据来源于厄瓜多尔出口和投资促进局 2013—2016 年的数据统计。
② 委内瑞拉和厄瓜多尔的石油预售都是缓解财政的办法（Ernani Torres, PEPI, UFRJ, Catedra, mayo 2015）。

双边关系回顾与展望

上述数据与 Kevin Gallagher 和 Margaret Myers（2016）的研究结果一致。在他们的研究中，这两位作者指出，2005—2015 年，中国对包括厄瓜多尔在内的拉美地区的融资方主要是国家开发银行和中国进出口银行。两位作者强调指出，在上述时期，中国国家开发银行所提供的资金比世界银行和美洲开发银行提供的还多。

因此，人们对中国的印象一直是①，中国在厄瓜多尔就是想做"生意：自然资源，尤其是石油和矿产，以及为自己的产品寻找市场，也包括在厄瓜多尔建设大型基础设施。对中国来说，贷款就是获得这些生意的手段"。

然而，对这些初步数据进行分析时，我们发现问题并不那么简单，有两个事实我们应当注意：

2009—2014 年，厄瓜多尔是接受中国贷款最多的四个国家之一（另外三个是巴西、委内瑞拉和阿根廷），这四个国家获得的贷款约占中国对拉美和加勒比地区贷款总额的 90%。与此同时，这些国家在经济上和在国际事务上都受到中国较大的影响。

如同委内瑞拉、阿根廷一样，厄瓜多尔也受到来自信贷机构的外部限制，面临着高风险。

因此，对于中国提供的财力支持，至少可以有双重解读：

首先，中国可能在利用对方的"弱点"，在最有利于自己的条件下谈判，确保在中长期内获得战略资源（这也正是社会主导势力及其相关集团对中国经济形象的看法，有些现实主义和新现实主义的学者也持这种观点）。

其次，中国的行为远远超过国际金融界权威分析的看法，中国会按照自己在拉美的政治目标行事：中国愿意解决这些国家的外部限制问题，准备在世界经济政治秩序下，保持与拉美国家的战略关系。这不仅确保了中国能长期拥有战略资源和出口市场，还扩大了其在国际组织中与他国政治联合的可能性。

当我们以金融为例，分析中国对厄瓜多尔的合作时，这种对贷款的解读就变得更加复杂。

---

① 尤其是正统左派和非正统的社会运动这样认为，经济学学者也持这种观点。

表6　　　　2007—2016年厄瓜多尔从中国接受的金融合作　　　单位：美元

年份	金额	百分比（%）
2007	0	0
2008	479158	0
2009	300099	-37
2010	90437	-70
2011	90437	0
2012	90437	0
2013	20100000	22.125
2014	8090000	-60
2015	22249553	175
2016	11250000	-49
总额	62740121	

数据来源：SETECI，2016。[①] 此表由作者制作。

如表6所示，2007—2016年，厄瓜多尔从中国接受的合作总金额达62740121美元。从上述表格和全文来看，与融资和外国直接投资的情况一样，中国近10年对厄瓜多尔的贷款合作较之前几十年更多。然而，与表5的情况相同，两国的合作并未呈现持续上升的趋势，而是一直在波动。通过表5和表6可以看出，融资项目远远多于合作项目。这里需要说明的是，对中国而言，合作包括融资，然而西方国家和厄瓜多尔都认为，合作是针对其他具体项目而言的。

表7　　　　2007—2016年中国对厄瓜多尔的贷款领域　　　单位：美元

领域	金额	占比（%）
安全	29246771	47
生产	15924094	25

[①] 数据来自厄瓜多尔国际合作署，根据厄瓜多尔宪法规定，该合作署只批准那些特需性质的合作，利润大小不是合作的目标。

双边关系回顾与展望

续表

领域	金额	占比（%）
人才培养	4000000	6
综合领域	1540000	2
社会	11844667	19
战略部门	134590	0
总额	62690122	100

数据来源：SETECI（2016）。此表由作者制作。

如表7所示，中国向厄瓜多尔提供的多个贷款领域，安全与生产是最重要的两个部门，分别占47%和25%。

虽然金融和贷款项目的合作可为两国在国际组织中开展政治合作提供更大的可能性，但本文认为，这只是双方合作的原因之一。总的来看，两国的合作是因为就以下三个问题达成了一致：

第一，面对国内各方势力和国际秩序，国家是协调中心。

第二，主张主权独立。

第三，主张建立多极秩序。

我们以下述情况为例，来看一看两国的政治关系：

表8 厄瓜多尔和中国在联合国大会上的投票（12次决议，9次投票相同）

决议	议题	投票一致			投票不一致					
		赞成	反对	弃权	厄瓜多尔（赞成）	厄瓜多尔（反对）	厄瓜多尔（弃权）	中国（赞成）	中国（反对）	中国（弃权）
A/RES/181/2	"巴勒斯坦分割方案"				√					√
A/RES/194/3	"巴勒斯坦和犹太难民的回归权"	√								

续表

决议	议题	投票一致 赞成	投票一致 反对	投票一致 弃权	厄瓜多尔（赞成）	厄瓜多尔（反对）	厄瓜多尔（弃权）	中国（赞成）	中国（反对）	中国（弃权）
A/RES/217/3	"世界人权宣言"	√								
A/RES/273/3	"以色列加入联合国"	√								
A/RES/1631/16	"毛里塔尼亚加入联合国"	√								
A/RES/3379/30	"犹太复国主义是种族歧视的一种形式"						√	√		
A/RES/61/295	"土著人民权利宣言"	√								
A/RES/62/149	"废除死刑"	√								
A/RES/36/3	"伯利兹加入联合国"				√			√		
A/RES/62/243	"阿塞拜疆被占领土的局势"					√				√
A/RES/67/19	"承认巴勒斯坦的国家主权"	√								
A/RES/68/262	"乌克兰的领土完整"					√				√

资料来源：联合国2016年统计。

从表8我们可以看到，在联合国大会这个对于决策全球性问题最具代表性的国际组织中，厄中两国所做出的投票情况。就此需要做出两点说明：

第一，我们选择这些决议作为案例，是因为在作者看来，这些决议从地缘政治、人权和国家主权的角度来看都是重要决议。例如，A/RES/217/3号决议通过了世界人权宣言，A/RES/67/19号决议承认巴基斯坦的国家主权。

第二，由于联合国的大多数决议都是在未经全体表决的情况下做出的，因此，可以用来进行这种分析的决议有限。如表8所示，我们从联合国系统中选出了12次投票，中国和厄瓜多尔投票相同的一共9次。

四　几点思考

自2007年，厄瓜多尔现任总统首次访华以来①，两国关系明显表现为全方位交往的趋势，双方存在许多共同的国际政治和经济利益，两国实现互利共赢的可能性越来越大。

在双边经济关系中，厄瓜多尔在如下两个方面获得了可见的利益：一是得到了中国的资金支持，减轻了厄瓜多尔的外部限制；二是通过商贸实现了收支平衡。

除了前述情况以外，厄瓜多尔政府的政治经济模式的特点，也为双方带来了可以扩大共同利益的新的战略关系，并在国内产生了这样的可能性：在降低对国际经济秩序依赖的基础上，在发展一种能够面对世界经济挑战的经济模式的基础上，实现经济增长和内部调整。

对此，我们可以举个例子加以说明：厄中在能源领域合作的互补性，也是厄瓜多尔国家政策的一部分；这些政策旨在改变能源结构，为生产结构的改变提供可能性，也旨在增强那些可体现综合竞争力的基本因素（如基础设施建设和通信等），还旨在增加厄瓜多尔的财力，使其能够克服外部制约带来的问题。

这种外部限制可能是国际金融制度的产物，其核心逻辑就是根据一个国家与国际金融体系所保持的政治经济关系，来决定奖励或惩罚。这种国际金融体系是在美元主导下建立起来的，奉行的是功能主义的经济自由原则。

根据这个逻辑，中国提供的贷款、合作与投资，可以使厄瓜多尔根据

---

① 值得一提的是，这是厄瓜多尔首位没有经过美国质询就访问中国的总统。

自己的战略利益来增强其政治经济发展模式的自主性。而且,从中国获得的这样或那样的资源可以为厄瓜多尔根据国内需要来发展全国的生产(这对克服国家外部限制十分重要)。众所周知,中国对所有拉丁美洲国家的贷款、合作与投资都不附加政治经济条件或实施方案,更不会在国际关系中推行普世价值。

而对中国来说,在拉丁美洲的投资可以使自己的投资多元化,这种多元化投资可以获得比只购买美国国债更安全和更多的收益。这还可以为中国产品扩大拉美市场,投身高附加值行业,如与资本产品相关的产业。

所有这些都可视为旨在建立一种良性循环,此外,也是在逐渐建立一种新型双边经济关系,从现有的传统型互补(有竞争力的部门很少)向生产链和动态互补发展。

厄瓜多尔正在建立一种基于知识服务、生态技术和其他行业的新的生产结构,这种动态互补就显得尤为重要。这些有助于科学技术发展的新行业,也可能对中国经济和中国人民的福利健康有利有益。

同样,我们可以看到,与中国的战略关系也使并继续使厄瓜多尔在许多领域获得直接和间接投资,如生产领域、技术转让领域以及旅游等新的服务行业;与此同时,除了商贸往来增多以外,各领域的高层互访、文化学术交流和各类奖学金项目也不断增多。

厄中双方在上述这些领域都做出了巨大努力,但仍需要继续加强,因为这些领域的合作有助于产生相互理解,提高贸易质量,并且是实现共同利益的关键。除上述合作外,双方还要加大科学技术领域的合作,因为它是厄瓜多尔建立新产业结构的关键。例如,厄瓜多尔方面提出的生物技术合作,不仅对中国,对其他国家也都会产生积极影响。

我们还应该指出,两国的经济关系应放在国际政治的背景下来看待。在坚决维护国家主权的问题上,在建立以民主规范、原则和制度为基础的多极秩序的问题上,在解决国际经济秩序的不公平问题上,厄中两国都持有相近的立场。

尽管两国有这些相近的立场,双方的战略关系也存在某些不同看法。

厄瓜多尔社会对中国的意图可能不太了解,有人倾向于把中国在拉美地区的经济金融投资项目,视为获取自身短期利益的行为。这种看法没有历史和政治依据。中国在改变世界秩序的长期过程中现发挥着中心作用,

双边关系回顾与展望

它在努力建立一种可使发展中国家更民主地参与决策的多极秩序。

就中国而言，则对厄瓜多尔的社会文化建设了解不够，这可能妨碍双方解决和减少那些在执行战略资源计划时发生的冲突。

这类冲突一方面归因于厄瓜多尔社会是一个文化上有差别而非同质的社会；另一方面也归因于双方都没有在文化、政治、历史等领域开展对管理人员、工人和技术人员的培训项目，难免引起双方不了解和误解。

事实上，也确实存在过一些被社会网络放大了的偶发误解事件。然而，也有事实表明，在那些两国公民共处的地方，彼此可以做到相互理解，减少不信任，建立友好关系。例如，有的厄瓜多尔家庭请中国公民担任证婚人和儿童的教父，还有厄瓜多尔人与中国人共同成立公司。①

最后，应当指出，现在也开展一些与战略资源有关的经济发展项目，这些项目有的是在印第安地区由中国出资并由中国人实施的。印第安人的生存主要靠自然资源，如土地和水。

现在，中国和厄瓜多尔都面临着深化环境保护和社会有效治理的挑战。从厄瓜多尔方面看，它不会放弃对战略资源和地理空间的主权，去支持那些理想主义性质的项目，这些项目可能是为国家主导势力和外来强国利益服务的。厄瓜多尔支持那些可以减少冲突和降低环境危机的项目，以及那些不仅可以扩大两国、也包括当地居民的共同利益的项目。

只要厄瓜多尔能够深入地严格执行自己的社会规范与法规，只要中国在国内外采取更合适和更严格的环保措施，只要两国都有加强包括知识、科学和技术转让在内的全方位合作的政治意愿，实现多方共赢的可能性是存在的。

（密尔顿·雷那斯·埃雷拉，厄瓜多尔国家高等研究院研究员，厄瓜多尔天主教大学教师，里约热内卢联邦大学国际政治经济博士。曾参与亚太与中国研究项目，曾任 IAEN 安全与战略研究学院院长。目前是厄瓜多尔外交部《南方阵线》杂志编辑委员会成员，国际儒学协会理事会成员，伊比利亚美洲汉学研究协会成员，拉丁美洲一体化协会拉美—亚太研究所副研究员。江苏师范大学伊比利亚美洲研究中心特约研究员）

---

① 例如 CCS 水电站项目所在地。

INDICE

1. Latinoamérica y la Iniciativa OBOR
〖Chil.〗 Eduardo G. Leguizamón Astudillo（3）

Breve presentación de autor: Abogado argentino, LLM, Heidelberg Universität y Universidad de Chile, Investigador en Derecho Internacional Público y Relaciones Internacionales, Centro Heidelberg para América Latina en Santiago de Chile, dependiente de la Heidelberg Universität en Alemania.

Resumen: A partir del año 2013, la RPChina intenta llevar a cabo su proyecto de comercio e integración denominado Nueva Ruta de la Seda del Siglo XXI, o Iniciativa OBOR (*One Belt, One Road*). El proyecto OBOR, bien puede recrear una visión *Sinocéntrica* del orden internacional por parte de China. La región de América latina y el Caribe (ALC), también puede llegar a participar de este Proyecto, mediante la política de *Asociación Estratégica* con China y las diversas obras de infraestructura que esta proyecta construir, entre otras, el *Corredor Bioceánico*, conectando el Pacífico con el Atlántico.

2. Tendencias de la relación China-América Latina y el Caribe rumbo a la segunda reunión ministerial del Foro China-CELAC
〖Ecuad.〗 Eduardo Tzili-Apango（15）

Breve presentación de autor: Internacionalista. Editor en Jefe de la Revista de Política Exterior de la Cancillería ecuatoriana, Línea Sur. Ha trabajado como consultor e investigador en temas relacionados a los derechos humanos en organizaciones como New Economy Project (New York, EE. UU.), Global Youth Coalition for HIV/AIDS (New York, EE. UU.), International Women and Mining Network (Hyderabad, India), Naciones Unidas (Quito, Ecuador), Two Brother's Institute/i2i (Rio de Janeiro, Brasil). Sus temas de interés académico son: Cooperación Sur-Sur, BRICS, financiamiento para el desarrollo, tratados bilaterales de comercio y migración.

Resumen: El 2015 marcó el inicio de una nueva fase en la relación China-América Latina y el Caribe (ALC) por el surgimiento del Foro ministerial China-CELAC. Pero, también, este año fue el punto de partida de un viraje ideológico en los gobiernos latinoamericanos. A la par de los vaivenes políticos en ALC se desarrolló una agenda con China que cubrieron amplios tópicos; desde el comercio y las inversiones hasta la educación y la cultura. El objetivo de este texto es identificar algunas económicas de la relación de ALC con China cara a la segunda reunión ministerial del Foro China-CELAC. Lo anterior implica analizar qué temas económicos se han desarrollado al amparo del Foro y cuáles han sido los alcances de los mismos. Sugiero que el Foro China-CELAC ahonda el estado de las relaciones sino-latinoamericanas, aunque es cierto que la cooperación en ámbitos no económicos abre nuevas rutas de progreso mutuo. Del mismo modo, argumento que el aumento de los lazos políticos mantiene una racionalidad eminentemente económica, lo cual podría entorpecer los alcances del Foro China-CELAC en tanto la CELAC es, originalmente, un espacio de diálogo político sin naturaleza económica.

3. China-América Latina y Caribe: otra relación para otro futuro
[Esp.] Xulio Ríos (27)

Breve presentación de autor: es director del Observatorio de la Política China. Asesor de Casa Asia y coordinador de la Red Iberoamericana de Sinología, ha dedicado una docena de obras al análisis de la realidad china. Escribe habitualmente en El País, El Periódico, El Correo o Tempos y en revistas especializadas. Entre sus obras cabe destacar títulos como *China, ¿la superpotencia del siglo XXI*? (1997), *Taiwán, el problema de China* (2005), *Mercado y control político en China* (2007) *China en 88 preguntas* (2010) o *China pide paso. De Hu Jintao a Xi Jinping* (2012). Dirige el Informe Anual sobre Política China que se publica desde 2007. Acaba de publicar: *China Moderna* (Tibidabo ediciones, 2016).

Resumen: Desde finales del pasado siglo y comienzos del actual, las relaciones entre China y ALC han adquirido suma importancia tanto en el orden económico como comercial y financiero. Ese diagnóstico abunda en una sintomatología caracterizada por la escasa diversificación a nivel de productos y mercados, así como asimetrías varias que no opacan la complementariedad general entre ambas regiones, con contadas excepciones. Fenómenos como la reprimarización de las exportaciones y la desindustrialización de algunas economías han sido objeto de atención de la bibliografía especializada. Tras la crisis de 2008 y la nueva normalidad china asistimos a un cambio de escenario que exige alteraciones del patrón comercial y una readaptación de ambas partes debiendo priorizarse ámbitos como la educación, la tecnología o las infraestructuras. La relación con China es una oportunidad que ALC debe aprovechar para mejorar su integración y conectividad dotándose de una estrategia consensuada. En paralelo, los vínculos políticos, bilaterales y multilaterales, pueden facilitar la conformación de una agenda compartida que transforme la realidad actual otorgando mayor importancia a la variable geopolítica.

4. ¿Hacia una definición en el proceso de transición del poder internacional?

[Aeg.] Jorge E. Malena (45)

Breve presentación de autor: Doctor en Ciencias Políticas por la Universidad Católica Argentina. Director de "Estudios sobre China contemporánea" de la Universidad del Salvador (Buenos Aires). Profesor Titular en la Escuela de Estudios Orientales de la Universidad del Salvador y en el Instituto del Servicio Exterior de la Nación Argentina. Miembro del Consejo Argentino para las Relaciones Internacionales, del cual es co-coordinador del Grupo de Trabajo sobre China. En 2013 le fue entregado el "Special Book Award of China" por su trayectoria de investigación y enseñanza sobre China (fue el primer latinoamericano que recibió ese premio).

Resumen: The Chinese strategic conception of its international status is influenced by its historical heritage, confucian culture and concept of Tianxia. China's great power status in the East Asian region has been consolidated, but to become an international power it encounters the containment of the United States. Trump wants to "Make America Great Again", but he can't ignore that without China, the USA will hardly become great again; facing the emergence of China, the United States needs self-accommodation. The Chinese global strategic conception needs to take into account the existing international order and the impact of the United States. The new type of relationship between China and the United States will depend on whether the two sides can take care of each other's major interests.

5. El modelo chino: ¿paradigma para Latinoamérica?

【Aeg.】 Liska Gálvez (57)

Breve presentación de autor: Doctora en Relaciones Internacionales. Posterior a su Licenciatura realizó una Maestría en Estudios Latinoamericanos en la Universidad de Salamanca. Tras el estudio del Chino en Taiwán y Beijing obtiene el doctorado en Relaciones Internacionales en la Universidad del Pueblo de China (2012) convirtiéndose en la primera latinoamericana en obtener dicho grado en China.

Resumen: A juzgar por la extensión dedicada a la entrada de China en la organización Mundial del Comercio (OMC) y a su emergencia, pareciera como si el país asiático hubiera despertado con un poder supremo sobre la sociedad internacional para sumirla bajo amenazas e incertidumbres. Los análisis contribuyeron en su momento a presentarnos el surgimiento de un denominado "modelo" chino. Han pasado ya quince años desde la entrada de China en la OMC y casi diez años desde que la presencia china en Latinoamérica (LA) comenzara a intensificarse. Con el transcurso de los años se puede concluir que todavía persiste el desconocimiento de las prácticas chinas en su política exterior.

6. The Achievement and Revelation of Brazil's Development and Utilization of Renewable Energy

Jiang He (66)

Breve presentación de autor: Economist of CNPC Economic &Tecnology Researcha Institute

Resumen: Development and utilization of renewable energy can contribute to ensuring energy security, dealing with climate change, protecting environment, stimulating economic growth, creating employment, and stabilizing energy prices. Brazil's vast land area, rich resources and natural conditions, along with the government's incentive policies, have made it possible for the South American country to successfully open up many types of renewable energy such as ethanol fuel, hydroelectricity, wind and solar energy and nuclear power. The Brazilian experience shows: the government needs to create favorable conditions towards this end; interests of all the stakeholders must be taken into account; innovation must play an important role; and every stage in the whole process of development and utilization must be coordinated in a concerted way.

7. Shanghi y la Ciudad de México: reformas territoriales y gobernabilidad

[Mex.] Miguel Hidalgo Martinez (76)

Breve presentación de autor: Profesor Titular en la Escuela de Estudios Orientales deXi'an Jiaotong-liverpool Uiversity

Resumen: Los gobiernos de China y México han tenido una función fundamental en las transformaciones sociales y económicas profundas que han tenido ambos países principalmente desde la segunda mitad del siglo pasado. El presente capítulo propone un acercamiento desde la geografía política para analizar la manera en la cual se han transformado el poder del gobierno en relación con el espacio. La parte empírica de este capítulo establece un análisis comparativo entre las estrategias que el gobierno central chino y el gobierno federal mexicano han implementado para reconfigurar la administración pública y gobernabilidad de dos de las ciudades más grandes en sus respectivos países y en el mundo: Shanghai y la Ciudad de México. En el primer caso, el énfasis es en el establecimiento de distritos y la abolición de condados; mientras que en el segundo se discute la reforma que separó a la capital de México del control directo del gobierno federal, otorgándole más autonomía política.

8. Building Cultural Support for Sino-Latin America Community of Shared Destiny—a Case Study of Uruguay for analysis of Latin American Cultural Identity

Li Han and Han Han （84）

Breve presentación de autores: Doctoras y Investigadoras de Instituto de Ciencia social y Académica de China.

Resumen: Development and utilization of renewable energy can contribute to ensuring energy security, dealing with climate change, protecting environment, stimulating economic growth, creating employment, and stabilizing energy prices. Brazil's vast land area, rich resources and natural conditions, along with the government's incentive policies, have made it possible for the South American country to successfully open up many types of renewable energy such as ethanol fuel, hydroelectricity, wind and solar energy and nuclear power. The Brazilian experience shows: the government needs to create favorable conditions towards this end; interests of all the stakeholders must be taken into account; innovation must play an important role; and every stage in the whole process of development and utilization must be coordinated in a concerted way.

9. El cambio de las Ideas sobre laEducación Bilingüe del Pueblo Indígena en México

Li Siyuan （100）

Breve presentación de autor: Doctorando en literatura y lengua hispánica por Shanghai International Studies University.

Resumen: Mexico is a multilingual and multi-ethnic country in which bilingual education refers to Spanish and Indian languages education. From the perspective of indian policy, the bilingual education in Mexico has experienced three political directions: national homogeneity, national integration and language and cultural diversity. Indian people's identity changed from passive recipients to active participants. The actual president Enrique Peña Nieto's mandated an education reform policy in 2012 didn't concern Indian people's demand and reality at the beginning, and received protests from bilingual education areas. But in latter's policy implementation, this educational reform has achieved progress thanks to series of flexible projects. It shows that both educational ideology and specific means of implementation are indispensable for the protection of Indian people's rights and a healthy development of bilingual education.

10. Tres tipos de liberación en el mundo profano: una respuesta a la crítica a la religión de Marx en Teología de la liberación por Gutiérrez

Xi Wang y Zhang Hang (114)

Breve presentación de autores: Departamento de Ciencias Sociales, Departamento de Español, Universidad de Estudios Internacionales de Sichuan, Chongqing.

Resumen: La teología de la liberación, considerada normalmente como un pensamiento revolucionario radical, constituye un producto de la paulatina mezcla entre el marxismo y la religión en Latinoamérica. Sin embargo, Marx sostiene una actitud muy crítica sobre la religión y, por tanto, se tiene que resolverelproblemade la contrariedad existente entre la crítica a la religión de Marx y la religión si se quiere aplicar el marxismo a esta última. Gutiérrez, sacerdote peruano, explica el marxismo desde una perspectiva religiosa y convierte tal crítica en una de índole política e histórica, por lo que en el tratado suyo titulado Teología de la liberación no contrapone la crítica mencionada al catolicismo, sino que expresa su confirmación al respecto mediante una explicación de la liberación desde las dimensiones realidad, histórica y espiritual. En este sentido, la propia religión pasa a ser el punto de partida y el impulso de la lucha.

11. As novas dinâmicas de cooperação luso-chinesa na era de Xi Jinping- uma perspetiva portuguesa

[Port.] Jorge Tavares da Silva (131)

Breve presentación de autor: Doutor en Relaçoes Internacionais pela Universidade de Coimbra e professor na universidade de Aveiro (Portugal).

Resumen: As relações económicas e políticas entre Portugal e a China no contexto contemporâneo têm ganho enorme expressão desde o início do novo século. Contribui para esta situação um conjunto de fatores, incluindo a criação do "Fórum Macau", em 2003, a assinatura da "parceria estratégica" em 2005 e as novas oportunidades de investimento na Europa após a crise financeira de 2008. A partir de uma perspetiva portuguesa, o presente artigo visa analisar o atual quadro de cooperação entre os dois países e a construção das diferentes perceções que se têm construído sobre a China em Portugal.

12. La Diplomacia Pública Urbanaenlas Relaciones de España con China
【Esp.】Ignacio Niño (148)

Breve presentación de autor: Investigador de Observatorio de la Política China.

Resumen: Con el desarrollo de la globalización, las ciudades se han convertido en actores importantes en las actividades internacionales. Primero, el artículo enuncia las principales formas de participación de las ciudades españolas y chinas en su acción internacional. Segundo, se repasan los casos más relevantes de esta participación de lo urbano en los instrumentos bilaterales de la cooperación de España con China. En la cooperación urbana entre ambos países, vemos la existencia de uninterés asimétrico y una respuesta no idónea por parte española. Por último, llegamos a la conclusión de que España debería integrar más elementos urbanos en el mecanismo de cooperación bilateral y explorar constantemente formas de profundizar y ampliar las relaciones bilaterales entre España y China.

13. La relación entre China y Brasil—la Tendencia de Acercamiento
Lan Bo (163)

Breve presentación de autor: Profesore Investigador de Centro de Iberoamérica de Universidad Normal de Jiangsu.

Resumen: Este artículo pretende dar una visión general de las relaciones sino-brasileñas desde sus inicios en la época colonial, a través de los tiempos imperiales, llegando a la formación de la República hasta la actualidad. Inicialmente se proporciona el contexto de las relaciones entre China y América Latina en la actualidad. Después de una junta general de información sobre Brasil, el artículo aborda las relaciones entre Brasil y China durante diferentes períodos históricos desde 1500. El año 1974 constituye un punto de referencia, cuando se establecieron relaciones oficiales entre los dos países, por lo que los últimos 41 años hay que destacar en el artículo. Además, el trabajo se centra también en los intercambios culturales recientes entre los dos países en el contexto de poder blando (soft power). También son destacables las recientes visitas y acuerdos bilaterales en 2014 y 2015. Entre los puntos que merecen especial atención son las cuestiones ambientales y las dificultades de la comprensión mutua entre los dos países. Además, existe la medida que China se esfuerza en superar estas dificultades, pero hay un menor grado de participación brasileña. Por último, las consideraciones finales incorporando los puntos planteados y añadir preguntas.

14. Las Relaciones de China y Brasil y el nuevo gobierno brasileiro
[Bra.] Ernesché Rodríguez Asien (174)

Breve presentación de autor: Director del Observatorio Iberoamericano de la Economía y Sociedad de Japón.

Resumen: China es el principal socio comercial de Brasil, después de haber superado hace años a Estados Unidos. Las cifras han sido bastante alentadoras y la voluntad política a sido para coordinar alianzas y obtener una posición ventajosa entre los dos países. Los valores estimados de estos acuerdos han sido de 47 500 millones de euros en los sectores comerciales, financieros y principalmente en infraestructuras que incluyen, minas, líneas de alta tensión eléctricas y carreteras. En los últimos años Brasil se ha visto en una serie de escándalos políticos y de corrupción que ha afectado a este país en casi todos los sentidos, se ha perdido la confiabilidad para comerciar con este país, pues a estado sumergido en una prolongada crisis política y económica sobre todo en los dos últimos años que tuvo como consecuencia la destitución de Dilma Rousseff y el comienzo del nuevo mandatario Michel Temer. La voluntad de los dos gobiernos en la actualidad es mantener vínculos estrechos de alto nivel y en diversos sectores, promoviendo la cooperación económica y comercial, fomentando el desarrollo de conjunto.

15. Las Relaciones China-Ecuador 2007 – 2016: Un acercamiento estratégico

[Ecuad.] Milton Reyes Herrera (183)

Breve presentación de autor: Docente Investigador del IAEN, Profesor en la PUCE, Doctor (c.) en Economía Política Internacional de la UFRJ. Ha sido coordinador del Programa de Estudios del Asia Pacífico y China, y Decano (e.) de la Escuela de Seguridad y Estudios Estratégicos del IAEN. Actualmente es miembro del Consejo Editorial de la Revista Línea Sur de Cancillería Ecuatoriana, Council Board Member de la International Confucian Association, Miembro de la Red Iberoamericana de Sinología, e Investigador Asociado del Observatorio América Latina-Asia Pacífico de ALADI.

Resumen: Este trabajo, propone un acercamiento estratégico, que toma en cuenta una perspectiva de Economía Política Internacional de carácter crítica, y un método histórico estructural para abordar la relación entre la República Popular China, RPC, y el Ecuador, especialmente entre los años 2007 – 2016; concentrándose en el plano interestatal y tomando en cuenta factores dentro de las Ideas (Imágenes y Representaciones) y las Capacidades Materiales. Este acercamiento además abordará transversalmente: la relación de dicha interacción frente al Orden Mundial; las relaciones en términos de mutuo beneficio, y algunos de los límites y perspectivas a considerar para el fortalecimiento de la relación bilateral.